El verdadero significado de la

Pertenencia

Reconectar con nuestro hogar interior

Título original: BELONGING
Traducido del inglés por Alicia Sánchez Millet
Maquetación: Toñi F. Castellón

© de la edición original
2017 de Toko-pa Turner, por acuerdo con The Cooke Agency International e
International Editors Co. Publicado originalmente en inglés por Her Own Room Press.

© de ilustraciones de cubierta e interior
2017 de Molly Costello. Usadas con autorización.

© diseño de portada
Toko-Pa Turner

© fotografía de la autora
Morgaine Owens

© de la presente edición
EDITORIAL SIRIO, S.A.
C/ Rosa de los Vientos, 64
Pol. Ind. El Viso
29006-Málaga
España

www.editorialsirio.com
sirio@editorialsirio.com

I.S.B.N.: 978-84-18000-82-9
Depósito Legal: MA-984-2020

Impreso en Imagraf Impresores, S. A.
c/ Nabucco, 14 D - Pol. Alameda
29006 - Málaga

Impreso en España

Puedes seguirnos en Facebook, Twitter, YouTube e Instagram.

El verdadero significado de la

Pertenencia

Reconectar con nuestro hogar interior

Toko-pa Turner

EDITORIAL
SIRIO

Para Craig,
la tierra donde están las raíces de mi pertenencia

Agradecimientos

Quiero dar las gracias a Terri Kempton, mi amiga y editora, por acompañarme en cada paso de mi camino: ha sido la comadrona perfecta para dar a luz a este libro; a Angela Gygi por leer el manuscrito y regalarme sus rigurosos y valiosos comentarios; a Caoimhe Merrick por sus generosas páginas de entusiasmo; a Michelle Tocher por animarme a que le diera a mi historia la importancia que se merece; a Molly Costello, capaz de resumir en un grabado todo lo que quiero decir; a mi fallecida mentora Annie Jacobsen, quien, a pesar de mis reticencias, siguió insistiendo en que yo era escritora, y muy especialmente a Craig Paterson, mi amado esposo, por enseñarme todos los días cómo se crea el sentido de pertenencia, a través de su constante presencia, sus sabias reflexiones y la protectora generosidad de su ternura. Por último, quiero dar las gracias a Salt Spring Island, por apuntalar mis ramas místicas y prestar atención a mis palabras.

Índice

A los rebeldes e inadaptados, las ovejas negras y los forasteros. A los refugiados, los huérfanos, los que se convierten en chivos expiatorios y los bichos raros. A los desarraigados, los abandonados, los desterrados y los invisibles.

Que reconozcáis con creciente intensidad que sabéis lo que sabéis.

Que dejéis de ser fieles a las dudas sobre vosotros mismos, a la mansedumbre y a la indecisión.

Que estéis dispuestos a no agradar, y que en ese proceso seáis sumamente amados.

Que no os inmuten las proyecciones distorsionadas de los demás, y que sepáis transmitir vuestro desacuerdo con precisión y gracia.

Que veáis, con la claridad total de la naturaleza que obra a través de vosotros, que vuestra voz no solo es necesaria, sino imprescindible para sacarnos de este embrollo.

Que os sintáis fortalecidos, apoyados, conectados y reafirmados cuando ofrezcáis vuestros dones y vuestra persona al mundo.

Tened la certeza de que aunque os parezca que estáis solos, no lo estáis.

Con amor,

Toko-pa

Uno

Algo más grande

*P*erteneces a este mundo. Algo más grande te ha guiado hasta este momento y este lugar en el que te encuentras ahora. Estás vinculado al impulso de un largo linaje de supervivientes. Tu historia se ha tejido, a raíz de sus buenas muertes, de las nuevas vidas que las sucedieron y de los incidentes de amor que las sembraron. Estás conectado con el júbilo salvaje de la naturaleza. Tu vida ha sido moldeada por las condiciones de cada estación y la tendencia sagrada invisible.

Sin embargo, puede que sientas, como nos pasa a muchos, el sufrimiento de vivir en la orfandad de pertenencia.

Podemos convertirnos en huérfanos de muchas formas. Directamente, por un padre o una madre que no han sido capaces de cuidar de nosotros, o indirectamente, por aquellos que no quisieron entender nuestros dones, por el sistema que te exige lealtad, pero comercia con tu singularidad, o por la historia que, mediante la intolerancia y la guerra, nos ha convertido en refugiados.

Pero también nos quedamos en huérfanos cuando una cultura, encarnando ciertos valores y negando otros, nos fuerza a separarnos de las partes de nosotros mismos que ella rechaza. Quizás esto sea el peor acto de orfandad, porque es un abandono del que somos cómplices.

Con este pequeño rasguño, sin tan siquiera ser conscientes de todo lo que se nos ha perdido, hemos de emprender nuestro viaje. Empezaremos por la ausencia –un anhelo de algo que tal vez nunca se calme– y nos adentraremos en las entrañas del exilio, para averiguar qué podemos hacer con la nada, si es que se puede hacer algo. Para convertirnos en huérfanos de la vida huérfana.

A pesar de todas sus implicaciones, rara vez se habla abiertamente de la pertenencia. Al igual que sucede con el duelo, la muerte y la inadaptación, se nos induce a creer que el sentimiento de no pertenencia es vergonzoso y que hemos de ocultarlo. Lo más irónico es que nuestra sociedad moderna padece una epidemia de alienación; sin embargo, muchos nos sentimos solos en nuestro desarraigo, como si todo el mundo estuviera dentro de algo a lo que solo nosotros somos ajenos. Y el silencio sobre nuestra experiencia de distanciamiento es, en gran parte, la causa de su continuidad.

Vivimos en una era de fragmentación, en que el racismo, el sexismo, la xenofobia y otras formas sistémicas de «otredad» van en aumento. Nunca antes habíamos experimentado semejantes migraciones sísmicas de seres humanos a través de nuestras fronteras, como sucede hoy en día. Las dificultades de asentamiento e integración son inmensas y complejas, incluso al cabo de varias generaciones. Actualmente, nos encontramos en un punto crítico, divididos por fisuras políticas, sociales, raciales y de género. Tácitamente, la pertenencia es la principal conversación de nuestro tiempo.

No cabe duda de que el anhelo de pertenencia, una de las motivaciones que más me han influido en mi vida, me estaba moldeando de formas de las que ni siquiera era consciente, hasta que, al final, me agarró del pelo y me arrastró hacia el fondo de sus aterradores abismos. Este libro es un diario de viaje de mi largo proceso de años de iniciación y de las puertas aparentemente interminables que crucé, en cada una de las cuales tuve que renunciar a algo muy valioso para mí. Y por eso, no te escribo como experta en pertenencia, sino como una huérfana que necesitaba descubrir que todavía tenía más que perder, antes de poder ser encontrada.

Existen muchos tipos de pertenencia. Normalmente, lo primero que se nos ocurre es la pertenencia a una comunidad o a una zona geográfica. Pero para muchos de nosotros, el anhelo de pertenencia empieza en nuestra familia. Luego viene el anhelo de sentir la mutua pertenencia en el santuario de una relación, y la pertenencia que deseamos sentir cuando tenemos un propósito o una vocación. También está el anhelo espiritual de pertenecer a un conjunto de tradiciones, de conocer el conocimiento ancestral y participar de él. Y, aunque no seamos conscientes de cómo nos influye su separación, nos morimos por estar bien en nuestro propio cuerpo.

También existen otras formas más sutiles de pertenencia, como la que, al final, hemos de crear con nuestra propia historia, y los regalos que hemos recibido de ella. Y si adoptamos una visión más amplia, encontraremos la copertenencia*

---

* Este es un concepto que utiliza la autora a lo largo de todo el libro para indicar que es una pertenencia compartida, es decir, no hay un sujeto al cual pertenezca un objeto, sino que ambas partes son sujetos en igualdad de condiciones, y ambos se pertenecen el uno al otro. en este caso la tierra nos pertenece tanto como nosotros le pertenecemos a ella. (Nota de la T.)

con la propia tierra, que todos sentimos (o no) en lo más profundo de nuestro ser. Por último, está la gran pertenencia, que puede ser la más ambigua y persistente de todas, el anhelo de pertenecer a ese «algo más grande» que dé sentido a nuestra vida.

Los puentes vivos

En el nordeste de la India, en la cima del conjunto montañoso de Meghalaya, las lluvias monzónicas estivales son tan fuertes que el caudal de los ríos que atraviesan sus valles aumenta extraordinariamente, se vuelven impredecibles y es imposible cruzarlos. Hace siglos los habitantes de las aldeas dieron con una ingeniosa solución. Plantaron higueras estranguladoras en las orillas y empezaron a orientar sus intricadas raíces para que estas consiguieran cruzar al otro lado y enraizarse.

Mediante un lento proceso de unir y entretejer raíces, los aldeanos crearon un sólido puente vivo capaz de resistir el volumen de las lluvias de verano. Puesto que es una labor que no se puede completar en una sola vida, el conocimiento de unir y cuidar las raíces se transmite de generación en generación para mantener viva esta práctica, contribuyendo de este modo a lo que ahora es una emocionante red de puentes vivos por los valles de Meghalaya.[1]

Si vemos los puentes vivos como una metáfora del trabajo de pertenencia, podemos imaginarnos que estamos varados en una orilla del peligroso río, anhelando ser conectados con algo más grande que está fuera de nuestro alcance. Tanto si se trata del deseo de encontrar nuestro verdadero lugar como de encontrar a nuestra gente, o una relación que dé sentido a nuestra vida, el anhelo de pertenencia es la motivación silenciosa que se esconde tras muchas de nuestras otras ambiciones.

En todos los años que llevo trabajando con los sueños, he descubierto que el anhelo de pertenencia es la causa de muchas búsquedas personales. Es el anhelo de ser reconocidos por nuestras facultades, de ser aceptados en el amor y en la familia, de sentir que tenemos un propósito y somos necesarios para una comunidad. Pero también es el anhelo de abrirnos a la dimensión sagrada de nuestra vida, de saber que estamos al servicio de algo noble, de vivir la magia y el asombro.

Sin embargo, la alienación, la hermana oscura de la pertenencia, es tan ubicua que podríamos considerarla una epidemia. Gracias a la tecnología estamos más interconectados que nunca; no obstante, jamás nos habíamos sentido tan solos y distanciados. Somos las generaciones que no han recibido la herencia del conocimiento que nos devolvería a la pertenencia. Pero lo peor es que, en nuestro estado de amnesia, muchas veces no somos conscientes de qué es lo que nos falta.

Cada vez más, nuestras interacciones con los demás son suplantadas por máquinas. Tanto si es a través de la comunicación digital como de contestadores automáticos de atención al cliente o de máquinas dispensadoras, que nos ofrecen servicios que antes eran realizados por personas, nos estamos convirtiendo en esclavos de la era mecánica. De acuerdo con los intereses de las compañías, somos reducidos a meros consumidores, convertidos en un engranaje de la propia maquinaria con la que estamos comprometidos. Esta entidad más grande, que a menudo está oculta, es una parte sustancial de lo que contribuye a que nos sintamos deshumanizados, y nos hace sentir que somos prescindibles. No amamos a la máquina, ni esta nos ama a nosotros.

Intentamos seguir adelante con nuestra pequeña aportación a la coreografía mecánica de las cosas, pero nos invade la sensación de falta de sentido. Inconscientemente, sentimos que hay algo más grande a lo que deseamos pertenecer. Y aunque no seamos capaces de decir qué es, percibimos que otros pertenecen a ese algo más grande, mientras nosotros miramos desde fuera.

Deseamos desesperadamente que se note nuestra ausencia del círculo de la pertenencia. Este sentimiento nos envenena desde dentro. Aunque intentemos permanecer ocupados, rara vez conseguimos aplacar la soledad interna subyacente. Al primer soplo de silencio, se produce una erupción de alienación de tal magnitud que amenaza con engullirnos por completo. No importa cuánto acumulemos ni lo importantes que sean nuestros logros, la punzada de la no pertenencia sigue perforándonos desde dentro.

Y así, consideramos nuestra vida como un proyecto de mejora, un intento de ser útiles, admirados, inmunes e inteligentes. Nos esforzamos por erradicar cualquier aspecto que resulte inaceptable, que pudiera poner en peligro nuestra integración. Pero a medida que este «autodesarrollo» invade nuestro territorio salvaje interior, nuestros sueños y nuestra conexión con lo sagrado se resienten. Al utilizar todos y cada uno de los recursos al servicio del anhelo inconsciente de pertenencia, cada vez nos sentimos más alejados de casa.

Este es nuestro punto de partida: justo en la cruda fisura en la que estamos perdidos, en lo más hondo de nuestro vehemente deseo de encontrar nuestro sitio en la familia de las cosas. Antes de preguntarnos cómo vamos a curarnos de nuestro distanciamiento, hemos de profundizar en la propia herida y convertirnos en sus aprendices. Hemos de reflexionar sobre qué es lo que nos ha estado faltando. ¿Qué se nos está negando? Solo cuando somos capaces de doblegarnos a ese anhelo sacro podemos vislumbrar la majestuosidad que estamos destinados a alcanzar.

Soñar que estamos en casa

Los seres humanos tenemos una tendencia natural a adorar a ese «algo más grande» que nos une, pero, en la actualidad, vivimos en una especie de callejón sin salida, donde nuestros dones solo nos sirven a nosotros mismos. Los occidentales, a diferencia de muchas culturas chamánicas que practican la interpretación de los sueños, los rituales y el agradecimiento, hemos olvidado algo que los indígenas consideran primordial: que este mundo debe su existencia a lo invisible. Toda cacería y cosecha, muerte y nacimiento, se caracterizan por la creación de belleza y las ceremonias a aquello que no podemos ver, por alimentar a aquello que nos alimenta. Creo que nuestra alienación se debe a nuestra negligencia en sentir esa reciprocidad.

Aunque todas las culturas tienen su propia mitología, la visión animista del mundo se basa en saber que el espíritu está presente en todas las cosas. No solo en los seres humanos, sino en los seres con cuatro patas, en los grandes árboles, en las aves que podemos ver a lo lejos, en el silencioso y fuerte acantilado, en esas durmientes montañas soñadoras y en el pueblo río que siempre está dispuesto a conversar. A veces, hasta podemos percibirlo en la forma curva de una taza de cerámica.

Mientras las culturas animistas viven en la reciprocidad con lo que Martín Prechtel, autor y chamán maya, denomina lo «sagrado en la naturaleza», la nuestra se ha obsesionado con lo literal y lo racional. Divorciados del mito y de la vida simbólica, nuestras historias personales han dejado de tener sentido en el impulso colectivo global. En esta división también se está atrofiando nuestra capacidad para imaginar, asombrarnos y visualizar un camino para seguir adelante.

Pero todos tenemos nuestro propio camino para regresar a nuestro parentesco con el misterio: a través de nuestra vida onírica. La interpretación de los sueños es una forma poderosa de volver a tejer una relación íntima con lo que los sufíes llaman el Amado: la cohesión divina, lo sagrado en la naturaleza, de lo cual se originan todos los seres. Eso que nosotros recordamos también nos recuerda a nosotros. Nuestra conversación, como los puentes vivos entre las dos orillas, es la práctica de nuestra copertenencia. En este libro compartiré sueños, algunos míos y otros de las personas que amablemente me han dado permiso para hacerlo, que ilustran a la perfección las diferentes puertas en el camino hacia la pertenencia.

A mi entender, soñar es la naturaleza *naturalizándose* a través de nosotros. Igual que un árbol da frutos o una planta se manifiesta a través de las flores, los sueños son nuestros frutos. Generar símbolos e historias es una necesidad biológica. No podemos sobrevivir sin sueños. Y aunque podamos vivir sin recordarlos, una vida que se guía y se deja moldear por los sueños es una vida que sigue el conocimiento innato de la propia tierra. A la par que aprendemos a seguir los instintos de nuestra selva interior, respetando sus acuerdos y desacuerdos, también desarrollamos nuestra capacidad para la sutileza. Esta sensibilidad es lo que nos hace más permeables y políglotas, y nos acerca a conversar en los múltiples idiomas del mundo que nos rodea.

La sensibilidad es el privilegio y la responsabilidad de recordar. Tal como escribió Oscar Wilde: «Un soñador es aquel que solo puede encontrar su camino a la luz de la luna, y su castigo es que ve el amanecer antes que el resto del mundo». Cuando entendemos la simetría entre el paisaje exterior y nuestro mundo salvaje interior, no podemos más que lamentar la forma en que nuestra propia naturaleza ha sido alterada, denigrada, sometida y, en muchas ocasiones, hasta erradicada de nuestra memoria. Empezamos a afrontar las formas en que hemos sido cómplices de este lento apocalipsis, interno y externo. Solo cuando nos encontramos en ese lugar de pérdida y anhelo podemos empezar a recordar nuestro hogar.

Este libro es un intento de exaltar lo que a mi entender es la definición más amplia de trabajo de los sueños: la práctica de entrelazar un puente vivo entre lo visible y lo invisible, empresa que solo se puede lograr con paciencia, aptitud para el duelo y voluntad para asumir la responsabilidad sobre los resultados, aunque no vivamos lo suficiente para ver los beneficios. Esta es la práctica de la pertenencia.

Espero que a través de mis escritos pueda ahorrarte, aguerrido viajero, algunas de las confusiones de este camino iniciático. Te introduciré, tal como me introdujeron a mí, en las diferentes facetas de la pertenencia y te explicaré cómo hemos llegado a alejarnos de ellas. Veremos las influencias que pueden convertirnos en versiones reducidas de nosotros mismos, que es como se nos induce a establecernos en la «falsa pertenencia». Veremos el arquetipo del marginado y descenderemos a las dimensiones del exilio, un viaje agotador y doloroso, pero necesario, hacia la verdadera pertenencia. Allí, nos encontraremos con la otredad interior que quiere pertenecernos. Esta es la gran labor que a mí me gusta llamar «reintegración por recuerdo». La mayoría de nosotros pensamos en la pertenencia como un lugar mítico, que es posible que acabemos encontrando, si somos diligentes en nuestra búsqueda. Pero ¿y si la pertenencia no es un lugar, sino una habilidad: un conjunto de destrezas que hemos perdido u olvidado en nuestra vida moderna? Al igual que con los puentes vivos, estas habilidades son las formas en que podemos orientar, entrelazar y cuidar de las raíces de nuestra separación, y con ello, restauraremos nuestra membresía a la pertenencia.

Dos

El origen del distanciamiento

Como les ha sucedido a muchas otras personas, mi búsqueda de la pertenencia tenía su origen en la alienación. Recuerdo una escena recurrente que se producía cuando estábamos sentados a la mesa, me decían algo que me hería, y yo subía corriendo a mi habitación a llorar, deseando desesperadamente que mi madre subiera a consolarme y volviera a permitirme *pertenecer*. Pero nunca lo hizo. Por el contrario, era yo la que bajaba a hurtadillas por la escalera que estaba junto a la cocina, y me ponía a escuchar lo que decía mi familia cuando yo no estaba delante, mientras mi estómago se quejaba de hambre.

Y aunque todos tenemos nuestra propia versión de *esperar en la escalera*, en el fondo, esto es lo que se siente cuando te excluyen. Es la atroz convicción de que nadie te necesita. De que la vida no te considera necesario. Cuando nadie te hace una invitación, supone la confirmación de tu peor temor y te adentra más en la región del exilio, incluso te acerca a la fría llamada de la muerte.

En un sentido simbólico, he pasado muchos años de mi vida en esa escalera de espera: sedienta de amor, muriéndome por que alguien notara mi ausencia, deseando que alguien me volviera a invitar a formar parte, me devolviera mi sentido de pertenencia. Y cuando abandonar la mesa ya no era suficiente para conseguir la atención de mi familia, empecé a huir a sitios cada vez más alejados y durante más tiempo, hasta que al final, llegó la huida definitiva.

A los nueve años, descubrí una casa maldita de la cual intenté adueñarme. Había un pequeño espacio entre las tablas que habían clavado para sellar la puerta trasera, que forcé para poder entrar. Estuve escarbando, durante semanas, para hallar algo que pudiera alegrar ese sucio y apestoso escondite. Encontré una escoba y barrí parte de los escombros, me llevaba tentempiés a escondidas e hice dibujos en las paredes. Algunos muebles rotos hicieron su servicio durante un tiempo, y jugaba a haberme marchado realmente de casa.

Este temprano impulso podría haber sido la primera señal de que algo en mí quería separarse, diferenciarse de su familia de origen. A pesar de su estado ruinoso y el peligro que encerraba aquella casa, me sentí arrastrada a crearme una nueva identidad, una vida propia. Era demasiado joven para valerme por mí misma, por supuesto, y cuando empezaba a oscurecer, regresaba a casa a regañadientes, sin que nadie se hubiera percatado de mi ausencia.

Cuando la gente se entera de que me crie en un *ashram* sufí, su rostro se ilumina. Imagino lo exótico que debe de ser para quienes han sido educados en un entorno más conservador. De pronto, es como si mi existencia tuviera más sentido para algunos de ellos, pues les recuerda a los derviches giróvagos y a la poesía de Rumi y de Gibran. Aunque es cierto que para mi joven corazón, vivir en una comunidad devocional, donde la música, la oración y la poesía formaban parte de la rutina cotidiana, supuso un breve periodo de pertenencia. Pero, como sucede en muchas comunidades espirituales, la nuestra también tenía sus sombras profundas.

En el *ashram* había dieciocho habitaciones, que ocupaban devotos de paso; sin embargo, a pesar de su creciente tamaño, distaba mucho de ser lujoso. Se trataba de un edificio antiguo situado en el barrio rojo de Montreal, con murciélagos que arañaban las paredes y prostitutas y traficantes de droga delante de nuestra puerta. Éramos muy pobres y nos las arreglábamos compartiendo recursos. Recuerdo el crudo invierno de Quebec que pasamos sin calefacción, porque nos cortaron los servicios y tuvimos que dormir apiñados alrededor de una chimenea. Pero de niña, nada de eso me importaba. Siempre había algún personaje que nos entretenía —músicos, artistas, gitanos e intelectuales— y cada verano nos íbamos de retiro a un *ashram* de yoga en las montañas Laurentian, donde recibíamos la visita de maestros, como el sufí Pir Vilayar Inayat Khan.

Lo que más recuerdo es la música. Los cánticos sufíes eran poemas devocionales dedicados al Amado, que se cantaban en una mezcla de hindi, sánscrito y árabe. Eran invocaciones para abrir el corazón y dar voz a nuestro anhelo de retornar al cañaveral del que las cañas humanas fuimos arrancadas. Siempre rezábamos y cantábamos *zikr*,* bailando hasta entrar en éxtasis.

Yo tenía ocho años cuando mi padrastro y mi madre engendraron a mi hermana; entonces, mi abuela sacó a nuestra familia de la comunidad y nos llevó a una casa pareada en las afueras. Quizás fuera por el repentino cambio de amplitud en

---

* Palabra árabe que designa los actos devocionales islámicos, caracterizados por las repeticiones de los nombres de Dios, textos sagrados y cánticos. (Nota de la T.)

la vivienda, el estrés de tener un bebé en la más absoluta pobreza, o porque ese barrio residencial nos era totalmente ajeno a todos nosotros, pero tenía la sensación de que acababa de conocer a mi familia. Aquella casa se convirtió en un lugar voluble, conflictivo y falto de atención.

Mi padrastro era considerado un líder espiritual dentro de la comunidad sufí, pero, a puerta cerrada, era frío en cuanto a sus emociones y violento físicamente. Y mi madre, como profesora de yoga y fitoterapeuta, era de esas personas que podían contagiarte su creatividad y entusiasmo, pero tan pronto estaba eufórica como alicaída. Era propensa a graves brotes de depresión y de rabia, para los cuales nunca buscó tratamiento, y sus cambios de humor causaban estragos en casa. Según el día o incluso la hora, podía pasar de la obsesión al decaimiento y la crueldad, así que todos aprendimos a ir con pies de plomo cuando estábamos con ella. En los momentos de depresión, tenía tendencias suicidas, estaba convencida de que nadie la quería o la valoraba y eso le afectaba profundamente.

Como personita de tan solo ocho años que era, mi corazón se rompía al ver así a mi madre. Solo veía su belleza y sentía que mi misión era consolarla y ayudarla a que se reafirmara, devolverla al amparo del amor. Pero, como sucede en una tormenta eléctrica, su cielo se oscurecía de pronto y arremetía contra mí en sus arranques de crueldad. Quizás fuera por su incapacidad para digerir su propio dolor, pero rechazaba cualquier muestra de emoción. Cuando me ponía a llorar, se mantenía a distancia y me decía que estaba exagerando o que me lo había buscado.

Los primeros sueños que recuerdo eran que mi madre me abandonaba. Soñaba que me dejaba en un peligroso callejón, porque la había ofendido sin querer. O que me había abandonado en manos de secuestradores que me ataban a una diana para tirarme dardos. En realidad, sentía que había dos versiones de mi madre: una de la cual me sentía responsable y otra en la cual me convertía en su blanco.

Cuanto más intentaba ser amada, más sola me encontraba en la creciente oscuridad. Pronto, empecé a practicar el aislamiento.

A los once años, tenía pensamientos de suicidio. Lo que no entendía es que estaba interiorizando el rechazo que sentía por parte de mi familia. El suicidio era el autorrechazo último, era una forma de «hacer realidad» el impulso letal que asediaba mi corazón. A los catorce años, a punto de cumplir los quince, me marché para siempre. Durante un tiempo, mendigué dinero, dormí en el suelo y tuve las peores amistades que uno pueda imaginar. Al final, me detuvo la policía y me llevó a un centro de detención, donde me remitieron a algo denominado System.

System era una organización dirigida por el gobierno, cuya irónica finalidad era supuestamente el «cuidado» de huérfanos. Algunos habíamos sido abandonados, otros habían sufrido abusos o negligencias, otros tenían cualidades demasiado extrañas como para que alguien pudiera controlarlos. Muchos huérfanos, al igual que yo, todavía tenían padres vivos, pero, por una serie de razones, habían cortado sus lazos con ellos y habían llegado a la indigencia, en distintas etapas de estar sin hogar física y espiritualmente. Aterrorizados y confusos, sin nadie en quien confiar que los pudiera guiar, la mayor parte de los internos acababan en bandas, practicando la violencia, consumiendo drogas y autolesionándose.

Los días siguientes fueron los peores de mi vida; sin embargo, pensaba que vivir en el exilio era mejor que vivir deseando morir. Al menos estaba en compañía de otros huérfanos, y compartíamos nuestro desarraigo.

Sanar las heridas del corazón provocadas por el desamor puede ser labor para toda una vida. Pero para muchos de los que hemos sufrido la fractura del espíritu, he de decir que hay una medicina para salir del exilio. Es un tipo de medicina, un tesoro perdido y reencontrado, que quizás no hubiéramos conocido de otro modo. Si eres capaz de soportar plenamente tu propio desarraigo y hacerte amigo de tu terror a la soledad y a la exclusión, tu vida dejará de estar bajo el yugo del intento de evitarlos. Es decir, estás en el camino de regreso a casa.

El origen del distanciamiento

Para reflexionar sobre el origen de nuestro distanciamiento hemos de empezar por nuestra historia personal. Aunque nuestras experiencias varían notablemente de una persona a otra, compartimos más similitudes que diferencias. En nuestra infancia tenemos la tendencia natural a asombrarnos, soñar y descubrir. Podemos vivir muchas horas haciendo ver que somos algo, consultando con la naturaleza, experimentando sensaciones e ideas, seguros de que estamos a salvo, confiando en lo imposible.

Como en el Jardín del Edén, es una etapa de armonía, abundancia y ausencia de culpa. Pero a todos nos llega un momento, a unos antes que a otros, en el que experimentamos un distanciamiento súbito o gradual de nuestra relación innata con la magia. Puede que nos digan que bajemos de las nubes, que *solo* es nuestra imaginación, o que *no es más* que un sueño. Nos piden que decidamos qué queremos ser cuando seamos mayores, nos explican cómo ha de comportarse una «dama», nos empujan a la vida pública en la escuela, y somos iniciados de golpe en los caminos de la realidad consensuada.

Para algunas personas, este primer distanciamiento puede producirse a raíz de un trauma, de abusos o de negligencias. Quizás te viste obligado a cuidar de otros, mientras tu vida interior perdía fuerza, era ridiculizada o ignorada. Quizás te hicieron sentir que eras necesario solo de una manera específica, mientras las verdaderas tendencias de tu pertenencia eran enviadas a las profundidades, cual fugitivas.

Quizás tú y cualquiera como tú habéis sido calumniados por vuestro entorno social. Quizás las exigencias de ese entorno te han obligado a ocultar tus dones, porque tenías que atender a algo más inmediato.

Sean cuales fueren los pormenores de tu primer distanciamiento, habrás notado la fisura entre tu verdadero yo y la persona en la que te has convertido para poder sobrevivir. Y de este modo empieza el trabajo de moldear nuestras cualidades para que se adapten a esta nueva versión más aceptable de nosotros mismos. Con el tiempo, este esfuerzo por «parecer» normal tiene tanto éxito que hasta empezamos a olvidarnos de nuestra verdadera naturaleza.

De pequeña, recuerdo que siempre me decían que hablaba demasiado, que gritaba demasiado y que era demasiado dramática, así que empecé a actuar con «pasotismo» o indiferencia. Este pasotismo es algo muy característico de los adolescentes urbanos. Aunque en su interior son una colorida explosión de hormonas y pasiones, desesperación y anhelo, hacen lo imposible por fingir que nada les importa. ¡Y les funciona!

Después de un poco de práctica en reprimir mi expresividad, recuerdo que me felicitaron por haberme «suavizado», como si mi anterior y auténtica versión de mí misma fuese molesta o embarazosa para los demás. Pero esta represión puede tener un precio muy alto cuando nos hacemos mayores.

Esas cualidades y habilidades que están prohibidas en nuestras familias, iglesias y otros medios sociales no dejan de existir por el mero hecho de que queramos ignorarlas. Más bien, en su afán de reconocimiento, tienden a volverse en contra de sus poseedores adoptando la forma de depresión o enfermedad, ira o rebeldía.

Considerar la rebeldía de nuestros adolescentes como una patología es uno de los grandes perjuicios que ocasionamos a nuestros menores. Existe una razón por la que en muchas culturas se realizan ritos de iniciación a la etapa adulta, pues los adolescentes son los que modificarán la sociedad en el futuro. Si a la rebeldía se la trata con el debido respeto, nos aportará la confrontación necesaria con la sociedad que garantizará nuestra sostenibilidad. Así como en toda relación se debe permitir que la tensión del conflicto refuerce nuestros vínculos, también hemos de invitar a la gente joven a contribuir con sus desacuerdos en nuestra vivacidad compartida. Este es el momento en su vida en que se invierte la dinámica entre mayores y jóvenes. El mayor ya no ocupa la posición de enseñar, sino la de escuchar. Después de todo lo que estos ancianos han impartido, directa e indirectamente a través de la cultura, ahora tienen la oportunidad de escuchar la opinión de los jóvenes sobre cómo lo han hecho.

Aquí es donde el dolor y la rabia del desarraigo son más necesarios. En la disconformidad de los jóvenes con la injusticia y en su voluntad de combatirla, existe un inmenso almacén de energía creativa en pleno desarrollo. Mientras otras culturas afrontan esta transición con un enorme respeto, nosotros la convertimos en una tragedia, y tratamos a nuestros jóvenes como si fueran seres aberrantes y rebeldes, a los que se ha de reformar y enseñar obediencia. En vez de invitar a los nuevos adultos a una posición de autoridad en nuestro círculo de pertenencia, y pedirles que renueven nuestras estructuras desfasadas, consideramos que su pasión es una vergüenza e intentamos reprimirla.

Este rechazo tiene sus consecuencias. Cuando ese poder emergente, fisiológico y psíquico, es rechazado abiertamente, nunca podrá cumplir su función, como pilar de la autoestima. Sin el ritual de bienvenida que afirma: «tu sangre es necesaria, tu ira es valiosa, tu dolor tiene sentido», el joven no encuentra lugar para canalizar su lealtad y navega perdido por los inmensos océanos de la alienación.

El día que abandoné mi casa lo hice descalza, solo con los calcetines puestos. Mi madre me había escondido todas mis botas y zapatos, antes de acostarse. A mis quince años, estaba totalmente decidida a marcharme, y lo hice de todos modos, salí corriendo por la calle en calcetines, con la esperanza de no pisar algo en la oscuridad con lo que pudiera hacerme daño. Al cabo de unos días, la policía me encontró en casa de mi novio, que era mayor que yo. Lo amenazaron con ponerle varias denuncias y a mí me llevaron de vuelta en el coche patrulla. Hubo un momento, que quedará siempre congelado en mi memoria, en que uno de los agentes se giró hacia mí y me preguntó si quería que me llevaran a casa. Y con toda la convicción de este mundo, le respondí: «No».

La alternativa, como después pude comprobar, fue un aterrador centro de detención para menores, donde me arrebatarían mis pertenencias. Por temor a que me ahorcara en la pequeña celda que solo tenía una ranura para que me dieran la comida y un botón rojo de emergencias, me sacaron hasta el cinturón. Me mandaron a ducharme con otras chicas, me dieron algunos productos de higiene diminutos, como jabón y pasta de dientes, y nos teníamos que secar con toallas que no eran lo bastante grandes para nosotras. Las cantidades eran para personas muy pequeñas, que no correspondían con la realidad de las que estábamos allí. Los grifos no tenían manija y el agua de la ducha salía a chorro de golpe y se paraba de repente, las puertas de hormigón* se cerraban solas y la luz se apagaba automáticamente con programadores, por lo tanto no había interruptores.

Mi madre vino a visitarme una vez, pero lo único que recuerdo es que al verla al otro lado del plexiglás me sentí como un animal salvaje. Aunque solo deseaba que alguien me dijera cariñosamente que volviera a casa, creo que ella se sentía aliviada de que, por fin, estuviera controlada. Sin que tan siquiera me enterara, distintos organismos oficiales pusieron en marcha un proceso judicial por el cual me «comprometieron voluntariamente» con System.

No tenía muy claro por qué estaba allí. Puesto que mis padecimientos se debían a las carencias intangibles e innombrables de mi vida, viví durante años con la destructiva convicción de que mi traumática experiencia no era importante. Creía, como me decía mi madre, que estaba exagerando y que había destruido a nuestra familia. Tardé años en darme cuenta de que la pequeña simiente de mi destino necesitaba esa tierra yerma para hacerse fuerte. Tenía que conocer la verdadera tristeza y vivir mi soledad, para poder descubrir que el desamor era mejor que el amor a medias. Tenía que romper con aquello que, en nombre del amor, desprecia, envidia y ofende.

System me estuvo trasladando durante meses, desde centros para menores hasta pisos compartidos para jóvenes, haciendo que me fuera imposible replantearme mis dispersas y sedientas raíces. Cada vez que empezaba a apegarme a una trabajadora social saturada de trabajo, la cambiaban de puesto. Nunca se despedían. Sea como fuere, tuve que repetir el terrible ritual de deshacer la maleta con mis escasas y pequeñas pertenencias para volver a afrontar otro traslado al poco tiempo, generalmente, de noche. Así aprendí qué era la transitoriedad y a adaptarme para sobrevivir.

Podemos volvernos sumamente adaptables en nuestro intento de pertenecer a algún lugar, como un camaleón cambia sus tonalidades para mimetizarse

---

* Es un tipo de puerta hecho con un material que combina hormigón y textil, es ligero, robusto y resistente al agua. (Nota de la T.)

con su entorno. Aprendí a sintonizar con los lugares a los que me destinaban, a fin de evitar cualquier amenaza sutil, me anticipaba a sus necesidades y era útil allá donde aterrizase. Enseguida me familiarizaba con los sitios, aprendía sus atajos y costumbres, para que pareciera que siempre había estado allí. Lo más irónico es que a pesar de mi capacidad de adaptación, nunca pude llegar a experimentar un verdadero sentido de pertenencia.

Aunque el marginado aprenda a mutar para encajar en cualquier hábitat, es más difícil conocer sus verdaderos colores. Puede que se sienta libre de restricciones imaginarias o reales, pero también anhela confiar lo bastante en un lugar, en unas personas o en una vocación como para echar raíces en su suelo. Y ese tipo de soledad, que no conoce hogar duradero, puede pasar factura con el paso del tiempo.

La alienación persigue a la persona que quema puentes tras de sí. Puede que dejes partes de ti mismo en esos lugares y momentos en los que has creado algún vínculo superficial. Cuanto más dejas atrás, más fragmentado te sientes. Si eres una de esas personas, puede que incluso hayas conseguido éxitos externos, pero notas que te falta una conexión profunda con la vida que has creado.

A raíz de haber expuesto tu verdadera naturaleza en alguna parte donde fue rechazada, te has vuelto receloso de esos lugares. No podrías soportar que te hirieran de nuevo, así que te niegas a volver a revelar quién eres realmente. Dejas de vivir desde tu propia verdad y, con el tiempo, la falta de voluntad se convierte en alienación de tu propia naturaleza.

Con el paso de los años, dejamos de sentir con tanta intensidad nuestra carencia. Entonces, es la propia carencia la que se vuelve maligna y se propaga en forma de depresión o ansiedad imperceptible. Dicho simple y llanamente, cuando nos sentimos marginados, es porque se están manifestando esos aspectos de nosotros mismos que hemos marginado.

Estricto y estrecho

Nuestros sueños son el primer lugar donde se manifestará nuestro yo alienado. La energía psíquica que ha sido desterrada puede asumir muchas formas en sus compulsivos intentos de volver a pertenecernos. Esta es la razón por la que siempre digo que los sueños oscuros son una confirmación, en y por sí mismos, porque significan que hay algo que está a punto de salir al plano de la conciencia. Las pesadillas solo son sueños que han aumentado de volumen, que intentan por todos los medios llamar nuestra atención hacia algo que está a punto de ser sanado. Pero si no les hacemos caso, esta energía rechazada puede adoptar la forma de síntomas psicológicos, como ansiedad, ataques de pánico, rabia o depresión.

Veamos el caso de Elaine, por ejemplo, una mujer de cincuenta y pocos años, que se crio en una familia cristiana tradicional. Gracias a una serie de tomas de conciencia de sus propios valores, recurrió a la terapia de la interpretación de los sueños para hacer las paces con su anhelo de tener otro tipo de vida. Puesto que dejar la iglesia implicaba romper con su comunidad, con su forma de ganarse la vida y con su fidelidad a la familia, fue un proceso muy difícil y gradual, en medio del cual tuvo el siguiente sueño:

Estricto y estrecho: sueño de Elaine

Estoy con mi hermana, que es una devota cristiana, entramos a comprar en un centro co-mercial cerrado. El pasillo de entrada es muy estrecho y cuando estamos a mitad de cami-no, una aterradora figura oscura, que viene a por mí a hacerme daño, empieza a agarrar-me. Me caigo hacia atrás y me quedo atrapada allí, sin poder moverme y pidiendo socorro a gritos. Entonces, aparece una figura fantasmagórica y me pone una inyección para que «me calle». Me tranquilizo, pero sigo atrapada.

En nuestro análisis del sueño, Elaine describió el centro comercial como un lugar social, donde todo el mundo consumía bajo la presión de ser «siempre fe-lices». Cuando dijo esas palabras, se dio cuenta de cuánto se parecía a la presión que sentía en la iglesia.

El centro comercial estaba cerrado, sin actividad, lo cual parecía reflejar que Elaine se había cerrado a muchas de esas influencias en su vida. Sin embargo, todavía quedaban algunos vínculos profundos, como su relación con su hermana, que hacía que ella siguiera «comprando» allí. A pesar de lo «estricto y estrecho» que le parecía ese mundo a su nueva visión expandida, no estaba dispuesta a aban-donarlo por completo.

Le pregunté si recordaba la figura oscura que la agarraba, y lo único que podía recordar era que llevaba «guantes sin dedos, como los de un mendigo». Gracias a ese pequeño detalle empezamos a entender que esta figura, en la estre-cha transición de dentro hacia fuera, era el arquetipo del marginado. Él simboliza-ba el centro comercial-iglesia que estaba intentando evitar. Era un lobo solitario, rechazado por la sociedad, sin clase, dinero ni pertenencia. Y estaba agarrando a Elaine, como lo hace el peor temor de cualquier persona, con la convicción de que si no seguía esforzándose por seguir en ese mundo, podría acabar relegada de la sociedad.

Cuando le pregunté qué había sentido al recibir la inyección tranquilizante, me respondió que tuvo un efecto paralizador. Me llamó la atención el contraste entre que estuviera pidiendo socorro desesperadamente y que, de pronto, fuera anestesiada, y le pregunté si se había sentido deprimida. «Sí —me respondió sin dudarlo—. Hace unas pocas semanas, he estado sintiendo un torbellino de emociones y he entrado en una especie de estado depresivo».

Si considero todos los personajes de su sueño como aspectos de sí misma, podríamos pensar que el personaje del marginado es uno de sus aspectos que han sido rechazados y que vive en la no pertenencia. Por ejemplo, jamás menciona en su ámbito familiar o con sus amistades de la iglesia que está trabajando con sus sueños, a pesar de que es una de sus grandes pasiones. Pero esas partes marginadas de sí misma, en su desesperación por captar su atención, se volvieron posesivas y dañinas, como le sucedería a cualquier ser rechazado o calumniado.

El marginado, debido a sus diferencias, es desterrado a la no pertenencia o se marcha voluntariamente, cuando ya no puede seguir soportando las condiciones de la normalidad. De cualquier modo, se convierte en un vagabundo, en busca de un lugar al que pueda llamar hogar.

Como le sucedió a Elaine, el héroe o la heroína de las fábulas míticas ha de cruzar un umbral en el que rompe con la tradición, a fin de descubrir quién es fuera de las expectativas del reino. Pero sin la ayuda de los sueños y de los cuentos de hadas para navegar por estas huidas simbólicas, el marginado puede quedarse atrapado toda su vida identificándose con su arquetipo no redimido.

El arquetipo del marginado

Los seres humanos, al igual que otros cazadores en manada, están en guardia y desconfían de los que son diferentes. Tanto si has cometido un delito o eres de otro país como si posees habilidades, características u orientaciones diferentes —o incluso por ser pobre, estar enfermo o herido—, puede que acabes identificándote con el arquetipo del marginado: un huérfano, una oveja negra, un rebelde, un forastero, un disidente, un chivo expiatorio, un bicho raro, un sin techo, un mendigo, un inadaptado. No importa qué nombre reciba, el marginado desempeña un papel importante en la mitología y en la vida.

En todas las familias y en muchas leyendas populares, existe la figura de la oveja negra. Este forastero carga con la proyección de la sombra de todo el grupo. En ese rechazo colectivo hacia la oveja negra, esta última actúa como fuerza de unión. Es decir, se convierte en la portadora de las piezas rechazadas, encubiertas y olvidadas de la historia familiar, y al vivir la vida a su manera, esta oveja negra suele ser la responsable de concienciar a la familia.

Pero, por heroico que parezca, es un camino difícil y solitario. Ya sea por abandono o por voluntad propia, ser excluido de una familia o carecer de ella hace que el desarraigo se convierta en un factor fundamental de nuestra vida. El sentimiento de ser un sin techo puede suponer un estado mental crónico que influye en todo lo que hacemos.

En algunas culturas, ser huérfano significa que serás rechazado por la sociedad. En Zambia, por ejemplo, los huérfanos son humillados y se los llama «cabras», porque se considera que no pertenecen a ninguna cultura, ya que no han pasado por las iniciaciones correspondientes y las costumbres del colectivo.[1] Sin embargo, en otros lugares, se los considera los guardianes especiales de la tribu, se los protege e incluso venera. Los aka de Ghana tienen una antigua canción folclórica que se titula *Sansa Kroma* en la que «a los niños que cantan esta canción se les recuerda que si algo les sucediera a sus padres y se quedaran huérfanos... serían protegidos por el resto de la aldea».[2] Cuando revisamos las leyendas populares del mundo que nos rodea, descubrimos muchos de los mismos motivos recurrentes. «Los huérfanos son a la vez dignos de lástima y nobles —escribe Melanie Kimball, profesora de literatura infantil del Simmons College de Boston—. Son una manifestación de la soledad, pero también representan la posibilidad de que los humanos se reinventen a sí mismos».[3]

Imaginemos por un momento que pudiéramos depurar nuestras distintas historias de exilio hasta llegar a su esencia básica, para descubrir qué es lo que compartimos con todas las personas que han experimentado algo similar. Este conjunto de patrones y redenciones es lo que denominamos «arquetipo».

Los arquetipos, palabra que proviene del griego *archetypos,* que significa 'primer molde', son el prototipo de nuestras experiencias innatas universales. El héroe, la anciana sabia y el embaucador son arquetipos habituales que se encuentran en los mitos y cuentos de hadas de todo el mundo, que, aparentemente, carecen de fronteras geográficas, son atemporales y sus patrones aparecen en nuestros sueños en las etapas de transición importantes de nuestra vida. Los arquetipos no solo nos revelan la insignificancia de nuestra vida tal como la estamos viviendo, sino que atraviesan las mismas puertas con valentía y desesperación, asombro y triunfo, como los héroes o heroínas, que hemos admirado desde nuestra infancia a través de nuestros libros de cuentos.

Ann Belford Ulanov, como analista junguiana, lo describe así: «Como los instintos son para el cuerpo, los arquetipos son para la psique».[4] Es decir, los arquetipos son reflejos innatos que se activan al propiciarse ciertas condiciones en nuestro entorno y, para bien o para mal, determinan nuestra forma de reaccionar y nuestra conducta.

Al estudiar cómo funcionan los sueños y los cuentos de hadas, podemos seguir sus mapas arquetípicos hacia lo desconocido con mayor eficacia, porque nos ayudan a ver la dimensión significativa de nuestra experiencia personal. Nos muestran cuándo estamos atravesando un rito de paso, como una iniciación, un exilio, una muerte simbólica y un renacimiento.

El arquetipo del Marginado / Huérfano aparece en cientos de fábulas populares, libros de ficción e incluso películas. Personajes de la literatura como Cenicienta, la cerillera, Jane Eyre, Frodo Bolsón y Harry Potter son algunos Marginados famosos. El Marginado suele ser un huérfano que vive fuera de la casta o clase social. Se lo considera diferente del resto o peligroso para las costumbres y normas sociales. Es el molesto *otro*, único e inconfundible en el mundo, que nos recuerda lo cerca que estamos todos de sufrir el mismo destino, de que nos retiren el apoyo. Pero desde los andrajos hasta las riquezas, también nos inspira a recordar que se pueden superar incluso las historias más trágicas de aislamiento.

Estos arquetipos no son solo imágenes o personajes, sino patrones de desarrollo. El huérfano o la huérfana de estas historias siempre sufre algún tipo de maltrato, abuso o negligencia en su lugar de origen. Entonces, tiene que emprender una búsqueda o viaje para hallar su verdadero lugar en el mundo. Sin embargo, para ello, deberá abandonar su hogar, romper con el grupo o familia establecidos y soportar un largo periodo de exilio.

Durante su deambular, habrá momentos en que se sentirá abrumado por las dificultades y estará a punto de tirar la toalla. Pero si consigue aunar la astucia y la virtud para defender su propia postura, los aliados mágicos vendrán en su ayuda. Al final, su triunfo consistirá en hallar un lugar en el mundo al que pertenecer, que sea intachable, no solo porque lo habrá forjado desde cero, sino porque será lo bastante grande como para albergar a otros.

Tres

La Madre Muerte

Cuando tenía once años, mi abuela me regaló el anillo de bodas de mi abuelo, ya fallecido. Lo consideraba mi posesión más valiosa. Era de oro blanco, con elegantes grabados y, lo más importante de todo, tenía su nombre, Tadeusz, grabado en su cara interna. Un día, cometí el error de irme a nadar con el anillo puesto y se me salió del dedo. Estuve dos horas buceando para rastrear el fondo de la piscina, pero, todas las veces, salí agotada y con las manos vacías. Me sentía tan avergonzada que no era capaz de decírselo a nadie, pero cuando cenamos en casa de mi abuela el fin de semana siguiente, se dio cuenta de que no lo llevaba. Le dije que sentía mucho haberlo perdido. Mi madre se giró hacia mí y espetó con desprecio: «No se le puede confiar nada valioso a Toko».

Objetivamente, este hecho se podría considerar una actuación poco afortunada de una madre que, en un momento de debilidad, intenta educar a su hija, pero visto como el último de una larga cadena de crueles acontecimientos similares, supuso la gota que colmó el vaso en mi convicción de que no era una persona normal ni digna de confianza y que no merecía un lugar en la mesa familiar.

Si, como me ha pasado a mí, te has criado sintiéndote invisible, anulada o algo peor –con el mensaje tácito de que no eras deseada o que hubieran deseado tu muerte–, puede que seas hija de una mujer poseída por la Madre Muerte.

La Madre Muerte es un término para designar esta energía o arquetipo, que se ofende con su propio hijo, lo abandona o incluso desea destruirlo. Lo acuñó la analista junguiana Marie-Louise von Franz,[1] y posteriormente fue ampliado por la autora, maestra y analista junguiana Marion Woodman, en su entrevista con Daniela Sieff, «Confrontar a la Madre Muerte».[2] Como blanco de la Madre Muerte, el niño o la niña acaba desarrollando la convicción de que vive en un mundo peligroso y de que su vida corre peligro.[3] Pero mucho tiempo después de haber abandonado el hogar familiar, el objetivo seguirá siendo acechado por la Madre Muerte, que luchará contra él desde dentro.

Incluso antes de que se te ocurra pensar en hacer algo nuevo, utilizando tu creatividad, tu voz o dirigiéndote hacia el cambio, la Madre Muerte hará acto de presencia. Al igual que Medusa, no tiene más que levantar una sola ceja para que todo tu cuerpo quede petrificado. Es la energía paralizadora que reduce tu creatividad y te exige silencio. Se alimenta de tu vergüenza e impotencia, y cualquier muestra de emoción o autenticidad puede provocarla.

Incapaz de soportar el sufrimiento de ser rechazado, su blanco dejará de manifestar su chispa creativa. Se esconderá donde no pueda ser criticado, pues se le ha enseñado que no vale nada. Tal como dice Woodman: «Su esencia creativa propia sufrirá una división y será enterrada en un recoveco oculto de su psique inconsciente».[4]

Entonces, el hijo o hija de la Madre Muerte hace lo imposible por sobrevivir. En su intento de comportarse de una manera que pueda fortalecer su frágil lugar dentro de la pertenencia, empieza a interpretar el papel que piensa que lo congraciará con ella. Esto se puede manifestar convirtiéndose en un perfeccionista para cumplir las exigencias imposibles de la Madre, independizándose violentamente de ella o siendo su defensor y cuidador –incluso, marido suplente–; sea como fuere, el niño intenta por todos los medios ser necesario para aliviar la hostilidad de su entorno.

Pero por más que intentemos ser más listos que ella, inevitablemente, acabamos interiorizándola y empezamos a confundir su voz con la nuestra. La Madre Muerte, con sus artimañas internas, termina arruinando la vida de una persona. Tal como escribe Woodman: «Si este bebé, cuando todavía estaba en el útero, hubiera sabido que no era del sexo que sus padres deseaban, que no había dinero para otro hijo, que no era un buen momento para el matrimonio o que se libraría de ser abortado por los pelos, este bebé habría sabido que no es bienvenido a la vida… No deseado. ¿Puede haber algo peor para un recién nacido indefenso que experimentar eso en su carne?».[5] Y a medida que el niño va creciendo, irá proyectando este *no deseado* en los demás, esperará el rechazo de sus amigos, de las figuras de autoridad, incluso de la propia vida. Lo peor de todo es que dirigirá esa gélida mirada hacia sí mismo.

Cuando descubrí a la Madre Muerte fue toda una revelación para mí, porque entendí la razón de mis instintos suicidas a tan corta edad. El suicidio o el «anhelo del olvido que conlleva la muerte» era una forma de dirigir la campaña de la Madre Muerte contra mí. El suicidio era la versión concreta del rechazo que sufría todos los días hacia mi persona.

Me di cuenta de que vivía en lo que Sieff denomina un «mundo-trauma», una realidad psicológica paralela que se caracteriza por el miedo, la desconexión y la vergüenza. La mayoría pensamos que los traumas se deben a algún hecho o hechos violentos, físicos o de índole sexual, pero ahora los investigadores están descubriendo que hay muchos tipos de traumas sutiles e insidiosos, que activan las mismas respuestas en el cuerpo y el sistema nervioso. Ser testigo de violencia, la inestabilidad crónica, el caos en el hogar de la infancia o la frialdad emocional y la falta de apego seguro con tu principal cuidador, porque siempre está deprimido, padece alguna enfermedad mental, es impredecible o suicida, puede crear las condiciones necesarias para que una persona joven padezca un trauma emocional.

Los traumas nos cambian radicalmente, no solo en el plano psicológico, sino también a nivel celular. La Madre Muerte interior se manifiesta como la renuncia a uno mismo, especialmente en lo que respecta al cuerpo. Según Woodman: «Cuando tengo hambre, no soy alimentado. Cuando estoy agotado, no se me permite descansar. Cuando necesito moverme, se me obliga a estar quieto». Sieff sigue explicando: «Como respuesta a esa experiencia abrumadora de sufrimiento y de miedo, se producen cambios biológicos que sensibilizan extraordinariamente a nuestro cuerpo y nuestra mente a peligros potenciales [...] vemos amenazas donde no las hay, y reaccionamos exageradamente a ellas de maneras que hacen que creemos las profecías que se cumplen a sí mismas».

Recuerdo que un día hice autostop para ir a un concierto, porque mi coche estaba estropeado, y me paró una bruja que llevaba un coche muy sucio. Al abrir la puerta vi un montón de pelo de perro y basura en el asiento, así que empecé a sacudirlo antes de sentarme con mi falda blanca. La conductora me dijo de malos modos: «¡Métete ya! ¡Esto no es un taxi!». De pronto, me quedé helada. Me pasé todo el trayecto sin abrir la boca, la rabia y la vergüenza me consumían por dentro. Y el destino dispuso que cuando llegamos al concierto, esa bruja se sentara a mi lado. Recuerdo que tuve pensamientos obsesivos de injusticia; luego, de pronto, pasaba a tener pensamientos opuestos, en los que me atacaba a mí misma por ser demasiado delicada. Era una repetición de las discusiones internas crónicas que tenía con mi madre, como si siempre tuviera que justificar la validez de mis sentimientos heridos... y de ser una perdedora. De pronto, me sobrevino la sensación de estar exiliada, como si todas las personas que asistieron al concierto estuvieran dentro de algo y yo estuviera fuera. Cuando terminó la velada, había entrado en una espiral de vergüenza de la cual tardé días en salir.

Parece increíble que ese insignificante detonante me produjera tal desespe-ración. Pero cuando vives en un «mundo-trauma», tus respuestas las genera un sistema nervioso afectado, que supone que siempre está bajo amenaza de ser ata-cado o abandonado, aunque no exista peligro real.

La Madre Muerte ataca tu cuerpo, te frena cuando estás a punto de despe-gar, te hace callar antes de abrir la boca. Es la energía paralizante que te impi-de participar en la vida. Es lo que Woodman llama «mentalidad de comadreja», donde «la vida se experimenta como si fuera un campo de minas en el que somos derribados por explosiones que los demás no pueden oír. Si existe una hostilidad inconsciente en el entorno, el cuerpo interior, en un acto reflejo, se retira y se hace el "muerto"».[6]

Para sanar la herida que deja la Madre Muerte en tu cuerpo, es útil compren-der sus orígenes y cómo llegó a convertirse en semejante expresión terrible de la naturaleza. Si volvemos al mito de Medusa, veremos que esta no siempre fue un monstruo terrorífico con una cabeza llena de serpientes que convertían a las personas en piedra. Antes de transformarse en un ser que perseguía y *cosificaba* a otros, ella fue cosificada primero.

Medusa, la más bella de tres hermanas, era una hermosa doncella con rizos dorados. Aunque tenía muchos pretendientes que aspiraban a sus favores, Posei-dón, al ser rechazado, la violó en el templo de Atenea. La diosa, furiosa por la pro-fanación de su templo, maldijo a Medusa, convirtió su hermoso pelo en serpien-tes y la volvió tan horrible que todo aquel que la mirara se convertiría en piedra.

Para nuestro propósito, me centraré en dos aspectos de este mito: cómo Atenea persiguió a Medusa por profanar su templo y cómo la aterradora trans-formación de Medusa en gorgona fue a raíz de su propia violación.

Atenea nació de la cabeza de su padre, Zeus, con toda su armadura, lista para la batalla. Se podría decir que era la hija perfecta para el padre, totalmente identificada con sus valores patriarcales, como la razón, la fuerza y la victoria. Aunque al imaginar a Medusa pensamos en la encarnación de la rabia femenina, hubo un tiempo en que se la conocía por su sensual belleza y su buena relación con sus hermanas. En el aspecto simbólico, podríamos decir que las dos mujeres representan la división cultural de lo femenino, entre lo cívico y lo primario, *lo-gos* y *eros*, la obediencia y la rebeldía. Es la misma división que vemos reflejada en otras partes, como la historia bíblica de María y María Magdalena. Atenea, como diosa virgen, quizás se sintió amenazada por la energía primaria y procreadora de

Medusa, así que la maldijo y la convirtió en un monstruo. Pero no olvidemos que fue un acto de extrema violencia lo que provocó esta división.

Medusa, violada por Poseidón y, posteriormente, asesinada a manos de Perseo, es un símbolo de la subyugación cultural del aspecto salvaje e indomable de lo femenino, que ella representa. El nombre *Medusa* (*Medha* en sánscrito, *Metis* en griego y *Maat* en egipcio) significa 'sabiduría femenina soberana', de modo que su violación también se podría considerar la derrota de las religiones de las diosas por una cultura predominantemente masculina, encabezada por Zeus. Para sobrevivir a estas condiciones, las mujeres hemos tenido que convertirnos en lo que era Atenea, una incondicional de su padre, a fin de poder medrar. Pero la consecuencia de ser una «buena hija» o una «buena madre» es que la oscuridad que representa la furia desterrada de Medusa aparecerá de formas impredecibles.

¿Te has fijado alguna vez que, en los cuentos de hadas, la madre de la protagonista está muerta, ausente o es suplantada por una madrastra malvada? Por ejemplo, en *Blancanieves*, la malvada madrastra tiene tantos celos de la belleza de su hijastra que la echa de casa y envía a un cazador a que le arranque el corazón. En *Hansel y Gretel*, la esposa del leñador convence a su esposo para que mande a los gemelos al bosque con la esperanza de que no sepan volver a casa y mueran de hambre. Nos resulta tan inadmisible que una madre sea capaz de cometer semejantes actos macabros e incluso asesinos hacia sus propios hijos que la hemos sustituido por otra mujer que carece de apego emocional.

Lo cierto es que hay muchas madres que luchan contra sus sentimientos contradictorios respecto a sus hijos, hasta el extremo de desear que no hubieran nacido. A veces, nos enteramos de historias atroces de madres que matan a sus propios hijos. Y aunque la mayoría de las mujeres nunca llegaría a tal extremo, muchas sienten la rabia, la desesperación y el agotamiento que pueden provocar esa violencia.

Aunque no soy madre, tengo muchas amigas que sí lo son y veo lo duras que son con ellas mismas, cuando no tienen paciencia o se enfadan con sus hijos. Creo que es porque en nuestra sociedad se niega el aspecto oscuro de la maternidad. Tenemos el arquetipo idealizado de la Buena Madre, que encarna el amor incondicional, la compasión y la crianza. Pero el problema que plantea esta perspectiva parcial es que transmite, tanto a la madre como al hijo, que todo lo que no sea una buena madre es aberrante o antinatural.

La autora y antropóloga Daniela Sieff, en su fascinante ensayo *La Madre Muerte como sombra de la naturaleza*,[7] aborda el lado oscuro de la maternidad bajo un

prisma evolutivo y analiza el modo en que la influencia de unos cuantos factores centrales, como la disponibilidad de calorías y el apoyo social, contribuye en
gran manera a la tendencia (o no) de que una madre cree un vínculo con su hijo.
Sieff señala que en algunas sociedades de subsistencia tradicionales no es tan raro
abandonar o matar a un bebé, cuando no se dispone de ambas cosas. Por razones
de subsistencia, «no se puede comprometer con sus bebés indiscriminadamente;
por el contrario, ha de tener en cuenta sus propias circunstancias y las características del bebé, en el momento de decidir si lo cría (o los cría) o no».[8]

En Occidente tenemos más recursos y, afortunadamente, el infanticidio no
es habitual. No obstante, al estudiar estos principios evolutivos básicos, Sieff nos
ayuda a comprender que los impulsos inquietantes y destructivos son una dimensión natural de la maternidad. Aunque no todas las mujeres llegarían al extremo
de ser Madres Muerte, si no se sienten apoyadas o se consideran invisibles y so-
brepasan sus propios límites, pueden ser susceptibles de caer bajo la influencia
de su propia sombra. Mientras sigamos idolatrando a la Buena Madre y sin reconocer su aspecto oscuro, las mujeres estaremos destinadas a manifestarlo inconscientemente.

A menos que reconozcamos las barreras a las que se enfrentan las madres y
encontremos fórmulas como comunidad para proporcionarles el apoyo que necesitan, la vergüenza oculta de la mujer que no se siente adecuada respecto a la
imagen de la Buena Madre acabará volviéndose en su contra, como lo hacen las
sombras no reconocidas, y empezará a expresarse de maneras destructivas, inter-
namente y hacia todo aquel que se cruce en su camino. Los hijos de esas madres
también sufrirán la negación cultural de la sombra de la maternidad. Puede hacer
que se cuestionen la validez de su experiencia con la oscuridad de su progenitora,
creando las condiciones necesarias para que se repita el ciclo de la Madre Muerte.

La escasez y el merecimiento

La escasez es la condición subyacente del arquetipo de la Madre Muerte.
Nos hace creer que nunca tenemos bastante, que siempre hay cosas o lugares mejores que alcanzar, en lugar de crear pertenencia con lo que tenemos delante de
nosotros. Cuando se habla de escasez, la mayoría pensamos en una falta física de
abundancia, de afecto y de pertenencia. Y aunque es cierto que tener poco de estas cosas puede hacernos sufrir, lo peor de todo es la carencia interior.

Nosotros la aprendimos de nuestros padres, como estos la aprendieron de los suyos; por consiguiente, esta puede tener raíces profundas en nuestro linaje familiar. La carencia es la creencia de que por mucho (o por poco) que tengamos, nunca es suficiente. Tanto si somos adictas al trabajo y nunca nos conformamos con nada como si somos las típicas perfeccionistas que siempre tienen problemas para presentar algo a la sociedad, porque nunca está lo suficientemente bien, toda nuestra vida puede estar bajo la influencia de la insuficiencia.

Tienes algo de dinero, pero no es suficiente para hacer lo que realmente quieres. Puede que tengas uno o dos amigos, pero te falta una «comunidad». Tal vez tengas una oportunidad, pero haría falta un milagro para que se hiciera realidad. A lo mejor tienes un amante, pero no tienes una familia. Es como tener una hermosa vista desde tu ventana y fijarte solo en los defectos de la pintura de las paredes: nos centramos en lo que nos falta, en vez de deleitarnos en la belleza que tenemos delante. Eso es lo que pretende la Madre Muerte: reforzar la carencia hasta que nos parezca normal.

Mi madre me contó una vez que después de que yo naciera, mi hermano empezó a tener rabietas cada vez que ella se sentaba a darme de mamar. Me dejaba para atenderlo a él, pero al poco tiempo de estas interrupciones se le retiró la leche. Para mí, esto siempre supuso una representación literal y profundamente simbólica de la carencia que caracterizó nuestra relación y, posteriormente, mi falta de sentido de pertenencia en el mundo.

A partir de esta primera experiencia de sentir que mis necesidades eran menos importantes que las del resto, aprendí a hacerme valer en la familia cuidando a los demás, función para la cual, a las mujeres adultas y a las jóvenes, se nos suele hacer creer que es para lo único que servimos en el hogar y en nuestra cultura. Pero el descuido de mis propias necesidades me creó una sed insaciable de ser vista, amada y valorada. La Madre Muerte respalda el tipo de feminidad que proclama que no valemos nada, más allá de nuestro papel superficial en la familia o en la cultura. Cuando no hemos madurado nuestro sentimiento de autoestima, necesitamos la reafirmación constante de nuestra valía.

Esta necesidad es la herida que llamamos carencia. De hecho, el sentimiento de carestía afectaba a todas las áreas de mi vida: emocional, física y espiritual. Siempre me sentía impulsada a buscar el amor fuera de mí, a conseguir grandes cosas, como si eso fuera a aportarme aprobación. Pasé años disciplinándome para ser más consciente, generosa y buena, como si el amor de Dios y mi lugar en la

Tierra dependieran de ello. Pero tuve que esperar a darme cuenta de cuál era el origen de la escasez, para empezar a contrarrestar sus perniciosas proyecciones y cambiar mi forma de ver el mundo.

Cuanto más alejados estamos de nuestros instintos y necesidades, más inconscientes se vuelven. Cuando no podemos ver o nombrar la miseria que sentimos, la proyectamos al mundo que nos rodea. La vida se convierte en la Madre Muerte y nosotros en su retoño eternamente dependiente.

Para entender cómo se forma la escasez, primero hemos de indagar sobre el merecimiento. Sentirse merecedor significa sentirse importante, valioso, apreciado y digno. Es el estado de plenitud. Si no fuéramos educados para sentir estas cualidades del merecimiento, posiblemente creeríamos que las cosas buenas no están a nuestro alcance.

Hay momentos en los que te identificas con la voz de la Madre Muerte y crees que sus comentarios negativos sobre ti son ciertos; puede que tengas sueños en los que deambulas por estas peligrosas zonas abandonadas de tu psique, donde acaban de derrumbarse las desvencijadas estructuras. La poca vida que hay en esos lugares intenta vivir a costa de las migajas o compite por conseguirlas, y el peligro acecha en cada esquina. Yo las llamo las *zonas perdidas*: debajo de los puentes, en los callejones traseros y en los edificios en ruinas, que simbólicamente corresponden con las partes de nuestra mente que han sufrido estragos, a causa de la carencia y la negligencia.

Estos lugares surgen por la falta de amor, y si no les prestamos atención para sanarlos, pueden volverse sistémicos. Como sucede en las zonas olvidadas o desatendidas de las ciudades, se acumula la desesperación en ellas hasta que se convierten en lugares donde la pérdida es un mal endémico. La psique, a su vez, va ganando impulso. Con el detonante adecuado, como ver que otros disfrutan del calor de la familia o de la amistad, podemos ser transportados al instante a esos distritos de desolación interior.

Entonces, ¿cómo podemos empezar a revitalizar nuestras zonas perdidas de una manera que no sea solo estética, sino integral? Para revitalizar estas zonas perdidas en nuestra psique hemos de mirar directamente la herida, como hacemos con la interpretación de los sueños, y coser, punto por punto, lo que se ha roto para recuperar el sentido de pertenencia.

Lo primero que hemos de hacer es descubrir quiénes somos realmente y qué valoramos. Me encanta la palabra *valor*, porque tiene dos significados: aquello que consideramos algo valioso y aquello que distingue nuestro carácter. Así que primero hemos de hacer una verdadera evaluación de nuestros dones y habilidades, y luego, hemos de aprender a defenderlos.

Alice Walker, en su maravilloso tratado *The Gospel According to Shug* [El evangelio según Shug],[9] escribió: «Reciben AYUDA aquellos que aman a los demás a pesar de sus faltas, a esas personas se les otorga el don de la visión clara». Estas palabras me parecen muy poderosas, porque sugieren que las faltas, aberraciones o rarezas de nuestra personalidad forman parte de nuestra integridad, y pretender obviarlas es hacerles un flaco favor a los demás y a nosotros mismos. Además, al reconectar con lo que yo llamo «las facetas refugiadas del yo», podemos reivindicar la capacidad de visualizar un camino que seguir, no solo en nuestras vidas, sino en nuestro futuro colectivo.

El hábito de infravalorarnos es una especie de división, que hace que vivamos a medias; la dignidad está directamente relacionada con nuestra capacidad para vivir una vida integrada. En lugar de desterrar las facetas que, una vez, fueron rechazadas, trabajamos para reivindicar esas partes de nuestra identidad que temen ser vistas, heridas u olvidadas. Las permitimos y las incluimos, momento a momento, reforzando nuestra capacidad de inclusión, de pertenencia. Es la práctica de integrar la plenitud de nuestra presencia en un momento dado, tanto si se trata de rabia como de un brote de tristeza, para decir: «Esto también pertenece».

Hace unos años, cuando estaba con unos amigos, aprendí una importante lección sobre cómo nuestro exilio voluntario también puede perjudicar a los demás. Me encontraba en una fase de transición, me había marchado de la ciudad en la que había estado viviendo, pero sin tener otro sitio al que poder llamar hogar, y una amiga mía y su esposo me ofrecieron quedarme en su habitación de invitados. Al principio, fue estupendo estar en la casa de esta encantadora y amable pareja, pero, al cabo de unas semanas, empecé a tener problemas con mi capacidad para recibir su generosidad. Aunque no habían dado abiertamente muestra alguna por su parte para que me preocupara, empecé a sentir que era una intrusa.

Intenté ser más servicial, pagaba la compra, hacía la comida y limpiaba cuando estaban fuera. Sin embargo, al final, ni siquiera eso me parecía suficiente. Empecé a ausentarme durante largos periodos o, literalmente, a esconderme en mi habitación, para que pudieran gozar de su privacidad y de sus ritmos. Pero lo cierto es que había vuelto a caer en esa espiral de vergüenza hacia la Zona Perdida. Tener que depender de unos amigos, en una casa que no era mía, reactivó mis viejos sentimientos de desarraigo. Pero, inconscientemente, estaba recreando el sentimiento de abandono, mientras observaba desde la famosa escalera, cómo transcurría la vida sin mí.

Un día, mi amiga me preguntó si me pasaba algo. Al principio, intenté disimular encogiéndome de hombros. Al cabo de unos momentos, escribí temblorosa algunas palabras en un trozo de papel, porque me resultaba demasiado difícil decirlo en voz alta: «Siento que soy un estorbo». Lo que vino a continuación fue una conversación entre lágrimas, en la que mi amiga, lejos de consolarme, me ayudó a confrontar mi conducta. Me dijo que al autoexcluirme de la vida en su hogar, era yo la que estaba provocando el abandono.

Esas palabras fueron como un jarro de agua fría. En un momento, me di cuenta de cuántas veces, en toda mi existencia, me había autoexcluido de la vida para librar a los demás de mi presencia, adelantándome a las situaciones, antes de que nadie pudiera dejarme atrás. Era una forma inconsciente de solicitar amor y atención. Igual que me había sucedido en la infancia, cuando mi ausencia estaba realmente motivada por mi deseo de ser echada en falta. Y aunque esa estrategia me ayudó a sobrevivir en mis primeros años de vida, se había quedado desfasada y, en realidad, revelaba una falta de valentía.

Mientras sigamos ocultando facetas de nosotros mismos, porque pensamos que solo será aceptada una versión corregida o formal de nuestra personalidad, nos estaremos privando de la pertenencia. Pero también –y esta es la parte que requiere más práctica para identificarla– estaremos privando a los demás de participar en una copertenencia con nosotros.

La cultura de la Madre Muerte

Para la mayoría, tanto si queremos admitirlo como si no, nuestros valores son los que nos han transmitido nuestra familia o cultura. Uno de los pasos más escalofriantes que hemos de dar en el camino de la pertenencia es aprender a diferenciar nuestra verdadera voz de la voz de la Madre Muerte, tanto en nuestra vida personal como en su manifestación en las normas culturales.

Cuando empezamos a comprender la gélida propagación de la Madre Muerte en nuestro inconsciente personal, simultáneamente, comenzamos a darnos cuenta de que es una emisaria de una cultura que denigra lo que los junguianos denominan lo «femenino». Hay muchas cosas en nuestra forma de vivir actualmente que son hostiles, incluso letales, para lo femenino. Es agotador seguir el ritmo de una sociedad obsesionada con el consumismo, el prestigio, la productividad, la riqueza y el poder. A pesar de que tengamos éxito en estas facetas, la meta siempre es conseguir más, porque la Madre Muerte es insaciable.

Mientras la Madre Devoradora se come lo bueno que hay en nosotros, dejando huecos de carencia en nuestro paisaje interior, también lo hace en el exterior. Se manifiesta en el impulso de saquear delicados ecosistemas, como el Ártico, en busca de petróleo. Es el hambre que tolera las granjas ganaderas y el negocio agrícola del monocultivo, aunque ello conlleve acabar con la biodiversidad. El crecimiento económico es como una célula cancerosa, que se reproduce incesantemente sin finalidad alguna, hasta acabar con su anfitrión. A la Madre Muerte no le importa qué o a quién pise en su camino, mientras ella pueda seguir creciendo.

Depende del aislamiento, porque siempre y cuando creamos que el valor es algo que podemos alcanzar por nosotros mismos, seguiremos trabajando duro, comprando cosas y luchando por esa noción hiperindividualista del éxito. Entretanto, aumenta el número de personas para las que el éxito es un espejismo lejano. La supervivencia es a lo máximo que puede aspirar la mayoría.

Pero ¿y si el mérito dependiera de nuestro sentido de pertenencia como colectivo? Decir *mérito* es otra forma de decir *pleno*. Es el estado de reposo de la abundancia. Es nuestro estado natural, cuando vivimos en solidaridad con los demás y en armonía con nuestro entorno. Cuando todos contribuimos al conjunto con nuestros dones y habilidades únicos, siempre tenemos más de lo que necesitamos. A la inversa, cuando las cosas van mal, nos ayudamos unos a otros, llevando la carga entre todos.

Solo desde un lugar de recursos combinados, podremos comenzar a vencer a la Madre Muerte en nuestra cultura. A medida que vayamos acabando con esos valores heredados de nuestra dignidad intrínseca, comenzaremos a conectar con una visión única para nosotros y para el mundo en que vivimos.

Curar la herida

La regeneración de la herida de la carencia creada por la cultura de la Madre Muerte es un trabajo lento e importante. El primer paso para la sanación es negarnos a seguir restándole valor al impacto que la negligencia y la denigración de lo femenino tiene en nuestras propias vidas y en el mundo en general. En el ámbito personal, podría ser como reivindicar esos aspectos de lo femenino que no tiene la Buena Madre: antipatía, impaciencia, ira, aislamiento y desesperación por sentirnos respaldadas. En estos aspectos se oculta un poder que, si lo manejamos conscientemente, puede convertirse en un aliado, en vez de en un impulso destructivo.

Cerca de cumplir los treinta, fui becaria durante algunos años en la Fundación Jung de Ontario, una organización por la que han pasado todos los grandes junguianos contemporáneos. Fue una etapa muy fructífera en la que no solo me relacioné con personas como Marion Woodman, James Hollis y muchos otros, sino que fueron mis mentores. Aunque era demasiado joven para que me admitieran en el programa de formación de psicoanálisis, cooperaba como voluntaria y, de este modo, pude aprovechar la beca al máximo. Sin embargo, llegó un momento en que me di cuenta de que, por sus prohibitivos precios y por los requisitos que exigían, era imposible que alguna vez llegara a tener el privilegio de realizar la formación. Siempre estaría fuera de ese círculo interno, a pesar de que tenía mucho que ofrecer.

Aunque aprendí mucha teoría *sobre* lo femenino, necesitaba encontrar a alguien que me hablara *desde* lo femenino. Empecé a sentir que la visión analítica de la interpretación de los sueños era demasiado limitada. Necesitaba contactar con prácticas indígenas más centradas en la tierra, que vuelven a poner los sueños en manos del pueblo.

Un día, a mitad de un taller de fin de semana, tuve el siguiente sueño:

La tumba de la bruja: sueño de Toko-pa

Soñé que algunos de los analistas masculinos de la Fundación Jung estaban en medio de un bosque construyendo una plataforma de madera. Pero no se daban cuenta de que la estaban construyendo sobre la tumba de una poderosa bruja, que se estaba despertando rabiosa. En lo que me pareció tan solo un instante, salió de su tumba y dio rienda suelta a su furia, asesinando a los hombres y a todo aquel que se cruzara en su camino. Fue un terrorífico baño de sangre.

Me desperté sobresaltada por este sueño, mojada por el sudor y con el corazón acelerado, supe que había algo que estaba intentando captar mi atención. Esa mañana, auné fuerzas para arrastrar a mi pálido y tembloroso cuerpo hasta el lugar donde se realizaba el taller e intenté estar atenta a las explicaciones, pero la furia de la bruja seguía recorriendo mis huesos. Estaba muy claro. ¡Estaba harta de que los junguianos construyeran una plataforma sobre su tumba! ¡Y si hubiera algún camino más antiguo, que se hubiera dado por muerto, un camino femenino para los sueños y la magia que fuera más veraz que el que estaba siguiendo? Ese día me marché y nunca he regresado.

El año siguiente, lo dediqué a profundizar sobre las prácticas indígenas y chamánicas. Pero lo más importante es que reconocí que mis sueños eran mis mejores maestros. Mis sueños eran la gran Madre unificada.

Aunque se nos induce a pensar lo contrario, creo que el yo es el macrocosmos a través del cual se forma la cultura externa. De modo que, en vez de considerar el trabajo interior como un acto egoísta, podemos considerarlo un servicio a la conciencia cultural. Para sanar la herida de la carencia –generada por la falta de atención por parte de nuestra familia y nuestra sociedad– hemos de aprender a ser la madre amorosa que nunca tuvimos con nosotras mismas. Esta «rematernización» es la práctica constante, infinitamente más sencilla con la ayuda de un mentor, de aprender a cuidar de nuestras necesidades corporales, de validar y expresar nuestros sentimientos (aunque no sean bien recibidos), de poner límites saludables a los demás, de apoyar nuestras decisiones y, lo más importante, de aceptar todo lo que todavía está por resolver en nuestro corazón.

La razón por la que me gusta trabajar con los sueños para sanar traumas es que estos proyectan nuestros problemas en imágenes comprensibles. Dan forma a nuestros patrones, de modo que podemos empezar a entenderlos como una psicodinámica. Como la manzana envenenada que expulsa Blancanieves de su garganta al recibir el beso del príncipe, el veneno deja de actuar desde dentro, y se convierte en algo con lo que podemos trabajar activamente desde fuera. Desde esta perspectiva tangible, no es tan terrible y es más asequible. Y aunque puede ser un proceso aterrador, cada vez que nos enfrentamos a él, pierde su poder sobre nosotros.

A tu rematernizado yo le ofrezco esta futura bendición:

A través de las pruebas y el fuego, contra todo pronóstico, has llegado a confiar en que el mundo puede ser un lugar seguro y que tienes todo el derecho a caminar sobre él. Has convertido en padres a tus instintos, intuición y sueños; has permitido que llegue el amor donde nunca había llegado antes; has creado vida donde antes era tierra yerma. La entrega de tus dones y de tu bondad es una bendición para todos nosotros. Te ha bastado encontrar unas pocas semillas de confianza para recoger la mayor cosecha de todas, tu humilde vida en la pertenencia.

Cuatro

La falsa pertenencia

ndrew Harvey, en su audaz autobiografía, *Sun at Midnight* [Sol a medianoche], narra la historia de la decepción que sufrió con Madre Meera, su gurú, durante muchos años. Estaba convencido de que ella era un avatar del aspecto femenino de lo divino; a sus cuarenta y un años, había dedicado una década de su vida a seguir sus enseñanzas y a la captación de alumnos de todo el mundo. Pero cuando Harvey conoció al amor de su vida, un fotógrafo llamado Eryk Hanut, Meera empezó a ejercer presión sobre él para que se casara con una mujer. Durante un tiempo, intentó mantener sus dos vidas separadas, pero la gota que colmó el vaso fue que Meera le pidiera que escribiera un libro en el que explicara que su fuerza divina le había curado su homosexualidad.

Harvey no quiso renunciar a su sexualidad y esto provocó una dolorosa ruptura con su maestra, de la que ahora piensa que es una falsa gurú. Lo que le sucedió después lo considera «la aniquilación», porque no solo fue increpado por el grupo de discípulos de Meera, con amenazas de muerte incluidas y, literalmente, bombas incendiarias en su casa, sino que eso lo arrojó a la desesperación de una crisis espiritual, que lo condujo a cuestionarse todo lo que había aceptado como cierto.

Había dedicado diez años de su vida a lo que pensó que era su lugar de pertenencia. Como muchos de nosotros, estoy segura de que, si reflexionara sobre esa década de su vida, se daría cuenta de que hubo muchos momentos en que no hizo caso de las señales de aviso y que eludió aceptar su propia verdad. Pero al conocer a Eryk fue como si el amor le hubiera dado fuerzas para atreverse a ser él mismo. El precio de dar el paso hacia su grandeza fue alto, pero el que tenía que pagar por seguir siendo pequeño era intolerable.

En algunos casos, las personas pueden identificar claramente el momento concreto en el cual hicieron su voto interior de insignificancia. En otros, sin embargo, la contracción de su espíritu tiene su origen en las repetidas miradas de desaprobación, burlas o críticas de su talento particular. Hay veces que se debe a que viven bajo la eclipsadora sombra de la personalidad de otro individuo. Pero este acto de contracción siempre es aprendido. Aprendemos que si queremos encajar en un lugar, hemos de dividirnos, encogernos y silenciarnos o volvernos invisibles.

Aprendemos a vivir con la limitada paleta de colores considerados aceptables para ser expresados públicamente, mientras que los oscuros, las inclinaciones más vívidas de la condición humana, son eliminados de la conversación. Condenados a la reclusión, la tristeza reprimida, los defectos ocultos, los deseos indecorosos y las vulnerabilidades pueden sobrevivir toda una vida en el anonimato refugiándose de nosotros mismos. Pero al disociarnos de la plenitud de nuestra existencia, nos volvemos mucho más susceptibles a lo que el poeta John O'Donohue llama «la trampa de la falsa pertenencia».[1]

Nuestro anhelo de tener una comunidad y un propósito es tan fuerte que puede conducirnos a que nos unamos a grupos establecidos, adoptemos sistemas de creencias o, incluso, tengamos empleos y relaciones, porque, de este modo, a nuestro menoscabado o fragmentado yo le parece que pertenece a algo más grande. Pero estos lugares, a menudo, tienen sus propios motivos y pactos secretos. Nos ofrecen una afiliación condicionada, nos piden que renunciemos a algunas de nuestras facetas para poder formar parte de su comunidad. En lugar de comprometernos con el lento y necesario proceso de ir acumulando confianza para tejer una vida de auténtica pertenencia, intentamos satisfacer nuestro anhelo viviendo en comunidades marginadoras.

Tal vez estos grupos nos inviten a entrar, pero esta afiliación es a cambio de que aceptemos sus normas u objetivos. Por ejemplo, quizás optemos por una carrera profesional que satisfaga nuestras necesidades de seguridad o clase social, pero a cambio de renunciar a nuestra creatividad y sentimientos. Tal vez sea a través de una relación que nos protege de la soledad, pero que no tolera nuestra rabia o depresión. Quizás se trate de un grupo espiritual o religioso que nos integra en un linaje, pero que a cambio espera nuestra obediencia a un gurú o a un líder. Los grupos patriarcales tradicionales tienen una jerarquía claramente delimitada, en la que toda la estructura está en manos de un solo líder o entidad, y nuestra pertenencia dependerá de nuestra conformidad con sus ideas.

Nacemos con el deseo de ser útiles a algo más grande que nosotros mismos. Por desgracia, esa cualidad devocional suele ser explotada por este tipo de organizaciones. Por ejemplo, el ejército utiliza nuestro anhelo de tener una familia y un propósito para reclutarnos para la guerra. No obstante, normalmente, tardamos mucho tiempo en darnos cuenta de que al grupo no le interesa nuestra individualidad, sino nuestra conformidad, a fin de poder manipularnos para alcanzar sus propias metas.

Sin embargo, todos nacemos con un conjunto de acuerdos sagrados con una autoridad superior que no es de este mundo. Como si de una estrella polar se tratase, hay un Sí-mismo divino que dirige nuestra vida y le da forma para que lleguemos a desarrollar lo que estamos destinados a ser. Tarde o temprano, tendremos que seguir la luz de nuestra propia estrella o correremos el riesgo de perdernos en la noche oscura del alma.

Muchas veces, cuando nuestra estrella polar empieza a manifestarse, nuestra familia o comunidad nos repudia, infravalora o critica, en ese momento tan crucial para nosotros. Uno de los típicos pactos de silencio de la falsa pertenencia es que sigas siendo un seguidor. Los problemas empiezan cuando intentas asumir el papel de líder. El grupo se siente amenazado por la sexualidad, el carisma, la inteligencia o la creatividad emergente, que altera el orden de las cosas. En cierto modo, la aparición de tu estrella podría ser interpretada como la degradación o la pérdida de protagonismo de otra persona. La propia existencia de tu estrella pone en peligro a las jerarquías. ¿Puede haber más de una estrella en la familia?

Y nuestra estrella se niega a emerger. Tal vez por miedo a perder la pertenencia; o por la falta de resiliencia a causa de haber sido menospreciados o no haber tenido ayuda en el pasado. Pero muchas veces somos nosotros mismos los que saboteamos la aparición de nuestro yo estelar. Y no lo hacemos una vez, sino continuamente, alejándonos de las oportunidades, de las conversaciones difíciles, de los desacuerdos, incluso de los atuendos llamativos, de las emociones fuertes, de la torpeza, y nos recluimos en nuestra inhibición por temor al conflicto.

La diferencia entre «encajar» y pertenecer es que la primera, por definición, implica recortar nuestra plenitud a cambio de la aceptación. Como sucede en la versión original del cuento de *Cenicienta*, de los hermanos Grimm, las hermanastras, literalmente, se cortan los dedos de los pies para que les entre el diminuto zapato. La falsa pertenencia prefiere que controlemos nuestra lengua, mantengamos alejado el caos y realicemos una tarea repetitiva que reprima nuestra tendencia natural a crecer.

Puede que vivamos un tiempo en esos lugares sin intentar cambiar nada para no empeorar las cosas, y que aceptemos sus beneficios sin pensar en lo que nos cuestan. El problema está cuando esos pactos ocultos reclaman su cumplimiento. Quizás siempre lo habíamos sabido y, sencillamente, ya no podemos seguir ignorándolo. Tal vez el precio empieza a ser demasiado alto. Quizás nuestro despertar se deba a algún conflicto, enfermedad o pérdida. Pero siempre llega un momento a partir del cual no podemos seguir comprometiéndonos. Aunque la falsa pertenencia puede ser útil e instructiva durante un tiempo, el alma se inquieta cuando llega a un techo de cristal, a una restricción que nos impide avanzar. Puede que reculemos durante algún tiempo ante esta limitación, pero a medida que vamos creciendo en nuestra verdad, la barrera invisible empieza a asfixiarnos y se debilita nuestra lealtad al pensamiento grupal.

La vida dividida

No es fácil señalar con precisión en qué momento algo muy valioso para nosotros pasa a ocupar un segundo plano, pero suele ser una estrategia de supervivencia en un mundo que es demasiado duro. En nuestro intento de salvaguardarnos de nuestra propia vulnerabilidad, enterramos nuestras facultades especiales. En una etapa más avanzada de la vida, esta separación se manifiesta en forma de crisis, apatía o depresión. Silenciar prolongadamente nuestro talento puede conducirnos a una parálisis creativa o espiritual. Puede que este exilio autoimpuesto nos protegiera durante algún tiempo, pero llega un momento en que la energía que requiere guardar silencio acaba agotándonos.

Hay muchos tipos de silencio, tantos como voces hay en el mundo: el silencio entre las notas musicales, que es una recopilación de tensión positiva; el que se produce súbitamente cuando quedamos cautivados por la belleza; el que nos invita a escuchar la historia de otra persona; el que espera la más mínima ocasión para revelarse. Pero el tipo de silencio que se hereda o que se debe a la vergüenza es un velo que oscurece la integridad de nuestra sinceridad.

Si ha quedado algo en el tintero, todo lo relacionado con ese tema tampoco se trata con sinceridad total. Algunas vidas se forjan intrincadamente en torno al silencio. Quizás hubo algún acto de crueldad, violencia o una situación volátil que nos aterrorizó hasta el extremo de hacernos enmudecer; tal vez el silencio se implantó a raíz de una decepción; o tal vez el lenguaje propio de las cosas nos parece demasiado sagrado para ser revelado. Cualquiera que sea el origen o razón colateral de nuestro silencio, con el tiempo, puede provocar el ambiente de aislamiento que sufrimos, pero del cual, paradójicamente, somos cómplices.

El silencio es una forma de poder, porque protege a lo tierno y vulnerable del escrutinio, la crítica, el rechazo, la interrupción y el exilio. El que guarda silencio tiene mucho poder. Lo que permanece sellado jamás podrá sufrir mientras siga oculto. El silencio es poder, sí, pero ¿cuándo se vuelve este en contra de su guardián y lo convierte en su prisionero? ¿Cuándo inhibe el impulso natural de hablar, la necesidad de cantar, el anhelo de contribuir? Muchas personas esperan la invitación expresa de hablar, a que se les conceda algún permiso, a que se los incite a contribuir. Pero ¿y si esa invitación no llega jamás?

¿Cuándo nos priva el silencio de lograr nuestro propósito o de conectar con los demás? ¿Cuándo el silencio impide un desacuerdo saludable, como el que denuncia una injusticia e invoca al cambio? ¿Cuándo se convierte en cómplice, en lugar de incitar a una revolución necesaria?

Virtuosa silenciosa

Una joven música, llamada Tziporah, vino a verme hace algunos años porque padecía una profunda depresión. Me dijo que se sentía paralizada creativamente, que era incapaz de utilizar sus instrumentos por la terrible falta de autoestima que sentía. Tenía una habitación en su casa destinada a sus instrumentos y a la creatividad, pero era incapaz de entrar en ella. Casi cada noche soñaba que sus instrumentos acababan en contenedores de basura, que se caían a las vías del metro, que estaban bajo la lluvia. No obstante, tuvo un sueño en particular que nos llevó a la esencia de su problema.

Virtuosa silenciosa: sueño de Tziporah

Sueño que no tengo casa, que vivo dentro de un piano. En vez del piano, toco una tabla de madera, escucho mi virtuosismo en mi imaginación, pero no emito ningún sonido real. Un día, llega alguien y toca torpemente algunas notas en el piano. Al final, a través del ensayo y el error, el desconocido acaba interpretando algunos acordes maravillosos y cargados de sensibilidad, y yo siento mucha envidia.

En este sueño, podemos intuir que Tziporah solo está viviendo el potencial de su creatividad, en lugar de su realidad. Mientras siga albergando expectativas de virtuosismo, no podrá tocar ni una sola nota. Es un tipo de silencio opresivo, a diferencia del desconocido, que se arriesga a ser torpe. Para Tziporah, que ha sido educada por unos padres muy exigentes, sonar «mediocre» (como ella dice) es aterrador, porque la expone al ridículo y a la crítica. Por consiguiente, se niega a intentarlo. Sin embargo, el sueño le está diciendo que solo cuando uno está dispuesto a cometer algunos errores puede descubrir algo hermoso.

El perfeccionismo es un virus muy extendido en la cultura occidental, que hace que nuestro «nunca es suficiente» nos mantenga corriendo sin movernos del sitio. Es intrínsecamente paralizante, pues a pesar del esfuerzo nunca se consigue el objetivo. El fracaso es inherente a su propia búsqueda, porque la humanidad nunca podrá ser homogénea. Sin embargo, siempre se nos está aleccionando para que seamos iguales, condición de la que dependerá nuestra inclusión.

Tziporah solo empezará a vislumbrar su camino a casa cuando esté dispuesta a compartir su música, incluso en su fase inicial, cuando es un mero apunte. Mientras siga abandonando sus instrumentos, permanecerá en el estado de marginalidad espiritual. Para empezar a construir nuestro refugio de pertenencia en el mundo, hemos de salir de la fase potencial y pasar a la acción en el mundo real.

Bajo esa envidia que siente en el sueño, se oculta el verdadero anhelo de sentirse incluida, de la aceptación de su «mente de principiante», que le permita jugar, equivocarse, probar creativamente hasta descubrir la magia. El único antídoto para el perfeccionismo es alejarnos de las apariencias y el *glamour*, y escuchar nuestra tristeza, perseguir nuestras imperfecciones y exagerar nuestras excentricidades hasta que aquello que, tiempo atrás, intentamos esconder se revele como nuestra propia grandeza.

Todos hemos vetado atributos en nuestra vida, cosas que hemos dejado al margen de la pertenencia y que se mueren por conseguir las migajas de nuestra atención. A fin de evitar las peculiaridades que nos diferencian, construimos toda nuestra vida y nuestro personaje en torno a aquellas cualidades que, consciente o inconscientemente, entendemos que son aceptables y deseables para nuestras familias, congregaciones y cultura.

Si observamos las camarillas que se forman en la escuela de primaria, en la que un grupo en particular ostenta el poder social sobre otro, veremos que existen ciertas cualidades que te harán apto para estar «dentro» y otras que te condenarán a estar «fuera». Las que están «en el grupo» suelen ser las que tienen privilegios, como riqueza, belleza, fuerza, y son heterosexuales y blancas. Son esos privilegios los que te mantienen en la seguridad numérica.[*] Si perteneces al

---

[*] Se refiere a la hipótesis de que formar parte de un grupo grande te hace menos susceptible a ser víctima de un infortunio. (Nota de la T.)

grupo de las elegidas, serás invitada, incluida y evitarás que te ridiculicen y te hagan daño. Pero estar «dentro» también tiene un alto precio: se esperará que siempre estés lo más a la altura posible de las circunstancias, en cuanto a tu aspecto, tu lenguaje y los valores del colectivo. Es como estar encallada en las vías del tren, tienes muy poco margen de movimiento; por consiguiente, estás sometida a una presión constante para conservar tu puesto en la pertenencia.

Para los que no pudieron «encajar», si es que lo intentaron, la escuela puede ser una etapa traumática. Esos jóvenes «forasteros» que son sensibles, creativos o que poseen un conjunto de atributos y facultades diferentes suelen ser objeto de acoso, burlas y otros tipos de marginación. Los que cuentan con un sistema de apoyo que les recuerda y reafirma que son únicos son extraordinariamente afortunados. Pero hay muchas personas a las que estas influencias tempranas las conducen a buscar una falsa pertenencia o a desafiar las estrictas normas de la aceptabilidad.

Desafiar las convenciones para seguir tu propia estrella supone un enorme riesgo, porque todos sabemos, aunque sea a nivel inconsciente, que renunciar a la falsa pertenencia significa asumir la responsabilidad del liderazgo y la independencia. No podemos subestimar esto. Como sabe cualquier emprendedor o madre soltera, un desafío implica renunciar a los sistemas de apoyo habituales, a pesar de sus defectos, y hacerlo todo tú solo, al menos, una vez.

Como sucede cuando dejamos un puesto en una empresa y nos ponemos a trabajar por cuenta propia, hemos de hacer mucho más que ser creativos: hemos de generar toda la estructura en la que tendremos que presentar y entregar nuestra oferta, lo cual nos exigirá un buen número de habilidades, que quizás no nos resulten fáciles de adquirir. O como cuando rompemos un matrimonio en el que se había acabado el amor, pero que cubría nuestras necesidades básicas de seguridad y hogar, aunque no nos sintiéramos ni vistos ni oídos. Sacrificamos la ayuda externa para utilizar nuestros recursos internos, a pesar de que nos dé miedo hacerlo. El precio por abandonar la falsa pertenencia puede ser muy alto.

En mi trabajo, conozco a muchas mujeres que tienen ideas magníficas, pero a quienes les aterra darlas a conocer al mundo. Este terror es una combinación de cosas, pero en esencia es miedo a la crítica. Nuestro crítico interior, el portavoz de todas las voces peyorativas de nuestro pasado y de nuestra cultura, es el primer guardián de la puerta de la verdadera pertenencia. Nos bombardea con los *peros*. «Pero no tienes nada original que decir». «Pero no puedes demostrarlo». «Pero quedarás en ridículo por tu aspecto o por lo que dices». «Pero no tienes tanto talento como X», etcétera. Si analizamos estas críticas con más rigor, empezaremos a darnos cuenta de que todas ellas se basan en criterios externos, que hemos asociado con el pensamiento patriarcal. El reto que nos plantea esta puerta no es el de dar la talla, sino el de utilizar un barómetro diferente.

Después de más de una década de vida académica, Ariella, una mujer de unos cuarenta años, deseaba compartir sus escritos con el mundo. Cuando estaba en la escuela nunca tuvo problemas en escribir disertaciones o ensayos, pero escribir sus propios relatos no se le daba tan bien.

Coche robado: sueño de Ariella

Sueño que he de dar una clase, pero es de ocho horas, mucho más tiempo del que estoy acostumbrada. Normalmente, improvisaría, pero en este caso me he de preparar la clase para llenar el tiempo. Cuando llega el momento, no me siento preparada. Paso tanto rato con la introducción del material que no llego a darlo. Cuando vuelvo a buscar mi coche, que he aparcado delante de la casa de la hermandad, me doy cuenta de que me lo han robado. Discuto con un joven que no entiende lo que supone ser mujer en el judaísmo. Le digo que no quiero llevar kipá como los hombres, que ha de haber una forma de adoración diferente para las mujeres.

Mientras trabajábamos con esta imagen del kipá del sueño, Ariella recordó una poderosa historia sobre su *bat mitzvá*, la ceremonia judía de la mayoría de edad. Tradicionalmente, el padre de la joven es el que lee la Torá, pero Ariella quería hacerlo ella misma, algo que nunca se había hecho antes en su sinagoga. Por este hecho, muchas personas de su comunidad se negaron a asistir a la ceremonia. A la tierna y vivaz edad de trece años, se inició en las pérdidas que conlleva ser fiel a una misma.

Al analizar las imágenes del coche aparcado delante de la hermandad y, posteriormente, robado, Ariella lo asoció a su vida académica, que estaba impregnada de un estilo de escritura patriarcal, basado siempre en los hechos y en la «objetividad». Tras su doctorado, sintió que ya no había un lugar para ella dentro de ese mundo, y empezó a labrarse una profesión en el campo de la sanación energética.

Sin embargo, en este sueño descubrimos a una Ariella que no está preparada, que nunca pasa de las introducciones. De hecho, eso era lo que sentía con sus relatos, que eran ideas que nunca llegaban a materializarse. Su reto era dar forma a esa energía espontánea para que llegara a convertirse en un contenido que se pudiera transmitir. Pero a pesar de su gran experiencia en pensamiento organizativo, simbólicamente se encontraba aparcada delante de la hermandad, el logocéntrico club de los «chicos», cuyas exigencias de objetividad le estaban robando su vehículo para moverse.

Ariella discute con la voz que le dice que debe llevar el tradicional kipá masculino, porque en la sabiduría infinita de su yo onírico sabe que ha de haber una forma de adoración femenina. Ha de haber una manera de escribir y de participar en otras tareas creativas que no repita lo que han hecho los hombres hasta ahora, sino que beba de las fuentes de su propia autoridad erótica. La voz femenina procede del conocimiento corporal. Son los escritos del dolor, de la respiración entrecortada y de las uñas sucias de tanto escarbar para salir del infierno. Lo primario es la sonoridad de nuestras palabras, no su significado. Esta voz es el llanto desgarrador del bebé que llama a su madre, antes de aprender a hablar. No pretende ser objetiva, que es un estado donde no hay sentimiento, sino que nos hunde más en la miseria. Es la que se toma las cosas de modo personal, pero que a su vez las da de la misma manera. Cuando vives en un cuerpo no existe la imparcialidad, esa voz habla desde los ritmos de carne y hueso de esa primera pertenencia. Conoce la fisura secreta: no se puede discutir con la poesía.

Tal como sabía Ariella a sus trece años, y se estaba dando cuenta ahora, tenía que apoyar a su voz interior durante las primeras etapas. Esta autoayuda procede de la parte positiva del aspecto masculino interior. Sin la guía moderadora de la voz femenina, lo masculino puede desviarse hacia su faceta negativa. Pero cuando actúa en concordancia con ella, nos aporta firmeza interior. Estructura nuestras ideas. Es nuestra columna vertebral, nuestra capacidad para llevar a término algo cuando tenemos dudas. Nuestro aspecto masculino es nuestra habilidad para percibir una meta y trabajar fielmente para conseguirla. Al fin y al cabo, solo hay una forma de llegar hasta nuestro crítico interior, y es a través de la disciplina. Cuando oímos la palabra *disciplina*, inmediatamente, pensamos en trabajo duro, sudor y privación. Con el paso de los siglos, esta palabra, que antaño se consideraba hermosa, ha sido distorsionada y ha pasado a significar algo parecido a castigo. Pero en su origen, un discípulo es alguien que se dedica a algo que le apasiona.

Aunque apartarnos del grupo pueda parecernos una deslealtad, estamos respondiendo a una autoridad superior que, paradójicamente, quizás sea también la vida del grupo que desea crecer a través de ti. Aunque lo más normal es que las estructuras existentes no escuchen a sus seguidores, porque quieran que todo permanezca tal como está o que crezca en una única dirección insostenible. Pero los mejores líderes no son los que crean seguidores, sino innovadores. El círculo positivo de la pertenencia da la bienvenida al conflicto y a la disonancia, consciente de que son señales de advertencia tempranas que indican cambios y nos invitan a crecer. Tu rebeldía es una señal de buena salud. Es la forma que tiene la naturaleza de destruir y recomponer. Cualquier cosa o cualquiera que suponga un obstáculo para tu impulso de crecimiento ha de ser transformado para mejor o eliminado.

Como dice la famosa afirmación de Marianne Williamson: «Es nuestra luz, no nuestra oscuridad lo que más nos asusta».[2] En última instancia, creo que tenemos miedo de lo que le puede exigir a nuestra permisividad con nosotros mismos. La naturaleza siempre nos induce a realizar mayores proezas. Y cuando aceptamos esas invitaciones a superar nuestras limitaciones personales, perdemos nuestra capacidad para encogernos en la falsedad.

La práctica más importante es acabar con nuestro deseo inmaduro de estar al amparo de la falsa pertenencia y fomentar nuestra propia originalidad. Nuestros sueños siempre nos exigen liderazgo y que proyectemos nuestra visión de la vida en el mundo, paso a paso, con ternura y valentía.

Cinco

El matrimonio interior

*E*n lo más profundo de todo ser humano existe una angustia primordial, entre dos amantes interiores que no se corresponden, a los que llamaremos Eros y Logos. Estos contrarios divinos llevan separados tanto tiempo que apenas recuerdan que se pertenecen el uno al otro. Aunque cueste imaginarlo, porque son como el día y la noche, el mundo entero está esperando su sagrada unión. Si pudiéramos presentarlos, tal vez se recordarían. Tal vez se enamorarían, tal como pretendía el destino, y se produciría la sagrada unión de los opuestos en nuestro interior.

Eros te cautivará con su seductora belleza. Es cantante y soñadora, sus cualidades son el misterio, la magia y la tierra. Su voz no es bonita, ni dulce; la voz de la franqueza es áspera y seca. Y cuando canta, el dolor de estar viva repiquetea y resuena hasta en tu médula. Su salvaje pasión empuja a la sangre a convertirse en idea, y la invita a bailar. Su hogar es la jungla y su idioma el de todos los seres no domesticados. Es el cuerpo animal, feroz y grácil, que se mueve con el ritmo y el balanceo del alma.

Logos es el poderoso emperador del reino de los cielos, un lugar tan inmenso que nadie ha logrado verlo todo jamás. Es un brillante matemático, cuyos elementos son la razón, la ley y la materia. Ha dedicado su vida a la investigación lógica, en busca de la verdad absoluta, y es un maestro en crear orden de la nada. Construye complejos sistemas y los gobierna con una ley incontestable. Le gusta estar solo entre sus torres de libros, donde se pierde en sus teorías y planes. Prefiere que los demás sean racionales cuando hablan, si es que lo hacen, y que aporten pruebas de la validez de su postura.

Lo cierto es que Eros y Logos se pertenecen el uno al otro, pero han estado separados, desde la noche de los tiempos.

Todo empezó cuando Logos descubrió lo que denominó la «verdad irrefutable», un método de deducción que podía explicar la totalidad del universo.

Impulsado por su poder de dominación sobre la naturaleza, comenzó a desmontar los misterios que le presentaba Eros, tratándolos como si fueran las piezas de un rompecabezas.

Todo el mundo cautivado por su carisma empezó a seguir las normas de Logos. Eros, junto con los magos, criaturas de la noche, poetas y parranderos, fueron enviados al inframundo, donde no pudieran influir en las personas con su oscuro y húmedo anhelo de hallar lo sagrado en la naturaleza.

Aunque la mayoría nos identificamos con un sexo, masculino o femenino, todos tenemos al *otro* en nuestro interior. En la cultura occidental, todavía estamos aprendiendo a no pensar según el modelo binario, mientras que numerosas culturas aceptaron hace mucho a aquellos que se identifican como seres con *dos espíritus*, trans o disconformes con su género. Las personas que encarnan la dualidad nos recuerdan que hemos de conectar con nuestro *otro* interior. A mí me gusta jugar con distintos nombres para estos contrarios, como Eros y Logos o yin y yang, porque los términos tradicionales de género pueden ser problemáticos debido a la carga cultural que conllevan. Un ejemplo, basta con oír las frases «sé un verdadero hombre» o «como una chica típica», y automáticamente habremos invocado un montón de asociaciones negativas a ambas.

Pero es importante recordar que cuando utilizo estos términos, no me estoy refiriendo al género en absoluto. Estoy hablando de los arquetipos de lo femenino y de lo masculino, como Eros y Logos, que cohabitan en nuestra mente. Las mujeres no son las únicas guardianas de Eros, ni los hombres los únicos guardianes de Logos. Somos lo que podríamos denominar híbridos psíquicos, que poseen el potencial para desarrollar el extenso abanico de las cualidades de ambos, pero la mayoría de nosotros desarrolla una tendencia, debido a las expectativas y proyecciones culturales sobre el género que nos han asignado al nacer. Independientemente de en qué parte del abanico nos encontremos, el mundo proyectará sobre nosotros las cualidades asociadas a lo femenino o lo masculino. Y sin ser totalmente consciente de ello, puede que nos deshagamos de algunas de nuestras facetas para satisfacer las expectativas.

Quizás de joven se te haya permitido expresar tu naturaleza andrógina haciendo cosas, como trepar a los árboles o jugar a disfrazarte, cantar o construir algo con herramientas. Durante un breve periodo de tiempo, puede que no hayas sentido las limitaciones de lo que implica ser «chico» o «chica». Pero llega una edad en la que tu cuerpo comienza a cambiar, socializas con otros chicos o chicas y empiezas a ser consciente de lo que se espera de tu sexo.

A mi abuela, una inmigrante polaca que se estableció en Canadá, pero que era más británica que la propia reina, le encantaba empezar las frases diciendo: «Una dama correcta...». Algunos ejemplos clásicos son: «Una dama correcta actúa como si siempre estuviera siendo observada» o «Una dama correcta nunca fuma en público».

En el instituto, siempre me sentí más atraída a estar con chicos. Me resultaba más fácil relacionarme con ellos y les gustaban cosas interesantes, como los libros y los instrumentos. Las chicas, por otra parte, siempre hablaban de chicos, maquillaje y famosos. Recuerdo que me sentía como si fuera una impostora entre ellas, decía y aceptaba cosas que no sentía realmente, porque pensaba que eso me ayudaría a integrarme.

Cuando hacemos lo que podemos para satisfacer las expectativas de nuestro sexo, las cualidades interiores de género «opuestas» pueden atrofiarse o sentirse ajenas a nuestra vida. Entonces empezamos a buscar al «amante perfecto» para que encarne esas cualidades de las que nos hemos despojado. Esto explica, en parte, por qué la mitad de los matrimonios fracasan. La mayoría de la gente se precipita al pensar que han encontrado a su media naranja, pero al acabar su luna de miel, ya están decepcionadas y vuelven a sentir que solo son media persona.

El verdadero matrimonio es el que tiene lugar en nuestro interior. El *matrimonio interior* es un proceso lento, en el que primero intentamos entender las verdaderas cualidades de lo masculino y lo femenino; luego, cómo se manifiestan en nuestra vida y en nuestros sueños, y por último, iniciamos el cortejo de nuestro opuesto interior activando las cualidades que tenemos latentes en nuestro repertorio.

Para restar carga a las palabras *femenino* y *masculino*, también podemos verlas según el concepto chino del yin y el yang. Lo primero que observamos al ver el símbolo del yin y el yang es que las dos mitades, la blanca y la negra, son partes interdependientes de la totalidad. También cada una contiene un aspecto de la otra. Y tal vez lo más fascinante es que interactúan entre ellas, como el ciclo de flujo y reflujo de una marea.

Como experimentamos la mayoría, cuando trabajamos con los arquetipos de lo femenino y lo masculino en nuestros sueños, nunca podemos dar con una definición estable de ninguno de los dos: ambos, según el momento, adoptan roles del otro. Solo podemos aprovecharnos de la danza eterna que tiene lugar entre los opuestos en nuestro interior. Como se aprecia en el símbolo, hay una línea fluida entre el lado oscuro y el luminoso, que parece estar en constante movimiento.

Al yin se le suele identificar con lo pasivo, negativo y oscuro, mientras que el yang es su opuesto activo, positivo y soleado. Las palabras no son denigrantes ni grandilocuentes en sí mismas; nuestra interpretación, en un sentido u otro, dependerá de la visión de nuestra cultura. Puesto que el lenguaje es tan poderoso, es importante que encontremos la manera de reformular algunos de estos viejos conceptos que enfrentan a los opuestos entre sí. Por tanto, en lugar de referirnos al yin como *pasivo*, podríamos utilizar la palabra *receptivo*. ¿Has notado cómo cambia eso el dinamismo de la palabra? Cualquiera que practique la no acción sabrá hasta qué extremo la receptividad puede ser paradójicamente activa y comprometida.

En vez de referirnos al yin como negativo, podríamos considerarlo «magnético». Es el reino de la interiorización, de la contención, de la espera y de la invocación. En lugar de oscuro, podríamos decir «reflexivo», como la luna, o «gestacional», como la tierra. El yin es el lugar de refugio y descanso, de comedimiento y aceptación. La oscuridad es, al fin y al cabo, el útero primordial del que surgen los sueños. Es el origen de toda forma de vida, antes de que llegue a manifestarse. El yin es la fuerza interior receptiva, sentimental y compasiva. Conoce la sabiduría que conlleva rendirse y elige ceder, aunque todos los demás sigan avanzando. Para el yin, retirarse es entrar. Es donde refinamos nuestra intuición y donde hallamos un centro a través del cual nos interrelacionamos.

El yin es lo eterno, o lo que Rumi llama «el cañaveral». Es el lugar de donde han sido arrancados todos los seres y al cual todos regresaremos algún día. El yin, igual que un ecosistema, considera esenciales a todos sus componentes. Las ideas que surgen desde este nivel de imaginación sirven para algo más que para una causa individual: sirven a la gran totalidad de la que todos somos responsables.

El yang es nuestra dirección, centro y columna vertebral. El yang asume, con absoluta claridad, una postura y se aferra a ella. Es asertivo analítico y actúa de manera independiente. Sabe discriminar y reduce el exceso. Construye sistemas y los mantiene, cuando es necesario hacer algo. El yang es la flecha que se apresura a su meta, consiguiendo que nuestros sueños se hagan realidad.

Pero sin la equilibradora influencia del otro, tanto el yin como el yang tienen el potencial de desviarse hacia sus aspectos negativos.

Sin la objetividad discernidora y activa del yang, el yin puede quedarse estancado, sentirse perdido, paralizado y sobrepasado. Es entonces cuando puede que nos sintamos poseídos por nuestros temores y ansiedad, y que permitamos que nuestras emociones «saquen lo mejor de nosotros». Un desequilibrio del yin puede hacer que reaccionemos impulsivamente, nos volvamos indulgentes y seamos posesivos con los demás.

El brillo del yang, por extensión, puede llegar a quemar si carece de la atenuante sombra del yin. Se centra tanto en su objetivo que no tiene en cuenta a quién atropella por el camino, aunque la víctima sea su propio cuerpo. Sin la visión global del yin, los puntos de vista del yang pueden tornarse fundamentalistas y exclusivistas. Vemos esto en nuestra cultura, que sigue ciegamente el yang, construyendo hacia fuera y hacia arriba, sin considerar la relación con el todo, sin pensar en las necesidades de nuestras comunidades, nuestras necesidades humanas y de cualquier otra índole.

Tal vez, al leer estas descripciones, ya puedas sentir la tendencia yang de nuestra especie. Todos sufrimos por satisfacer las exigencias de esta cultura centrada en el yang, mientras que lo femenino ha sido denigrado, desacreditado y condenado al olvido.

La supresión de lo femenino

Las raíces históricas de la devaluación de lo femenino varían de una cultura a otra, pero la campaña europea y norteamericana más extendida para subyugar a las mujeres –y, por extensión, a lo femenino– fue un periodo que duró doscientos años y que comenzó en el siglo XV. Me refiero a lo que ahora llamamos la caza de brujas.

Según algunos informes, cientos de miles de mujeres fueron apresadas, torturadas y quemadas en la hoguera, solo por meras sospechas de que practicaban la llamada brujería, que incluía una extensa gama de actividades, desde el oficio de matrona, la herboristería y la adivinación hasta las artes de sanación. La Iglesia cristiana y el estado culpabilizaron despiadadamente a las mujeres de todos y cada uno de los problemas de la sociedad, como las enfermedades de los cultivos y del ganado, las inclemencias del tiempo e incluso la muerte. Lejos de ser la «locura» de una muchedumbre ignorante, el extendido exterminio de mujeres y la erradicación de las prácticas basadas en la naturaleza fue una cruzada metódica dirigida por la elite gobernante, para introducir por la fuerza un nuevo régimen patriarcal sobre el pueblo.

Silvia Federici, en su libro *Calibán y la bruja: mujeres, cuerpo y acumulación originaria*, establece una conexión directa entre la persecución de las mujeres y la aparición del capitalismo. Explica que «la caza de brujas ocurrió simultáneamente a la colonización y exterminio de las poblaciones del Nuevo Mundo, los cercamientos ingleses* [y] el inicio de la trata de esclavos».[1]

Anteriormente, las mujeres no solo gozaban de una importante independencia económica gracias al comercio y a sus prácticas, sino de poder y pertenencia en la comunidad femenina, pero, durante este espantoso periodo, fueron convertidas en «sirvientas de la fuerza laboral masculina […] en la que sus cuerpos, su trabajo, su poder sexual y de reproducción fueron sometidos al control estatal y transformados en recursos económicos».[2] Durante siglos las consecuencias fueron físicas, por supuesto, y la caza de brujas dejó a cientos de miles de niños huérfanos y provocó enfrentamientos entre los aldeanos. Muchos lugareños fueron desahuciados de sus tierras comunales y privados de su sustento. Pero, más allá de lo físico, lo peor que trajo, para todas nosotras, fue la pérdida del antiguo legado femenino.

Esta red olvidada de sistemas femeninos de conocimiento y prácticas es de tal magnitud que podríamos decir que, sin ella, estamos viviendo solo media vida. Aunque este legado no reclamado cuenta con innumerables versiones, algunas de las cuales están volviendo a ser valoradas por nuestra cultura, como el oficio de comadrona y la medicina natural, en el fondo, tienen un origen común que las une: la naturaleza.

Lo femenino conversa directamente con aquello que nos une a todos los seres vivos. Es el camino místico que nos dirige hacia nuestros sentidos y hacia el mundo vivo que nos rodea, en busca de ayuda y colaboración. No necesitamos ninguna autoridad mediadora que nos dé permiso o nos diga cómo curar o traer vida al mundo, porque hay una autoridad mayor, un impulso vital, que fluye en todo momento, a través de cada una de nosotras. Y es nuestra red, la combinación de nuestra sabiduría y experiencia, nuestra dedicación a pertenecernos las unas a las otras, lo que supone nuestra verdadera fuente de poder.

Pero hasta la fecha, en el mejor de los casos, lo femenino es tolerado, y en el peor, negado. Digo en el peor de los casos, porque negar algo implica permanecer

---

* Se refiere a la privatización de los terrenos comunales, en favor de terratenientes, que pasaron a estar cercados para su explotación. Esto se produjo en Inglaterra entre los siglos XVIII y XIX. (Nota de la T.)

impasible ante su profanación. Esto es algo que experimentamos personalmente, en todas y cada una de las formas en que hemos sido reprimidas y desacreditadas. La pérdida de lo femenino a escala colectiva ha tenido consecuencias devastadoras, que trascienden el drama humano y afectan a toda la naturaleza.

La pérdida de lo femenino en nuestra vida privada puede manifestarse de muchas formas, pero la mayoría podemos vivir toda nuestra vida sin saber cuál es el origen de nuestra añoranza. Puede que la sintamos como un anhelo secreto por una forma de vida, un sentimiento de inclusión o un conjunto de prácticas, que actualmente son infravaloradas en nuestra cultura, porque se consideran absurdas, insustanciales o hasta peligrosas. Infravaloradas por generaciones de cultura patriarcal. A nuestras familias y culturas apenas les quedan recuerdos sobre cómo valorar y cultivar estas cualidades en nosotros mismos o en los demás.

Estas cualidades son lo que consideramos aptitudes del alma. Lo femenino valora la inteligencia emocional, reconoce la necesidad de las ceremonias y de los ritos de paso, enseña el poder de escuchar y de ser testigo, conoce el significado de la intuición y los sueños, es pura sensibilidad, vulnerabilidad y honra la sabiduría del cuerpo.

No obstante, tal vez, la más grave de estas pérdidas sea la habilidad general de reconocer y cuidar de nuestra copertenencia con los seres humanos y con la tierra. Thích Nhât Hanh acuñó el maravilloso término *interser* para describir que nada puede existir por sí solo. Todas las cosas existen en relación con todas las demás. De modo que lo que parece estar separado, en realidad, es una combinación de partes interrelacionadas.

Examinemos la forma física de este libro, por ejemplo, que es un fajo de papeles unidos. El papel se ha creado de la carne de los árboles, que una vez pertenecieron a una familia de otros seres a la que llamamos bosque. Ningún bosque existiría sin el suelo, el agua, la luz y los minerales que lo nutren. De hecho, podríamos explorar un número infinito de caminos que contribuyen a la vida en el bosque. O podríamos tomar otra ruta y explorar los orígenes centenarios del lenguaje en que están escritas estas páginas, muchas veces una historia oscura de poder y de exilio, o bien podríamos fijarnos en las ideas de la historia creada por mí, tu escritora, que son una extraña mezcla de influencias.

Esta forma de pensar creando conexiones es uno de los grandes atributos de lo femenino. Nos recuerda los elementos de los que estamos hechos y de los cuales dependemos. Como sucede con un tejido recíproco, una estructura que se sustenta a sí misma mediante su ensamblaje, nos apoyamos las unas en las otras por todos los lados. El centro está en todas partes y, si una de nosotras se cae de ese ensamblaje, al final, caeremos todas. Una de las grandes cualidades del yin es la introspección, que nos permite reconectar con la red global de la que somos un hilo más.

Logos y su mundo de orden, razonamiento y palabra no deberían ser menospreciados según nuestro criterio, sino más bien aconsejados por Eros, en vez de ser a la inversa. Puede ser difícil hablar directamente con Eros, porque a diferencia de Logos, ni es lógica, ni directa ni lineal. Es algo que sentimos indirectamente en nuestros encuentros con la naturaleza, en nuestra experiencia con los símbolos y los relatos, en la música y los rituales, en nuestra relación con los demás y con el cuerpo sintiente. Eros es nuestro deseo de conectar con la vida, de relacionarnos los unos con los otros, de compartir y sentir nuestra proximidad. Sí, es amor, pero también es una forma de encarnar nuestras experiencias y de experimentar la encarnación en los demás. Eros conlleva el sentimiento de seguridad y bienestar, la bienvenida y la aceptación del yo dividido. En el sentido más amplio, Eros es la cualidad de pertenencia que tanto anhelamos sentir en nuestra vida.

Cuando nos interiorizamos por la noche, recobramos la multiplicidad de nuestra coherencia. Es una especie de «intranet» donde se transmiten los sueños, las visiones y las introspecciones. Ahí es donde encontramos un verdadero centro desde el cual poder relacionarnos de manera significativa con el resto del mundo.

En nuestra cultura, utilizamos la palabra *soñadora* peyorativamente para referirnos a una persona que no es realista o que carece de ambición. Pero lo que más me emociona y sorprende de la interpretación de los sueños es la inestimable ayuda que nos brinda para conectarnos con la realidad. Una de las razones de esta afirmación es que los sueños son expresiones de un ecosistema superior del que todos formamos parte. Y tiene un diseño para nuestras vidas dentro de ese contexto mayor.

En lugar de tomar nuestras iniciativas desde la cultura del consenso, predominantemente egoica y centrada en el ser humano, escuchamos el misterio que nos congrega y nos une. Tal como dice Ann Belford Ulanov: «El Sí-mismo es [...] aquello que está en nuestro interior que conoce a Dios».[3] Cuando nos reunimos con otras personas para compartir los sueños, experimentamos esto con toda claridad, nuestros símbolos empiezan a curarnos los unos a los otros, a medida que nos adentramos en los territorios comunes de nuestras psiques.

Recordemos que lo femenino no actúa de manera lineal. Mientras muchos consultan impacientemente diccionarios de sueños para sacar una conclusión, la respuesta final, la clave para su liberación, rara vez encuentran algo consistente. Esto se debe a que está actuando una genialidad más grande, algo que jamás podríamos entender de pronto. Por el contrario, hemos de seguir un misterioso rastro de miguitas de pan que nos animan a dar saltos, cada vez mayores, hacia lo desconocido, para que vayamos desarrollando confianza en aquello que nos está sustentando. Llegará un día, quizás dentro de algunos años, en que por fin entenderemos cómo se resuelve la sinfonía.

Uno de mis ejemplos favoritos de esta genialidad sinuosa de lo femenino es la historia de una joven llamada Nicole, que vino a verme para comentar el siguiente sueño:

El vestido rojo: sueño de Nicole

Estoy haciendo de niñera en casa de mi jefa, donde soy responsable de muchos niños. También soy sirvienta y he de servir una comida a un gran grupo de personas, pero tengo muy pocos ingredientes. Es caótico y desmoralizador. Fuera, en el jardín, hay un hombre pintando y me siento atraída hacia él. Cuando llego hasta donde está, me doy cuenta de que ¡me está pintando a mí con un vestido rojo!

Impresionada por la vehemencia de esta imagen, le pedí a Nicole que pintara su sueño antes de que nos pusiéramos a analizarlo. En el acto de pintar de rojo el papel, recordó su pasión olvidada de dedicarse al arte visual y, en general, una necesidad de pintar su vida con colores más vívidos.

Nicole fue educada en una familia extremadamente tradicional, donde le enseñaron que la creatividad solo era cosa de niños y que, a cierta edad, tenía que comportarse de una manera más responsable. Así que escogió dedicarse a cuidar niños y trabajaba solo para mantenerse a flote. Con el paso de los años, su ansiedad y soledad fueron en aumento, se sentía estancada y sin vitalidad, pero no sabía qué hacer para seguir avanzando.

A medida que fuimos indagando en las sutilezas de los sentimientos que evocaba el cuadro, me describió su añoranza de su aspecto más salvaje y expresivo, que había sido reprimido durante toda su vida. Y sin nada más que el pequeño aliciente que le aportaba el rojo en el sueño, volvió a sentir ganas de pintar.

Trabajó durante meses hasta conseguir un pequeño portafolio de pinturas con las cuales estaba encantada y que a través de una serie de sincronicidades envió a una escuela de arte de su localidad. Loca de alegría cuando fue admitida, dejó su trabajo de cuidadora y empezó a estudiar pintura con todo su entusiasmo. Fue allí donde conoció al hombre que sería su esposo y se enamoró de él. Juntos viajarían por el mundo y se ganarían la vida combinando sus talentos.

Jamás hubiéramos podido imaginar todo lo que sucedería a raíz de un solo sueño, pero si prestas atención al contraste entre la agotadora llamada al deber frente a la vitalidad del color rojo, podrás sentir cómo se agolpa la energía en ese punto. Y cuando sigues esa energía de todas las maneras posibles, siempre aumenta su potencia y consistencia. Para recuperar lo femenino en nuestra vida hemos de seguir a la energía adonde quiera que vaya. Como si estuviéramos rebañando un frasco de helado, si seguimos la ola de caramelo, se ampliará y dulcificará la fuerza de nuestro recuerdo, a medida que vayamos profundizando.

El gran olvido

Al explorar lo femenino, nos encontramos con un inmenso almacén de talentos que han sido ignorados, rechazados y que han caído en desgracia. Soñar se considera improductivo, la comunicación con nuestro cuerpo se trata con medicamentos, los sentimientos no tienen cabida en las salas de juntas, los rituales han perdido sentido y los hemos desconectado de la naturaleza y, por supuesto, la tierra es tratada como un recurso para extraer beneficios. En el transcurso de muchas generaciones, hemos ido creando una compleja cultura en la que hemos denigrado tanto estas cosas que su ausencia en nuestras religiones y sistemas sociales ha llegado a parecernos normal, hasta el extremo de que haría falta un acontecimiento de despertar muy especial para que nos diéramos cuenta de que nos faltan.

Esto es lo que podríamos llamar el Gran Olvido. La ruptura que sentimos todos en nuestra vida, ese lugar herido donde ignoramos a nuestro cuerpo, hacemos caso omiso de nuestras intuiciones y sustituimos nuestro conocimiento interno con la «información de otras personas». Lo que llamamos soñar es considerado ilusorio, mientras que las falsas construcciones de la realidad consensuada se tienen por reales. En el caso de Nicole, abandonó su creatividad porque le dijeron que no era responsable. En el de Tziporah, su música se escondió para no afrontar las críticas en su casa. No obstante, en ambos casos, la verdadera herida está en su olvido.

Este olvido es una especie de autotraición, en la que aceptamos la traición de nuestra familia y cultura como si fuera nuestra, y seguimos defendiendo que se infravalore lo que tanto desea nuestro corazón. Se podría decir que estamos viviendo la historia de otra persona.

Hace años, conocí a un gurú que contó una historia sobre una cena. Todos los invitados llegaron de buen humor y les sirvieron un verdadero festín. En la mesa se inició una animada conversación, pero todos los participantes repetían silenciosamente el mismo mantra: «¿Y yo qué? ¿Y yo qué? ¿Y yo qué?».

El gurú utilizaba esta historia para ilustrar lo narcisistas que nos hemos vuelto, que estamos tan centrados en nosotros mismos que somos incapaces de escuchar o de importarnos lo que dicen los demás. Pero creo que hay otra forma de contemplar esto: como el reconocimiento de que hay una historia importante en todos nosotros que necesita salir a la luz. Anhelamos ser vistos, ser necesarios, pertenecer a una comunidad. Pero la única forma en que una comunidad puede sanarse a sí misma es ayudando a todas las personas a que descubran su propia historia. Solo cuando reconozcamos que lo que nos ha pasado en nuestra vida, y en la de los que vivieron antes que nosotros, nos está guiando en una dirección que tiene sentido, podremos retomar los hilos de nuestra historia en el presente y seguir tejiéndola con un propósito común.

Como este libro, que es más que un libro, es la culminación de la ofrenda de árboles y luz solar, minerales y lenguaje, tu historia es una pieza más que contribuye a otra gran culminación. Al rescatar todo lo que has ocultado en tu corazón, y devolverlo a su legítima pertenencia, te conviertes en uno de los gentiles.

Seis

El exilio como iniciación

*A*unque pensemos que la pertenencia es un logro estático, en realidad, es dinámico. Si alguna vez has visto algún documental en el que se haya utilizado la técnica de *timelapse** para filmar el florecimiento de las flores, habrás podido observar que no se abren en un único movimiento continuado, sino que se contraen, justo antes de cada nueva expansión. La pertenencia también alterna con fases de contracción y de expansión, de separación y de unión. Incluso los tipos de pertenencia duraderos, como un buen matrimonio o una vocación que te apasiona, solo pueden medrar gracias a nuestra voluntad de dejarlos crecer y cambiar de forma. Los tipos de pertenencia más saludables permiten, incluso exigen, periodos de exilio o de separación, a fin de hacernos madurar y desarrollar nuestros talentos.

Cuando las necesidades del individuo se oponen a las de un grupo o a las de una relación, han de buscar nuevos horizontes, ya sea por elección o por intervención divina. La mayoría de las veces, ignoramos o rechazamos estas llamadas a la rectificación o nos resistimos a ellas. Dejamos nuestras raíces plantadas en el superficial terreno de la falsa pertenencia por los beneficios que esta nos proporciona. Pero si no hemos escuchado las primeras señales de aviso, que se manifiestan como inquietud, duda y anhelo, un día, una fuerte ráfaga del destino soplará por nuestra vida y arrancará nuestras frágiles raíces del suelo. Mediante un accidente, una enfermedad física, una pérdida repentina o una crisis, la vida se saldrá con la suya.

Se cerrará la puerta de tu vieja vida. Habrás perdido el camino de vuelta al hogar. Con «hogar» no me estoy refiriendo solo a un lugar geográfico o a una cultura, aunque esa sea una terrible forma de exilio que afrontan muchos millones

---

* Técnica fotográfica que consiste en tomar una serie de fotografías secuenciales en un lapso de tiempo que posteriormente son editadas para crear un vídeo que da la sensación de estar grabado en cámara rápida. (Nota de la T.)

de personas. Me refiero también a «las cosas tal como eran» en un sentido más amplio: una buena época, una relación entrañable, un papel que desempeñabas en tu comunidad o familia, una trayectoria profesional o, incluso, habilidades de tu propio cuerpo.

Esto es lo que llamo *exilio como iniciación*, porque tal como vemos en los mitos y en los cuentos de hadas, todo héroe o heroína ha de superar un período de prueba, en el que ha de vivir su propio exilio, si desea ser iniciado en la verdadera medicina que está destinado a practicar.

En mi caso, experimenté una de esas iniciaciones hace algunos años, cuando me fui a vivir a una ciudad cercana. Me estaba costando bastante hacer amigos y me sentía extraordinariamente sola hasta que un día conocí a una mujer que se llamaba Jenna. Compartíamos tantos valores e intereses que, aun sin conocernos demasiado bien, nos metimos de lleno en lo que podría llamarse una amistad romántica. Nuestro romance fue breve, pero intenso, lleno de gestos y promesas de dedicación. A las dos nos parecía que habíamos encontrado un profundo sentido de pertenencia en nuestra amistad.

Cuando me enteré de que era miembro de una comunidad espiritual, enseguida sentí que quería formar parte, aunque no supiera mucho sobre ella. Un fin de semana, Jenna me presentó a su grupo, en el que indiscutiblemente había muchas personas inteligentes y entrañables que me cayeron bien al momento. Pero este grupo también giraba en torno a un gurú con mucha labia que no me agradó. Había pasado tanto tiempo en el camino de lo femenino, donde se hace hincapié en el liderazgo circular, que la jerarquía implícita de este grupo no iba conmigo. Así que, con todo el dolor de mi corazón, decidí abandonar la reunión, decisión que mi amiga Jenna me advirtió que «tendría consecuencias».

Al salir de allí sentí una intensa ansiedad, hasta el extremo de empezar a hiperventilar y padecer una atroz migraña. En las semanas siguientes, mi amiga, que era muy devota de su gurú, dejó de responder a mis llamadas. Me hundí en una depresión, sentía que había perdido mi oportunidad en la comunidad. Pasaron los meses y empecé a tener una serie de misteriosos problemas físicos, que desembocaron en un estado de dolor generalizado grave, por el cual estuve aislada durante casi dos años. Aunque lo sucedido me hizo daño y me decepcionó, lo que más me sorprendió fue mi exagerada reacción.

Mientras trabajaba con mis sueños y los recuerdos que estos me despertaban, empecé a entender que al haber tomado la decisión de abandonar ese grupo cerrado, estaba siendo iniciada a través del exilio.

El camino cerrado: sueño de Toko-pa

Sueño que hay un sendero en un bosque mágico que se encuentra entre mi casa y la de Jenna. Lo encuentro cantando una canción, que los pájaros corean conmigo, y sigo sus cantos en la dirección correcta. Pero, de pronto, los pájaros dejan de cantar y el camino se cierra. Tomo un desvío equivocado y acabo en una zona marginal de la ciudad, donde solo viven personas sin techo y delincuentes. Siento que es un lugar peligroso. Tengo hambre, pero no hay más que una tienda de comestibles donde solo venden comida basura.

Cuando me desperté de este sueño, lo que más me llamó la atención fue que los pájaros me respondieran, como si esa llamada y esa respuesta abrieran numinosamente la puerta al camino secreto hacia la pertenencia. De hecho, en las etapas iniciales de mi amistad con Jenna, sentí que se estaba cumpliendo mi más profundo anhelo. ¿Y no nos sucede a todos? Cuando todo parece encajar, empezamos a sentir que formamos parte de una coherencia mayor, como si la propia naturaleza se estuviera comunicando con nosotros, conduciéndonos hacia sus propios ritmos. Pero cuando mis llamadas literales dejaron de recibir respuesta, también sentí como si mi relación con la naturaleza –o lo que algunas personas llaman Dios– se hubiera roto. Fue como si la magia hubiera desaparecido de la vida. Me encontraba en una de esas *zonas perdidas*, donde solo hay desesperanza y no podía hallar verdadero sustento.

Cualquiera que sea tu exilio, el dolor de la separación es como sentir que se cortan tus vínculos con todo lo que te resulta familiar, y las células de tu cuerpo se desconciertan. Este recuerda cómo eran las cosas antes, sus olores y texturas, sus vistas y estaciones. Y solo quiere regresar a ese «tal como eran» las cosas. Pero no hay vuelta atrás. Puedes intentarlo, incluso tener sueños nostálgicos durante años sobre tu vida anterior, pero cuando despiertas recuerdas que tu camino a casa está cerrado para ti. Para muchas personas, el exilio es definitivo. Reconciliarse con esta idea puede suponer una larga y ardua tarea. Los refugiados que han tenido que huir de sus países, o los nativos de las Naciones Originarias de Canadá, que todavía se están recuperando del diezmo que sufrió su población con la colonización, pueden tardar varias generaciones en encontrar un nuevo camino que seguir. Mi exilio era banal en comparación con ellos, así que no podía entender por qué fue tan traumático para mí.

Cuando analicé la intensidad de mi reacción a la pérdida de mi reciente relación con Jenna, me di cuenta de que este acontecimiento reabrió una herida mucho más vieja. Me recordó mi experiencia de huir de casa, decisión que «tuvo consecuencias». En realidad, alejarme de mi familia de origen cambió por completo el rumbo de mi vida. Cuando mis compañeras se estaban graduando en el instituto y empezaban a ir a la universidad, yo, a mis dieciséis años, tenía un trabajo a tiempo completo y era independiente económicamente. Jamás hice las cosas típicas que hacían las demás, como aprender a conducir, o hacerme revisiones médicas, y las vacaciones y los momentos importantes de mi vida pasaban sin pena ni gloria.

Una iniciación suele conectarnos con las heridas profundas de nuestro pasado, nos invita a resolver los viejos traumas de nuestra propia vida y los de nuestros antepasados, a través de un portal que nos conduce al presente. Cuando conocí a mi amiga Jenna, proyecté inconscientemente toda mi necesidad de apego hacia esta nueva «familia», pero había un contrato tácito implícito: para ser aceptada, tendría que ceder mi autoridad a esa figura paterna. Después de todo lo que había pasado para encontrar mi propia voz en el mundo, eso suponía un compromiso que sabía que no podría cumplir.

El compromiso que no puedes aceptar suele ser el que te conduce a la iniciación. Te dice: «¿Vas a aguantar esto? ¿Soportarás el proceso de desgaste? ¿Descubrirás la verdad en tu interior y prometerás protegerla? ¿Confiarás lo bastante en lo desconocido como para dejarte llevar hacia nuevas formas de pertenencia?».

El exilio puede ser voluntario, como el de Siddhartha, que abandonó su palacio para vivir entre los pobres; o forzado, como el del Patito Feo, que es rechazado por sus hermanos y hermanas, o como el de Quasimodo y todos aquellos a los que encierran en torres o condenan a vagar solos por el mundo, únicamente porque son diferentes. Sin embargo, el exilio es una separación importante y necesaria del grupo o sociedad, que sirve para poner a prueba nuestra resiliencia y singularidad. Por desgracia, en nuestra cultura occidental, no tenemos ritos de paso para ayudar a los jóvenes a que se sientan necesarios; por lo tanto, estos pueden recurrir a la violencia para expresar su poder no reconocido. Si no lo hacemos conscientemente, la vida encontrará otra manera de iniciarnos. Como dijo Jung elocuentemente: «Cuando no somos conscientes de una situación interna, esta se manifestará externamente como el destino».[1]

Para mí, la iniciación fue larga y dolorosa, pues estaba desenterrando los diversos temas que habían hecho mella en mi infancia. Mi principal descubrimiento fue que había una parte de mí que se sentía culpable por haber abandonado a mi familia, estaba convencida de que todas mis vicisitudes se debieron a que yo me las había buscado. Había una parte de mí que pensaba que si me hubiera quedado y hubiera sido más tolerante, quizás mi vida habría sido más fácil y más *normal*. Pero esta desconfianza primordial en mis instintos se convirtió en el caldo de cultivo de constantes dudas internas hasta en las interacciones más simples. Tenía la tendencia inconsciente de dejar las relaciones, en las que me repetía el estribillo: «Ha sido culpa mía. Tenía que haber hecho más».

En cuanto a mi dolor físico, tardé unos cuantos años en descubrir que se trataba de una enfermedad degenerativa autoinmune conocida como artritis reumatoide. Puede estar latente durante muchos años y, por desgracia, desencadenarse a raíz de una situación de estrés. En la artritis reumatoide el sistema inmunitario se vuelve en contra del cuerpo y confunde los huesos y cartílagos con agentes patógenos; por consiguiente, los ataca hasta destruirlos. Como hacía mi comprometido sistema inmunitario, que trataba a su propio cuerpo como si fuera una amenaza, me había pasado toda la vida bajo la opresión constante de la contrición y el autocastigo. El dolor era la respuesta apropiada para esa persecución, así que mi cuerpo lo producía generosamente.

Lo que realmente tenía que hacer era estar de parte de esa muchacha joven e huidiza que sabía que había una forma mejor y más incondicional de amar y de ser amada. Tenía que liberarme de ese innecesario sentimiento de culpa que siempre me embaucaba para que me conformara con las migajas del afecto. Así que empecé a practicar lo contrario de la contrición crónica, que era permitirme todos los días manifestar mi desacuerdo. Comencé a trabajar con la afirmación de que aunque no estuviera de acuerdo con los demás seguía siendo encantadora. Como la oveja negra de mi familia, tenía que reconocer que mi disconformidad era poderosa y fatídica, para todos los implicados… y profundamente necesaria para mi propio liderazgo en el mundo.

Aunque, para el iniciado, el exilio puede suponer el fin de una forma de vida establecida, según la perspectiva de la mitología es un principio, un cambio de dirección hacia el alma. En muchas tradiciones chamánicas, los sanadores son iniciados a través de crisis y enfermedades extremas. La «crisis curativa» es considerada un rito de paso para los futuros chamanes. Para los iniciados más reticentes, es la llamada a la vida interior, al mundo de Eros, a los sueños y al misterio. Es un largo proceso, que implica una rigurosa serie de pruebas y la lenta recuperación de las partes perdidas o cautivas del alma del sanador herido. Pero si el iniciado entra voluntariamente en esta iniciación, él o ella conocerá bien el paisaje y se convertirá en un guía experto de estos umbrales para los demás.

Joan Halifax, en *ShamanicVoices* (voces chamánicas), dice: «Cuando una persona acepta la llamada y se convierte en chamana, su enfermedad suele desaparecer [...] El concepto del "sanador herido" se refiere a la necesidad de que el futuro chamán atraviese una profunda crisis personal para prepararse para su rol de sanador en la comunidad».[2]

El descenso al inframundo

Nadie se somete a una iniciación por gusto. En esencia, la iniciación es un sometimiento de la voluntad. Llega como lo haría un tsunami, con toda la furia de la naturaleza, y nos hace añicos en todos los niveles. Y aunque todas las partes de nuestro ser se resistan a cambiar, no vamos a salir ilesos. No vamos a re-cubrir lo que ha sido revelado. Más bien, lo que se pretende es que nos sintamos desilusionados, disueltos, decepcionados, antes de que pueda volver a aparecer un pensamiento de reconstrucción.

El mito más antiguo conocido de un descenso a una iniciación es la leyenda sumeria de Inanna. Anterior a los dioses masculinos, como Zeus, Inanna pertenece a las tradiciones babilónicas, donde las diosas estaban vivas y gozaban de buena salud. Era la Reina del Cielo y descendió al Inframundo para ver a su hermana exiliada Ereshkigal. Esta le insistió en que atravesara siete puertas, como tenía que hacer todo aquel que entrara en el Infierno, hasta acabar «desnuda y doblegada». Cuando, por fin, se reencontraron las hermanas, Ereshkigal mató a Inanna en un arranque de ira. Pero en su tristeza, Ereshkigal entregó el cuerpo a los consortes de Inanna, quienes la devolvieron a la vida. Esta historia nos indica que hemos de desprendernos de nuestros atributos del «mundo-superior» y conectar realmente con la oscuridad y el sufrimiento que acompañan a la pérdida de nuestras ilusiones sobre los demás y sobre nosotros mismos.

En el exilio hemos de hacer lo que hizo Inanna, desprendernos de una capa tras otra de nuestra armadura y adornos, hasta quedarnos desnudos. Entonces, hemos de experimentar la muerte simbólica de nuestra vieja vida para renacer con mayor resiliencia y con una misión sagrada que llevar a cabo. El adulto iniciado ha aprendido a soportar la incertidumbre, ha pagado su deuda con los dioses a través de su pérdida y su dolor, y ha decidido crear belleza con su vida como el futuro antepasado que es.

Una de las grandes razones por las que tantos nos aferramos a una falsa pertenencia es que aventurarnos a una vida más genuina exige un aterrador descenso inicial. En el documental *Tocando el vacío*, la historia de dos alpinistas que escalaron los Andes peruanos, hay una escena fascinante en la que uno de ellos cae noventa metros dentro de una grieta de hielo. Se queda allí colgado, sujetado por una cuerda, incapaz de salir escalando, durante más de veinticuatro horas, hasta que por fin decide cortar su cuerda y caer a la oscuridad. Para su enorme sorpresa e incredulidad, no solo logra sobrevivir, sino que encuentra un túnel en el fondo de la grieta que lo lleva a la superficie, donde al final consigue ser rescatado.

Este descenso a nuestro sentimiento de aislamiento es lo que nos permite conocer sus proporciones y nos facilita encontrar la salida del túnel para lograr una mayor conexión con nuestra vida. Pero como sucede cuando cortas la cuerda, sin tener ni remota idea de lo que hay debajo, primero has de valorar y aceptar el posible precio que tendrás que pagar por cortar los vínculos. Como debió de pensar nuestro escalador, cortar la cuerda podía suponer una muerte espantosa. Por bonito que pueda parecer lo del *despertar*, a menudo significa romper por completo con la vida tal como la conocías hasta ahora. Como la famosa frase de Jung: «No existe despertar de la conciencia sin sufrimiento».[3]

Tanto si hemos de enfrentarnos a los estragos causados por el sufrimiento como a la ira que sentimos por todo lo que se nos ha arrebatado o a la amargura que se niega a volver a confiar en el amor, tenemos mucho que aprender de los guardianes de las puertas del Inframundo. Cuando estos se dan a conocer, puede que no estés muy dispuesto a darles la bienvenida, pero si los reconoces como los guardianes de los umbrales que son, al menos, puede que estés dispuesto a sentir curiosidad por ellos.

El sentimiento de desconexión y la insensibilidad que afectan a la vida de tantas personas se deben a nuestro hábito de evitar las experiencias difíciles. Al igual que el escalador, que seguramente habría muerto colgado de su cuerda, nos aterroriza hundirnos en esos lugares donde no queremos entrar. El duelo por lo que hemos perdido o jamás hemos tenido, el deseo de sentir una dignidad que no sentimos y el miedo a todo lo que desconocemos amenazan con engullirnos en nuestra totalidad. Entonces, vivimos angustiados colgados sobre nuestros miedos y nuestra soledad. Tal como advirtió el poeta persa Hafiz: «No entregues tu soledad tan deprisa. Deja que te corte más profundo. Déjala que fermente y te sazone, como pocos humanos e incluso ingredientes divinos pueden hacerlo».[4]

Como buitres que vuelan en círculo al acecho de su presa, algunos de nuestros más temidos adversarios han estado esperando a que llegara este momento. Cuando intentamos defender nuestro *statu quo* somos más vulnerables, y ellos pueden olerlo. Todo lo que nos ha estado controlando desde la sombra sale a la superficie, y lo hace con el doble de fuerza ante la amenaza del destronamiento.

Para muchos eso implica afrontar sueños de depredadores, violadores, terratenientes, nazis y jefes arrogantes. Son los partidarios del inmovilismo, enviados para disuadirnos de cualquier amenaza de crecimiento. Son los que impiden habitualmente que conectemos con Eros.

Violadores en el camino: sueño de Julie

Me encuentro en un campo abierto que se convierte en un laberinto de bambú. Mi objetivo es atravesar el campo y llegar al otro lado para buscar una nueva casa. Inicio mi viaje caminando recto, hasta que tengo que tomar un desvío, y luego otro. Me doy cuenta de que tengo que recordar el camino de vuelta. Me pongo a buscar piedrecitas a mi alrededor para ponerlas en el camino y poder volver a encontrarlo a mi regreso. Entonces, aparecen dos hombres, pero aunque aparentan ser amables pero siento malas vibraciones. Uno de ellos empieza a acercarse a mí y siento que quiere violarme. Me siento asustada y sumisa.

Este es el sueño de una joven que acababa de iniciar el camino del trabajo interior. Podemos interpretar la casa a la que pretende llegar al otro lado del laberinto de cañas como el Sí-mismo en el que se está convirtiendo. Sabe que tiene un trayecto por recorrer y mucho que sortear, y tiene miedo de perderse por el camino. Todavía no está preparada para «cortar la cuerda», por eso, va echando anclas para encontrar el camino de vuelta a casa. De hecho, el descenso al Inframundo es desconcertante y una parte de nosotros puede que necesite puntos de referencia, antes de adentrarse en serio. Pero lo cierto es que se supone que hemos de estar desorientados. Si nos comparamos con barcos que navegan guiándose con un punto de referencia en el horizonte, en la iniciación, la niebla desciende sobre nosotros y nos impide ver. Hemos de aprender que, cuando estamos desorientados, se nos está dando la oportunidad de descubrir un conocimiento diferente, una brújula interior.

Siempre digo que cada momento de un sueño da pie al siguiente. De modo que si no sabemos por qué ha sucedido algo, podemos revisar los momentos anteriores para descubrir qué ha sido lo que ha precipitado un acontecimiento. En el sueño de Julie, quizás sea su confianza en el camino antiguo lo que delata su falta de compromiso con el camino actual. Una parte de ella todavía está aferrada a que todo siga igual, y su timidez es lo que invoca al depredador. Este la asalta en el mismo instante en que duda de su capacidad para seguir por ese camino. Parece querer decirle: «Recuerda tu sitio, mujer».

Nuestros sueños, a veces, nos ponen en los papeles que inspiran más protección para que aprendamos a tratarnos a nosotros mismos con compasión. Pero el verdadero valor del trabajo de los sueños consiste en ponernos en la piel de nuestros adversarios, para descubrir que *nosotros* también somos la crueldad que nos victimiza. Existen fuerzas malévolas internas y externas, cuyo propósito es hacer que vivamos marginalmente. Y en cuanto nos pasamos de la raya, ven amenazados sus privilegios y se dan a conocer.

En el caso de Julie, este sueño revelaba que ella misma estaba saboteando sus propios intentos de crecimiento personal, al albergar dudas y creer a las voces que la violaban con sus descalificaciones. Una parte prefería la timidez y el miedo a ser ella misma, porque para meterse en el laberinto a descubrir su siguiente identidad debía enfrentarse a todo lo que había descuidado y abandonado –todo aquello que había alejado de su vida, en lugar de atreverse a afrontarlo, los impulsos que nunca siguió– y renunciar a las cosas que ya no le servían.

La perseverancia y la renuncia

En el camino de la pertenencia siempre se ha de hacer algún sacrificio. Ya sea romper con los amigos, con la familia, con la seguridad o con la conveniencia o renunciar a algo muy valioso para ti, de lo cual dependías. Es una despiadada fase de eliminación, te despoja de todo lo que no está vivo y creciendo, para que puedas encontrar tu verdadero camino en el mundo.

La palabra *sacrificio* no tiene nada que ver con la autonegación, como se nos ha hecho creer, sino que viene de «convertir algo en sagrado». A fin de conectar sinceramente con lo desconocido, hemos de entregar algo de mucho valor, no sea que nos aferremos a una versión antigua de nosotros mismos. Al hacer ese sacrificio se produce un traspaso de poder. Al nombrarlo y liberarlo, somos los amos de aquello que nos hacía esclavos. La energía que bloqueaba nuestra conformidad es liberada en nuestro beneficio y para nuestro uso consciente.

A veces, el sacrificio es nuestra propia voluntad. Cuando estamos en el exilio, siempre somos vulnerables durante algún tiempo, a fin de que podamos percibir una llamada más mítica. El reto está en ser capaces de renunciar a nuestros planes para seguir avanzando, para que pueda manifestarse un bien mayor. Si podemos dar un paso hacia la atemporalidad y renunciar a la urgencia que tiene nuestro ego por progresar, tendremos la oportunidad de ser danzados y cantados, en el gran canto de las cosas. Esta caída libre es el punto de inflexión de cualquier relato, cuando la heroína se da cuenta de todo lo que le faltaba.

El sacrificio es una muestra de confianza en lo desconocido. Es la poda que ayuda a redirigir tu energía hacia una vida de pertenencia. Es como dejar un trabajo y que te aparezca una oportunidad esa misma tarde, o romper una mala relación y encontrar a tu verdadero amor, el sacrificio tiene magia. La vida te induce a hacerlo, y cortar las ataduras que te atan a modelos que se han quedado pequeños es la respuesta a esa llamada. Tu decisión de adentrarte en el vacío del cual surge toda forma de vida es una prueba de devoción a tu propia pertenencia.

El eco de una pertenencia previa o falsa no cesará al momento, solo por que hayamos tomado la decisión de renunciar a ella. Según lo profunda y auténticas que hayan sido esas relaciones, puede ser difícil y doloroso librarnos de nuestras ataduras. Siguen estando presentes como ecos en nuestros sueños y, aunque haga mucho tiempo que las hayamos roto, pueden hacer que dudemos de nuestra elección. Sentir esta ambivalencia es normal, es una de las fases necesarias del duelo que hemos de soportar cuando renunciamos a algo que hemos amado mucho.

Nuestras antiguas pertenencias han sido absolutamente necesarias para nuestro devenir: nos han servido de preparación para conocer nuestro verdadero amor. Nos han enseñado mediante el ejemplo o la divergencia qué eleva nuestro corazón y qué le hace sentirse marginado. Y antes de que nuestra antigua vida se aleje de nosotros, hemos de darle las gracias por el gran servicio que ha prestado a nuestra pertenencia. Por ayudarnos a entrever cómo podía ser, incluso en nuestro idealismo, estar unido con los demás: contribuir a un sueño compartido, vivir por algo más grande que solo nuestra vida.

En el centro de la palabra *pertenencia*, *belonging* en inglés, se encuentra la palabra *long* o 'largo'. Estar (*be*) con algo largo tiempo significa estar a *largo* plazo. Es la decisión activa de relacionarnos con un lugar, con nuestro cuerpo o con un tipo de vida, porque lo valoramos. Aun sabiendo que puede que no cumpla con todas nuestras expectativas, mantenemos la visión a *largo* plazo de lo que puede llegar a ser, y nuestra vida se convierte en una ofrenda para conseguirlo.

Pero cuando perdemos nuestra perseverancia o rompemos el compromiso con ella, en los periodos de dificultades y de crecimiento, la pertenencia se interrumpe. Nos desconectamos de esa familiaridad escapista que hemos tejido a partir de nuestra historia compartida. Entonces, no solo hemos de afrontar esa pérdida, sino que hemos de empezar desde cero, aprendiendo a confiar en lo que no conocemos. Aquí es donde muchos desesperan, porque eso parece muy lejano e imposible. Pero después de la iniciación, los cimientos sobre los cuales construimos una nueva vida son más firmes, porque hemos superado el proceso dinámico de despojarnos de la falsedad de nuestras identidades anteriores para sacar a la luz nuestros valores esenciales.

Veamos el caso de Carrie, una mujer que se dio cuenta de que su relación con Ella, su mejor amiga de la infancia, ya no *tenía nada que ver* con la persona en la que se estaba convirtiendo. Carrie describía a Ella como el tipo de amiga que, cuando estaba para ti, te hacía sentir la persona más especial del mundo. Pero, de pronto, desaparecía durante largos periodos de tiempo, y ella se sentía sola y desamparada.

En su juventud, toleraba la tendencia a desaparecer de su amiga, porque adoraba sus momentos de reencuentro, que eran espontáneos y fascinantes, y cuando esta aparecía por sorpresa, siempre hacía un hueco en su agenda para verla. Pero un año, Carrie tuvo que afrontar una transición profunda con la muerte de su padre, su abuela y su gato de quince años: todos fallecieron en un plazo de seis meses. Este conjunto de pérdidas la condujo a un nuevo nivel de vulnerabilidad. Ella no respondió a sus correos electrónicos ni llamadas durante ese tiempo, y a Carrie se le rompió el corazón por esta otra pérdida. Se dio cuenta de que se había estado aferrando a su amiga, a pesar de que la dinámica de su relación era tan poco saludable, porque no tenía a nadie más y había una parte de ella que creía que era lo máximo que se merecía.

Al quedarse, de golpe, sin todos estos apoyos, Carrie sintió la gran necesidad de tener una relación estrecha y coherente, valores que ella estaba preparada para ofrecer. Cuando expresó para sí misma lo que necesitaba, supo que tenía que poner fin a su relación con Ella. Por doloroso que fuera, sabía que tenía que dejar espacio en su vida para cultivar relaciones reales con personas que ofrecieran más reciprocidad. Aunque tardó mucho en recuperarse de la pérdida de esa amistad, enseguida empezó a atraer a su vida a personas más estables. Sabía que esa decisión era como un puntal seguro en su hogar del futuro.

La rebelión necesaria

Aunque el concepto de rebelión nos invoque la imagen del guerrero, en realidad, se trata de aprender a ser vulnerables en un mundo altamente blindado. El acto de rebelión implica no solo sacar a la luz los lugares que han estado ocultos durante demasiado tiempo, sino exponernos a ellos. Puesto que el rebelde elige alzar la voz, de palabra o de obra, contra la tradición, arriesga su vida y la seguridad de la falsa pertenencia por la posibilidad de estar realmente vivo. Con ello, incita a los demás a buscar esa misma vivacidad.

Hay un momento crítico en el viaje de toda heroína en el que se encuentra sola. Sus más profundas convicciones la obligan a posicionarse, a nombrar lo innombrable, a divulgar el malestar secreto que oculta la comunidad. Termina posicionándose, no exenta de dudas, sino a pesar de ellas. Y, en ocasiones, el precio que debe pagar es alto, como ser objeto de las críticas, o peor aún, ser rechazada en el grupo, que no comparte su verdad.

La voluntad de rebelarse contra las normas establecidas, los roles y los pactos de silencio de la clase dirigente surge de saber que no te puedes permitir albergar resentimiento. El resentimiento que generas cuando tomas la decisión de ir en contra de tu propia verdad amarga a tu yo. Lo somatizas en tu cuerpo y asume la carga del sufrimiento como si solo fuera tuyo. El chivato, por otra parte, da muestras de una complicidad compartida. Dice: «Espero más de mí y de ti». Y con esa actitud, el dolor, en cierto sentido, se vuelve comunitario.

La voz que disiente habla desde lo que no tiene voz. Y en un irónico giro de la trama, es en esa revuelta contra el sentido de pertenencia obsoleto donde puede nacer la verdadera solidaridad. Tu voluntad de decir la verdad sobre algo con lo que no estás de acuerdo es lo que facilita la libre comunicación, lo cual proporciona a todos los implicados un lugar fértil donde crecer y la oportunidad de construir un verdadero pueblo.

Aunque jamás lo hubiera imaginado, varios años después de haber dejado de asistir a los encuentros de mi amiga Jenna, vinieron a verme algunos miembros de dicha comunidad. Me confesaron que ellos también tenían sus dudas respecto al líder del grupo. No sé si mi decisión de abandonar el grupo fue lo que los inspiró a seguir mis pasos, pero se formó un nuevo grupo con aquellas personas que estaban dispuestas a mantenerse al margen de él.

Todo viaje mítico nos exige separaciones dolorosas de algún grupo, pero es justamente eso lo que nos enseña a escuchar y a perseguir nuestra singularidad. Descubrimos que las peculiaridades que nos distinguen intentan diferenciar también nuestras vidas. Esos aspectos de ti mismo que descartaste, dejaste de lado, no escuchaste y rechazaste son justamente las facetas a las que te has de aferrar. El colectivo depende de la exaltación de tus cualidades rechazadas. Cuanto antes empieces a aceptar tu propia diferencia, antes llegará el amor para ayudarte a alzar tu voz por encima del monótono murmullo de la mayoría.

Pensamos que la rebelión es un servicio externo que prestamos al mundo: nos hacemos activistas para protestar sobre algo que está mal, sobre alguna injusticia que hemos de denunciar. Sin embargo, creo que hay una rebelión antes de la rebelión, una forma de protesta más íntima que habla desde y para lo subestimado femenino.

Lo femenino no tiene nada que ganar. No compite para tener más influencia. No tiene interés en probar nada o conseguir un territorio. Hace algo infinitamente más subversivo. Nos despoja de la falsedad e infunde sentimientos en nuestro anestesiado corazón. Despierta una especie de memoria remota a través de los tiempos, y más allá de estos. Da forma al corazón henchido y quebradizo. Esto es todo, pero es mucho. Porque cuando cantamos con su voz, todo aquel que escucha su canto recuerda lo que también ha olvidado: que somos nobles y que estamos en deuda los unos con los otros.

La rebelión es lo que revierte esa amnesia tan duradera. Del mismo modo que las náuseas sirven para rechazar una sustancia venenosa, la rebelión sirve para ver qué es lo que hay debajo de la falsedad. ¿Qué es lo que perdura cuando nos quitan todo lo demás? Si le abriéramos las compuertas, ¿qué deseo podría inundar nuestra vida, humedeciendo la sequedad del sobreexplotado lecho de nuestro río interior? ¿Y si somos los medios para una historia que está intentando llegar al mundo? Si podemos soportar las pruebas del exilio, ¿podría ser que tuviéramos la oportunidad de transformar esa historia en algo que demuestre a los demás que no están solos?

La rebelión puede hacer que nos sintamos relegados del grupo, que nos convierta en las «ovejas negras» de nuestra familia o comunidad. Pero las ovejas negras son las artistas, las visionarias y las sanadoras de nuestra cultura, porque son las que están dispuestas a poner en tela de juicio esos lugares que huelen a rancio, que se han quedado obsoletos o están faltos de integridad. Las ovejas negras son las que incitan a los problemas buenos. Su propia vida es una confrontación con todo lo que se ha dado por hecho que era tradición. Su singularidad les sirve para despertar la conciencia de la familia o grupo, que ha estado viviendo demasiado tiempo en la oscuridad. Su destino en la vida es estar separadas. Sin embargo, la paradoja es que en cuanto aceptan su separación consiguen encajar.

El mundo necesita tu rebelión y el canto sincero de tu exilio. En lo que ha sido excluido de tu vida, encuentras la medicina para curar todo lo que ha sido excluido de nuestro mundo. Hemos de hallar en nuestro interior ese lugar donde se han silenciado las cosas y *darles* voz. Hasta que esas cosas no se hablen, ninguna verdad podrá encontrar su camino para seguir adelante. El mundo necesita tu desarraigo. Necesita tus desacuerdos, tu exclusión, tu deseo intenso de despojarte de los falsos conceptos, para encontrar el mundo que se halla detrás de este.

El evangelio de la oveja negra

1. Renuncia a tus votos de silencio, que solo sirven para proteger lo viejo y lo rancio.
2. Baja la guardia, relaja el abdomen, abre la boca y di la verdad que deseas escuchar.
3. Sé el defensor de tu derecho a estar aquí.
4. Recuerda que tú eres el primero que ha de aceptar las cualidades que has rechazado, adoptarlas en la plenitud de tu amor y compromiso. Aspira a que nunca más vuelvan a sentirse huérfanas de tu amor.
5. Venera tu excepcionalidad con un voto siempre renovado de ser cada vez más raro y excéntrico.
6. Envía tus señales de originalidad con frecuencia y constancia, honra cualquier goteo de respuestas, por pequeño que sea, hasta que tomes impulso.
7. Fíjate en tus defensores, no en tus detractores.
8. Recuerda que tu ofrenda no tiene explicación. Es su propia explicación.

9. Sigue tu camino solo hasta que puedas alcanzar a los demás. Apoyaos mutuamente sin dudarlo.

10. Conviértete en una rasgadura de la red que debilita las grandes torres de la clase dirigente.

11. Haz de tu vida una exploración constante, demuestra que hay vida fuera de los caminos trillados.

12. Presume de tu huida.

13. Envía tus misivas a la red para que se difundan. Deja que tus símbolos sean adoptados, adaptados y transmitidos ampliamente dentro de la cultura que estamos creando juntos.

Siete

La vida simbólica

Hay un mundo detrás de este. Las culturas ancestrales solían estar en comunicación constante con él a través de prácticas sagradas, como los relatos, los sueños, las ceremonias y los cánticos. Invitaban al Otro Mundo a que los visitara y les transmitiera su sabiduría, para ser guiados por ese impulso ancestral. Pero cuando sucumbimos a la maldición del racionalismo, el puente vivo que existía entre ambos mundos se fue deteriorando. A medida que disminuía el número de personas que hacían el viaje «de acá para allá cruzando el umbral donde los dos mundos se tocan»,[1] nos fuimos olvidando de cómo acceder al Otro Mundo.

La palabra *materia* procede de la raíz latina *mater*, que significa 'origen, fuente, madre'. En los tiempos presocráticos, *mater* se utilizaba para describir la naturaleza subyacente del mundo visible. En inglés todavía se usa en este sentido cuando decimos: «Esto es lo que más *importa* (*matter*)». Aunque no sabemos muy bien por qué, la empleamos de esta manera cuando nos acercamos a la esencia de algo. Sin embargo, el uso moderno de esta palabra es para referirnos a objetos concretos compuestos por átomos, masa y moléculas. De modo que en la evolución de nuestra relación con la materia, hemos pasado de considerar que nuestra naturaleza fundamental es ilimitada e incognoscible a que solo sea los elementos corpóreos.

Aunque a veces pensemos que el materialismo no es más que el impulso de consumir, comprar y acumular, en realidad, estos son los síntomas de la creencia racionalista subyacente de que no existe nada más aparte del mundo físico. Las cosas intangibles, como el espíritu, la intuición y las visiones, no son consideradas reales, y no existe relación entre nuestros pensamientos y el mundo que nos rodea. Estamos tan acostumbrados a esta forma de pensar que nos cuesta ver hasta qué extremo nos ha afectado. No obstante, está presente en todos los rincones de nuestros sistemas sociales, políticos y económicos en una gran cantidad de culturas de todo el mundo. Es lo que hay detrás de nuestros sistemas judiciales y penales, que se centran en castigar los delitos, en vez de corregir las causas endémicas que los fomentaron. Es lo que antepone la literatura a las leyendas populares y recompensa los títulos académicos antes que a los guardianes de la sabiduría.

El materialismo es lo contrario del animismo. En lugar de creer que todas las cosas tienen alma, lo reduce todo a lo visible: al aspecto de las cosas, a su funcionamiento y al servicio que pueden darnos. Desposeer a las cosas de su espíritu nos facilita su explotación por considerarlas simples «recursos» y nos libera de nuestra responsabilidad para con ellas. En el paradigma materialista, los seres vivos y los ecosistemas no son más que la suma de sus partes. La industria occidental de la medicina es un magnífico ejemplo: no trata a nuestro cuerpo como el organismo milagroso e interconectado que es, sino como una máquina orgánica con un conjunto de piezas ensambladas. En su veneración a lo físico, el materialismo infravalora el sentido y la magia, o lo que podríamos denominar dimensión mítica de nuestra vida. Afirma que todo es fortuito y que nos sucede por casualidad; por consiguiente, no existe el destino, el propósito o una inteligencia superior.

Una gran parte de la alienación que sentimos se debe a la pérdida de la vida simbólica. Hemos desterrado nuestro impulso natural de adorar, hemos pasado de lo simbólico a lo literal. Acumulamos riqueza, en vez de reforzar nuestros valores; somos adictos a las bebidas espirituosas, en vez de aspirar a conocer el espíritu; alimentamos nuestro vientre, en vez de cultivarnos como personas; acumulamos información, en vez de buscarla en nuestro interior, y perseguimos estatus, en vez de pertenencia.

Es tremendo empezar a reflexionar sobre los dilemas de nuestro mundo fijándonos en la forma de concretar o literalizar las aspiraciones simbólicas de nuestra alma. La televisión, por ejemplo, ha ocupado el lugar de contar cuentos alrededor de la chimenea. Hay una historia maravillosa de Joseph Daniel Sobol sobre el viaje de un occidental a una aldea de África, en la que acababan de instalar electricidad y había llegado la primera televisión. La vida parecía haberse detenido cuando todos los habitantes se aglutinaron en torno al aparato. Pero, al cabo de dos semanas, se aburrieron y dejaron de mirarla. El occidental se quedó desconcertado por la repentina falta de interés y le preguntó al líder qué había sucedido.

—Ah, no la necesitamos. Tenemos a nuestro contador de cuentos —respondió. El occidental le preguntó:

—Pero ¿no tiene muchas más historias que contar que vuestro contador de historias?

A lo cual el líder le respondió:

—Sí, la televisión sabe muchas historias, pero *el contador de historias me conoce a mí.*[2]

Aunque no siempre lo reconozcamos, aspiramos a la reciprocidad. Todavía sentimos ese impulso de ser alimentados por el mito, a través de la comunión con nuestros mayores, pero como eso ya no existe en nuestra cultura, recurrimos al duplicado material.

El materialismo fomenta el vacío y la ansiedad, porque promueve la idea de que somos reemplazables y de que la vida es simple, nada más que lo que percibimos con la vista. Para mitigar nuestro sinsentido, nos comprometemos con la búsqueda constante del éxito físico. Pero nunca hay un techo respecto a cuánto éxito hemos de conseguir o lo atractivos que hemos de ser; por consiguiente, esto nos conduce a una mayor desesperación. Aunque existe un inmenso número de personas que padecen estos sentimientos de desesperación, nuestra sociedad se limita a medicarlas y a tratarlas como si estuvieran locas, en lugar de dar validez a su reacción a esta forma de vida maníaca y de sentido único. Y en un aspecto más general, esta patología materialista conduce a la objetivación y mercantilización de la naturaleza.

Mientras tanto, la vida interior se va atrofiando. Lo que verdaderamente *importa* es relegado al olvido, y el corazón solo puede anhelar algo que apenas conoce. Esporádicamente, nos alcanza la verdadera importancia de los mitos y de la música, de los sueños y de la belleza, pero la mayor parte del tiempo, sentimos que el verdadero sentido está fuera de nuestro alcance, como un sueño que se esfuma, que siempre se nos escapa.

Zapatos de fieltro: sueño de Sophie

Inicio un viaje en un ferry *con el mar embravecido. Estoy con algunas primas y mi mejor amiga de la infancia. Cuando el viento sopla más fuerte y el mar se agita más, empiezo a entrar en estado de pánico y no me veo capaz de afrontar el trayecto. Me siento más aliviada al descubrir que hay una parada donde puedo refugiarme. Nos encontramos en un pequeño centro comercial que tiene una sola zapatería. Me pruebo unos modernos zapatos de fieltro de colores que me gustan, pero cuando me giro hacia mis primas, me dicen: «Son feos». Sé que no puedo comprarlos.*

Sophie se crio en una comunidad muy cerrada con valores sumamente tradicionales. Siempre había tenido el mismo núcleo de amigas, y la mayoría había hecho lo que se esperaba de ellas: participar activamente en su iglesia, casarse y tener hijos o ponerse a trabajar nada más salir de la universidad. Sophie, sin embargo, siempre había sido de naturaleza tan sensitiva y creativa que era ridiculizada y menospreciada, hasta que aprendió a ocultar su talento para poder seguir gozando de la pertenencia.

Cuando ya se acercaba a los treinta, un traumatismo cerebral fue la causa de que experimentara un largo y doloroso período en su vida. Si lo vemos desde la perspectiva mítica, fue un descenso a los infiernos, una especie de enfermedad creativa que la inició en la verdadera esencia de su Sí-mismo.

Después de muchos años de sanación, incluida la interpretación de los sueños, Sophie empezó a conectar con partes de su Sí-mismo que habían estado ocultas durante tanto tiempo que apenas estaban vivas. Hizo sus primeros intentos de cultivarlas, de escuchar sus indicaciones e, incluso, las sacó a la luz en compañía de alguien con quien se sentía segura. Se permitió ser ella misma, en lugar de ser como los demás esperaban que fuera.

Como el *ferry* que partía con el mar revuelto, esta tormentosa travesía hacia una nueva, pero antigua, forma de vida no es para los débiles de espíritu. Tener a alguien entre el público que te está animando («¡Sigue! ¡Ya estás llegando!»), ayuda enormemente. Pero, de vez en cuando, puedes necesitar hacer una parada y refugiarte, preguntarte con qué compañeros interiores estás viajando y si son verdaderos aliados o solo un peso muerto, y representan a tu vida anterior.

Cuando le pregunté sobre sus primas me respondió: «Son mis polos opuestos y hacen que me sienta como si fuera una extraña, una sin techo. Mi mejor amiga de la infancia es una persona que un día dejó de hablarme sin razón alguna». Para ella, esa antigua amiga es la tentación de abandonar la travesía. Es la traidora interior que ignora su valía y se alía con sus primas. Un detalle importante es que las primas ni siquiera son personas, sino la mente grupal de la que está huyendo. Son la influencia interior que dice: «Sin nosotras no eres nada. Y si intentas alcanzar ese camino extraño y colorido, ya no serás de las nuestras».

Mientras una parte de Sophie podría decir: «No quiero ser una de las vuestras», la otra parte se pregunta: «Pero ¿podré sobrevivir sola?». Así que se refugia por un momento y encuentra esos maravillosos zapatos de fieltro. Estos simbolizan la evolución que tanto le ha costado. Son el suave tacto del fieltro que indica que, por fin, sabe cuál es su lugar y qué es lo que importa. Me encantan esos zapatos de fieltro, porque representan la visión totalmente opuesta de fijarse primero en lo externo. Simbolizan una forma de caminar dando prioridad a los sentimientos, una nueva forma de escuchar los impulsos del cuerpo, el anhelo del corazón, los acuerdos y desacuerdos de los instintos y del sistema nervioso.

La voz que dice que son feos es la actitud reduccionista que también afirma que tu camino es una tontería, que no lleva a ninguna parte, que no es bonito. Antes de que la creatividad pueda tomar sus primeras bocanadas, la voz racional intenta disuadirla con su impulso de homogeneizar las cosas hasta que pierdan su misterio. Conocerás esta asfixiante influencia porque aparece automáticamente. Es la descalificación que se produce en el momento en que nos pasamos de la raya, en que dudamos de nuestra legitimidad, en que sometemos a escrutinio cada nota y cada movimiento, y que hace que nos aferremos a una letal e inalcanzable perfección. Nos dice que somos demasiado *ilusos* y desprecia nuestros sentimientos por considerarlos sentimentales, nuestros sueños por ser ilusorios y nuestras ideas por no ser originales.

En lugar de enfrentar a la materia y el sentido, simplemente cambia su orden de prioridad. Si volvemos a nuestra metáfora del puente vivo, podremos observar que lo que hace que sea tan poética es su enseñanza de que hemos de colaborar con la naturaleza.

La higuera estranguladora tiene la tendencia de enviar a sus raíces –sin la guía de ninguna influencia– a asfixiar al anfitrión que prefieran para poder crecer. El materialismo es como una enredadera estranguladora, no es que sea malo, pero si se lo deja crecer descontroladamente, sin tener un propósito superior, se dedica solo a propagarse e invadir. Necesita de nuestra intervención, se ha de fusionar participativamente con el anhelo del alma por la belleza y el sentido, a fin de ser enaltecido por su servicio al conjunto.

Al final, Sophie reconoció que, a veces, todavía recurría al mundo exterior para buscar aprobación. Aunque había hecho grandes progresos intentando encontrar esos zapatos de fieltro, ahora tenía que aprender a caminar con ellos, a pesar de lo que dijeran los demás. Y, a medida que aprenda a dar más importancia y valor a sus sueños, a sus sentimientos y a su vida creativa, su verdadero propósito y su sentido de pertenencia volverán a prender en su corazón.

Cuidar del pozo

La mayoría de las personas sentimos un tremendo deseo de contribuir de alguna manera para compensar las carencias de nuestro tiempo. Pero pueden pasar semanas, meses o, incluso, años, mientras intentamos satisfacer las exigencias de la vida. Vivimos en un estado de alerta constante para responder a lo que nos pide el mundo. Tanto si se trata de nuestra interminable lista de tareas pendientes como si estamos esperando a que nos notifiquen alguna oportunidad o invitación, esta relación de «llamada-respuesta» con el mundo exterior es un hábito tan arraigado que apenas conocemos otra manera de vivir. Pero lo cierto es que, si realmente queremos que nuestra vida se convierta en una verdadera ofrenda, hemos de terminar con esa dependencia del mundo exterior y buscar la guía dentro de nosotros.

Algunas tradiciones espirituales saben cómo usar la exteriorización y crean lugares simbólicos que puedes visitar para restaurar tu relación con lo sagrado. En Irlanda, por ejemplo, puedes encontrar cientos, quizás miles, de pozos sagrados diseminados por todo el país. Estos pozos, generalmente situados en arboledas, al borde de los caminos y en otros lugares de espectacular belleza, son un trabajo artesanal hecho de piedra, donde el agua brota del suelo, y son considerados sagrados y sobrenaturales. Los pozos sagrados irlandeses, anteriores a la llegada del cristianismo, se dice que son centros primitivos de adoración a los Misterios de la Tierra, y se recurría a ellos para practicar la adivinación y curar enfermedades. Aún hoy en día, estos pozos son objeto de muchas peregrinaciones espirituales.

Tradicionalmente, los peregrinos daban gracias al pozo sagrado por las riquezas que obtenían viviendo en la aldea y pedían a las sacerdotisas y hadas del pozo que los curaran de sus enfermedades. Si alguien dormía cerca de alguno de ellos, puede que hasta tuviera sueños premonitorios. En la mitología céltica, el pozo sagrado es considerado la fuente de la vida, indudablemente porque es el origen oculto del agua que mana de él, pero también por ser el umbral entre los mundos visible e invisible.

Lo que más me fascina de esta forma de adoración irlandesa es que estos lugares exteriores de adoración de la naturaleza también son considerados umbrales hacia las deidades protectoras del mundo oculto. Se creía que si uno de estos pozos quedaba abandonado, la aldea también corría el riesgo de perder no solo su fuente de vida material, sino su conexión con el Otro Mundo.

Aunque la mayoría no hemos sido educados en una mitología vitalista, creo que compartimos un *pozo de la abuela* del que manan incesantemente sabiduría, reflexiones y consejos para nuestra sanación, al cual podemos acceder desde nuestro bosque sagrado interior. Especialmente, en los tiempos de exilio, cuando hemos levado anclas y dejamos de recibir las señales del mundo exterior, tenemos la oportunidad de encontrar ese pozo interior y restaurar nuestra conexión con lo sagrado. Puede que lo encontremos medio tapado o que nos cueste llegar a él a través de las zarzas, pero todos nos enfrentamos a algún momento en que el pozo interior necesita cuidados: cuando ya no somos capaces de bendecir a los demás, porque hemos dado en exceso, cuando se nos ha arrebatado algo muy valioso o las exigencias de la vida se han vuelto demasiado duras para nuestro frágil sistema. Cuando ya no hay frescura en nuestra vida, y somos incapaces de ver la belleza o de conversar con la magia, hemos de preguntarnos cómo hemos de reponer nuestro bienestar.

Muchas veces, creemos erróneamente que el mundo exterior es nuestra fuente de vitalidad. Esperamos a que nos dé sus señales y permisos y nos olvidamos de venerar, pedir y recibir desde dentro. Inconscientemente, nos aterra alejarnos del mundo, pensamos que estamos «metiendo la cabeza bajo el ala», o que lo perderemos todo si no seguimos el ritmo. Pero lo cierto es que hay otro ritmo distinto que intenta dirigirnos desde dentro. Si redirigimos nuestra capacidad de respuesta, desde lo externo hacia el mundo interior, y permitimos que mengüe periódicamente nuestra eficacia en el exterior, nos daremos cuenta de que está al servicio de una manera más armoniosa de tratar a nuestro cuerpo físico y a nuestro cuerpo terrenal.

Para escuchar el ritmo de nuestro canto indígena y estar a la altura de la poesía del desarrollo, primero ha de haber una limpieza: un *temenos* de simplicidad donde podamos morar. *Temenos* es una palabra griega, que significa 'terreno que rodea a un templo o adyacente a él o a un recinto sagrado'. Encuentra un bosque sagrado de silencio donde puedas escuchar a la vez que anhelas ser escuchado, ver a la vez que anhelas ser visto, reconocer dónde anhelas ser relevante, necesitado y necesario a un tiempo. Sumérgete en tu propio alejamiento, y deja que la tristeza de tu decepción sea la humedad que bautice las semillas de tu potencial, para que al final puedan florecer.

Cuida de tu pozo interior sabiendo que tu obra forma parte de una misión mayor que pretende hallar la armonía, gracias a nuestra experiencia combinada. Es decir, nuestro bienestar individual es también el bienestar del conjunto. En vez de pensar que el mundo exterior es la «verdadera realidad», empiezas a darte cuenta, como bien sabían los celtas, de que la psique y la naturaleza no están separadas. Existe una conversación entre los mundos interno y externo, un dinamismo recíproco que se puede reforzar si cuidamos su igualdad.

Esta forma de pensar siendo conscientes de «como es arriba es abajo» es una de las grandes facultades que desarrollamos gracias al trabajo de interpretación de los sueños. Si lo hacemos bien, siempre habrá dos conversaciones paralelas simultáneamente: el proceso de individuación personal y el contexto en el que se realiza el trabajo del alma. Anteriormente, el trabajo de psicoterapia solo se centraba en la historia personal del individuo, pero, con el paso del tiempo, ha evolucionado hasta abarcar el contexto cultural. No se puede tratar la desesperación o la ansiedad de una persona sin tener en cuenta los valores, o la ausencia de ellos, en los que ha sido educada, como la pobreza, el racismo, el patriarcado y el capitalismo. Por otra parte, el trabajo que hacemos a nivel del Sí-mismo contribuye a nuestra evolución colectiva.

Al destronar a nuestros tiranos interiores estamos contribuyendo a la emancipación del poder de las personas en el mundo. Cuando compensamos nuestras carencias interiores, estamos ayudando a crear una cultura que valora y respalda a sus visionarios y marginados. Cuando destruimos la influencia del patriarcado interior, dejamos que se manifieste Eros en el mundo. Estamos haciendo un cambio de conciencia de dentro hacia fuera.

Cuidar del pozo interior reafirma nuestra devoción al profundo acuífero femenino que tanto necesita el mundo. Cuando reconocemos que somos un afluente de un río más grande, dejamos que las decisiones sean tomadas, habladas y creadas no por nosotros, sino *a través de* nosotros. Al cambiar nuestra respuesta hacia la llamada interior, en lugar de responder a la exterior, nuestra misión encuentra su nobleza porque está al servicio del conjunto.

Detrás de la cara visible de las cosas, hay un mundo que infunde vitalidad en nuestra vida. Es donde nacen los sueños, el taller de la imaginación, la fuente de la que surge toda creación y a la que han regresado todos nuestros antepasados. En cada momento de nuestra vida hemos de decidir alejarnos o acercarnos a nuestro parentesco con el misterio. Solo cuando somos capaces de luchar para mantener vivo el casi extinto lenguaje de la belleza y de la sensibilidad, tenemos la oportunidad de ser necesarios para los temas urgentes de nuestro tiempo.

Ocho

Caminar por la jungla de la creatividad

*T*odos tenemos un instinto salvaje. Una forma de caminar, un conjunto de lugares, una tendencia, un impulso intermitente que silenciosamente nos hace avanzar. Como un elefante que busca agua en un desierto en el que no ha estado nunca, o un pájaro que alza el vuelo después de la muda, todos tenemos este instinto. Nuestro animal interior sabe lo que sabe y es el origen de toda manifestación de creatividad.

El instinto es esa faceta que todos tenemos, como tienen todos los animales, que no necesita pensar para saber qué ha de hacer y cuándo ha de hacerlo, cómo ha de responder, por qué camino ir. Como el salmón, que nada cientos de kilómetros por el río hasta llegar al lugar donde nació, todos tenemos impulsos innatos que no necesitan de la ayuda del pensamiento. El instinto es nuestra «capacidad de respuesta correcta» que nos guía hacia nuestros síes y nos aleja de nuestros noes.

Nuestra medicina del alma para el mundo fluye a través de esta naturaleza instintiva. Sin embargo, esta naturaleza salvaje interior ha sido tan sometida y explotada en muchos de nosotros por sus recursos que apenas podemos reconocer su llamada. Pero del mismo modo que un terreno puede volver a ser silvestre si se deja un tiempo *en reposo*, nosotros también podemos volver a asilvestrar nuestra psique interrumpiendo su «autodesarrollo» y permitiendo que el misterio obre sobre nosotros.

En el caso de los supervivientes de abusos o negligencias, su relación con la vida instintiva puede estar especialmente deteriorada. El instinto se estropea cuando nuestras respuestas son sistemáticamente invalidadas, desestimadas o ignoradas, normalmente por adultos que también tienen dañado su instinto. Por ejemplo, puede que hayas sido criticado porque los demás han considerado que tu reacción ha sido exagerada, cuando en realidad tu respuesta era la adecuada, o quizás te han dicho que te callaras cuando sabías que tenías que hablar. Tal vez has tenido que ocuparte de las necesidades de otros antes que de las tuyas. Sea cual sea la forma en que se produjera la herida en tu instinto, con el tiempo, los resultados son los mismos: la sensación de desconfianza en tus propias respuestas, las dudas sobre la validez de tus sentimientos y el hecho de anteponer la información de otro a la tuya.

Un día vino a mi consulta Marika, una mujer a la que no conocía, pero cuya intuición le decía que tenía que trabajar con sus sueños, a pesar de que tan solo recordaba unos fragmentos. El sueño era breve y casi estaba a punto de no hacerle caso, pero la imagen era tan potente que la animé a profundizar en él.

Caballo con los ojos vendados: sueño de Marika
Sueño que hay un caballo negro con los ojos vendados que ha sido golpeado. El caballo se mueve nerviosamente en un espacio demasiado pequeño. Intento quitarle la venda de los ojos.

Lo primero que le pregunté a Marika es si alguna vez se había relacionado con un caballo. Enseguida, recordó que de pequeña había tenido uno negro, como el del sueño, durante un breve periodo de tiempo. Me contó que era un caballo salvaje, que no confiaba en nadie y que ella era la única que podía montarlo. Tenían una relación muy especial, ella lo describió como un espíritu vivaz y expresivo. Otros, especialmente su padre, no sabían comunicarse con él. Un día, oyó a sus padres negociar con un hombre en la cocina, que estaba en la planta baja, y antes de que pudiera darse cuenta, se llevó a su caballo y nunca más volvió a verlo.

Esta historia quedó flotando en el aire, porque fue un punto de inflexión en su vida. Al analizar la relación con su padre, descubrimos que cuando era niña, también tenía un temperamento salvaje y expresivo, y a menudo era reprendida. Le pregunté cómo creía que se sentía el caballo con los ojos vendados, y me respondió que la vista era una parte muy importante de su instinto. Sin ella, se sentía ansioso y sobrecargado de energía reprimida.

Le pregunté si podía relacionar esta sensación del sueño con alguna similar en su vida actual en estado de vigilia y, enseguida, encontró la conexión. Me habló de que trabajaba en una empresa en la que podría decirse que estaba de incógnito, porque había tenido que reprimir su creatividad por completo. Asoció esta situación con la que vivió en su infancia, porque entonces tuvo que aprender a reservarse sus opiniones para ella, a evitar hablar sobre las cosas «raras» que le interesaban, y al final, aprendió a vivir en la falsa pertenencia. Por supuesto, tuvo que pagar un precio: padecía agotadores brotes de ansiedad. El sueño parecía estar conduciéndonos hacia el origen de ese sufrimiento, que era la extinción de su instinto expresivo. Como el caballo negro, estaba en un espacio demasiado pequeño para ella, y no podía ver cómo le estaba afectando esa situación.

Nadie te ha enseñado a protegerte de las cosas o de las personas que pueden hacerte daño, pero al igual que Marika, te han enseñado a desconfiar de tus sentimientos, límites y reacciones. Si te acostumbras a no escuchar tus respuestas, a medida que te vas haciendo mayor, vas dejando de reconocer lo que son intrusiones y violaciones. Con el tiempo, puede que hayas dejado de reaccionar a las malas conductas, si te han enseñado que lo más importante es acomodarte a todo. Puede que hayas estado recriminándote, durante años, haber dicho o hecho algo.

Pero el resultado directo de nuestra cultura de desconexión es que cada vez es más común tener el instinto herido. Cuanto más vivamos en la realidad virtual, donde nuestra conexión con los demás sea a través de la tecnología, y más obedezcamos a una forma de vida que gire en torno al ser humano, menos comunicación habrá entre nosotros, con nuestro cuerpo y con la naturaleza que nos rodea. A medida que vamos perdiendo el contacto con el mundo físico, nuestros impulsos para satisfacer necesidades tan básicas, como el hambre, la sed y el tacto, son desatendidos durante largos periodos de tiempo, lo cual suele provocar angustia mental y enfermedades físicas.

Aunque un instinto herido puede afectar gravemente a nuestra vida personal, en el aspecto colectivo, nuestra desconexión de la vida no humana que nos rodea puede ser devastadora para nuestro medioambiente. La mayoría de nosotros soporta algún sufrimiento o trauma por las consecuencias de esta desconexión con la naturaleza, pero pocos sabemos qué hacer al respecto.

Creo que nos sobra creatividad para resolver los problemas de nuestros tiempos, pero para recuperarla hemos de emprender una peligrosa caminata por nuestra jungla interior.

Hay un estado de jungla virgen en el interior de cada persona, la *indigeneidad*, que jamás podrá ser domesticado. Es un territorio sin fronteras, que trasciende la personalidad y los convencionalismos, incluso el pensamiento, que es donde surge la creatividad pura. Como en el canto característico de un ave tropical, en el crecimiento del árbol del madroño, en el aroma vespertino del jazmín, en el interior de cada uno de nosotros, hay una esencia que quiere darse a conocer. Pocos son los que emprenden este viaje hacia la jungla creativa, porque el camino requiere mucha vulnerabilidad. Para descubrir nuestra verdadera originalidad, hemos de deshacernos de las capas de insensibilidad que usamos para proteger nuestro corazón.

En mi práctica profesional trabajo con muchas personas del campo de la medicina, que han mandado al exilio sus dones de soñar, de videncia y de creatividad. Estos dones, normalmente, se forjan en el vientre del trauma, para después permanecer ocultos, porque el mundo les parece demasiado hostil para usarlos abiertamente. El problema de proteger nuestra sensibilidad es que corremos el riesgo de anestesiar toda nuestra gama de sentimientos.

Cuando somos enviados al exilio, de pronto, nos inunda el trabajo atrasado de los sentimientos que no nos hemos atrevido a sentir. Por eso, puede parecer que una decepción se une a todas las demás que has sentido antes, formando una montaña infranqueable de aflicción. Y aunque lo único que deseemos sea alejarnos de ella, creo que se nos está ofreciendo la oportunidad, a través del hueco que deja el sufrimiento, de rehabilitar la relación con nuestra creatividad instintiva. En el exilio, lejos de las bocas hambrientas y de las manos inquietas que reclaman nuestra atención en nuestra vida, tenemos la oportunidad de volver a conversar con nuestro yo salvaje.

Brian, un emprendedor que se hallaba en un momento crítico de su carrera, vino a verme porque había empezado a padecer graves problemas de salud. Al poco rato me di cuenta de que, después de haber estado varios años intentando que su negocio despegara, había acumulado mucho estrés. Ahora que, por fin, había conseguido lanzar su proyecto al mundo, tenía una agotadora agenda para comercializarlo en los meses siguientes. Puesto que su trabajo estaba teniendo una gran acogida, hablamos de la procedencia de ese impulso de seguir esforzándose tanto. Brian reconoció que una parte de él consideraba que nunca daba lo suficiente, incluso a expensas de su propia salud. A medida que fuimos profundizando en nuestro análisis, reconoció que durante toda su vida le había faltado el apoyo de los demás y que siempre había tenido que hacerlo todo solo. En cuanto se dio cuenta de eso brotaron lágrimas de sus ojos. Le sugerí que, tal vez, podía renunciar a esa parte de su plan y confiar en que algo más grande que él llevaría adelante el proyecto. Aunque se alarmó ante la idea de abandonar su complicada estrategia, todo su cuerpo se relajó al oírla. Esa noche tuvo el siguiente sueño:

Abrir las compuertas: sueño de Brian

Sueño que estoy en un gran evento, que tiene lugar al aire libre, para conmemorar la decisión de eliminar una presa muy antigua. Cuando llega el momento, los funcionarios abren la presa y fluye una corriente de agua fresca por el canal. Aves exóticas de gran tamaño, como garzas y pelícanos, se han congregado en la boca del río para pescar los peces que, anteriormente, eran inaccesibles, y que ahora nadan por estas aguas. Estoy de pie en el agua junto a un amigo, nos quedamos maravillados ¡al ver crías de orca nadando a nuestro lado!

Cuando le pregunté a Brian qué pensaba de la presa, me dijo que las presas se usan para «aprovechar el agua salvaje para hacer electricidad». De pronto, se le encendió la bombilla y se dio cuenta de que sus propias ansias de poder estaban saboteando su bienestar. Pero en el instante en que decidió acabar con esa forma rígida de pensar y entregó sus ambiciones a la fuerza salvaje de la naturaleza, sintió que la vida fluía a través de él. Al final, vio que había mucha ayuda intentando llegar hasta él. Como la garza, que es una experta en esperar a que llegue el pez, el sueño parecía querer decirle que había mucho más potencial en dejar que las cosas sigan su propio curso. Ahora que ya había hecho todo el trabajo duro, tenía que aprender a seguir sus instintos, escuchar su cuerpo y dejarse llevar por las corrientes subterráneas.

En la costa este de Canadá, las escasas comunidades de orcas están en peligro, por la intrusión del tráfico de grandes petroleros por el mar de Salish. No solo el atronador ruido de los barcos desorienta a las orcas y les hace perder su habilidad para alimentarse mediante la ecolocalización, sino que los vertidos de crudo causan estragos en su hábitat. Por todas estas razones, las crías de orca del sueño de Brian son muy alentadoras. Es como si algo sagrado hubiera cobrado vida con su nueva actitud. Quizás hasta podríamos decir que la naturaleza está de acuerdo con el nuevo enfoque más salvaje de Brian. Un detalle curioso que se debe tener en cuenta es que las orcas son medio blancas y medio negras, cómo el símbolo del yin y el yang. Tal vez haya otra pista en este sueño, que le podría estar indicando que ha de equilibrar su aspecto activo con una mayor receptividad.

La mayoría de las personas toman el camino más trillado, pero solo viven media vida. Aquellos que estén dispuestos a adentrarse en el camino desconocido, en el bosque oscuro, experimentarán un regreso al amor, a la magia y al propósito. Bajo tu piel se esconde una mujer salvaje que solo aspira a bailar hasta que le duelan los pies, a cantar su hermoso dolor hasta no poder más y a ofrecer el pozo sin fondo de su creatividad como forma de vida. Y si puedes cantar desde la herida que tanto te has empeñado en ocultar, no solo dará sentido a tu propia historia, sino que se convertirá en la voz que corroborará la existencia de otros que tienen la misma herida.

Hay muchas prácticas que pueden estimular nuestra reconexión con nuestro yo instintivo. Todo lo que implique estar en contacto con la naturaleza, como cavar en la tierra, pasear por el bosque, aprender habilidades ancestrales, comer alimentos que hemos cultivado nosotros mismos y estar con animales salvajes, puede servirnos para volver a nuestro cuerpo animal. Bailar y los juegos físicos están especialmente indicados para recordar formas agradables de estar en nuestro cuerpo, que tantas veces tratamos de manera utilitarista, como si fuera una máquina. Lo mismo sucede cuando jugamos con el arte, no para crear arte, sino para disfrutar de los colores y de las texturas, y dar forma a nuestros sentimientos.

Mi forma favorita de entrar en la jungla de los instintos es a través de los sueños. Lo primero que necesitamos en la terapia de interpretación de los sueños es un sueño. En este acto, que es de todo menos pasivo, la receptividad es el principio femenino principal que invita a que aparezca el misterio. En los sueños, la misteriosa y salvaje Otra ha de ser cortejada en las condiciones correctas: ha de ser persuadida de salir de su *descanso metafórico* con un suave arrullo, una atención indirecta y una quietud constante. Con suerte, podrás vislumbrar sus radiantes plumas, su mirada penetrante, su brillante abrigo, y te darás cuenta de que te ha estado observando todo el tiempo, a la espera de que te callaras y tuvieras el valor de recordarla.

Cuando sueñas con un animal salvaje, estás conectando con esa parte de ti que no puede ser domesticada. El corazón animal vive de acuerdo con un antiguo conjunto de leyes. No le interesa la política ni la amabilidad y nunca toma más de lo que debe. Te recuerda tu nobleza, tu magnificencia física y el poder del instinto inconsciente de sí mismo.

El corazón animal está más allá de la lógica, por debajo de la razón, detrás de la armadura de la objetividad. Ha vivido más de lo que nadie puede recordar, porque nosotros nacimos de su vientre. Debido a nuestra visión parcial, nos olvidamos y renegamos de ella, construimos plataformas sobre lo que pensamos que era su tumba. Pero ella no está muerta en absoluto. Está oculta, no por timidez, sino porque es sabia. Y si sale a saludarte, sabe que es porque has sido merecedor de que se te acerque.

Los animales que aparecen en nuestros sueños son los guardianes de nuestros sentimientos. El sentimiento es mucho más que *afecto*, es la capacidad general del organismo humano de experimentar el mundo. Cuanto más sentimos, mayor es nuestra sensibilidad para con el mundo que nos rodea. Si estamos anulando nuestros instintos, puede que los animales que aparezcan en nuestros sueños estén heridos, hambrientos o descuidados. Como a un perro o a un gato a los que se nos ha olvidado alimentar durante un tiempo, hemos de pensar que una parte de nosotros anhela ese mismo afecto que sentimos hacia nuestra familia. Esto es para enseñarnos a tener compasión y respeto por nuestro cuerpo y nuestro corazón animal.

Dejar que se acerque el misterio

Uno de los mayores retos de la interpretación de los sueños es dejar que el misterio actúe en nosotros. En esta era en que las preguntas se responden al instante, queda muy poco para la imaginación. Lo sacamos todo de contexto e intentamos analizarlo. Influidos como estamos por la gran búsqueda científica de separar las cosas para conocer su mecánica, nos preguntamos: «Sí, pero ¿qué *significa*?». Como si se pudiera hacer un balance final de un sueño. Pero lo cierto es que la definición *grosso modo* ni nos conmueve ni nos hace cambiar. Lo que realmente queremos es una relación, un diálogo, una conversación con ese lugar en nuestro interior, que básicamente siempre conserva su misterio.

En vez de responder a todo, es importante recordar que hay ciertas preguntas que hemos de saber apreciar. Existe una alquimia compleja en la interpretación de los sueños que se fragua en nuestro desconocimiento, que es esencial para ser merecedores de una revelación onírica. Como dice la doctora Clarissa Pinkola Estés, están los que se referían al creador de los sueños como la «Madre Acertijo»,[1] porque cuando te llevas tu pregunta a la cama, ella te responde con un acertijo. Como en cualquier buen cuento de hadas, la labor no es encontrar un destino, sino dejar que la búsqueda te moldee en el tipo de persona que sabe adónde va.

Si no estás satisfecho con los diccionarios de sueños, que reducen tus símbolos a un significado distinto del que en realidad tienen (como «si sueñas con mariposas significa un nuevo comienzo»), es porque tu misterio vivo está siendo cosificado.

Aunque es verdad que existen los símbolos universales, incluso estos varían mucho según la persona que los sueña. Es más apasionante pensar en nuestros símbolos como seres vivos, que respiran y que han elegido venir a visitarnos. Como dice James Hillman: «Del mismo modo que el zorro que veo en el bosque no es mío por haberlo visto, el que veo en el sueño tampoco lo es porque lo haya soñado».[2]

Una gran parte del trabajo de los sueños y de la pertenencia se basa en ser hospitalarios con el misterio. La hospitalidad es el arte de preparar un espacio en nuestro hogar para alguien que ha de venir. En vez de forzar la expectativa de que se cumplan nuestras necesidades, cortejamos aquello por lo que sentimos curiosidad o aquello que admiramos. Hagamos que nuestra vida sea fascinante. Mantengámonos a una distancia respetable e invitémonos a nosotros mismos, para que nuestro salvaje interior decida venir a visitarnos. Recordemos lo misterioso desconocido, incluso aunque no obtengamos respuesta. Sigamos regresando a ese incómodo silencio y dejémonos moldear por nuestro anhelo de respuestas.

Quizás te baste con girar con las manos un símbolo de un sueño y mirarlo de varias formas distintas, caminar con él durante el día, anotar un poema en un diario o compartirlo con un buen amigo, para entender por qué se ha acercado a ti. Quizás sea un animal que viene a recordarte el poder que has ido perdiendo, o quizás se trate de un tirano que te está ayudando a que aprendas a decir «no». Pero dado que te relacionas con cada uno de los visitantes de tus sueños, observa los paralelismos en tu estado de vigilia, en los que también te sientes impedido por la anulación, la crítica y la restricción, o cobras vida con aquello que te llena de energía. Comprender los matices de tu cultura interior refuerza tu respuesta instintiva. Aprendes a confiar en que, aunque estés perfeccionando la habilidad de expresarlos con gracia, tus sentimientos tienen una inteligencia que vale la pena seguir. Y a medida que tus instintos se vuelven más fuertes y claros, tu creatividad empieza a cooperar, como un río que no tiene presas.

La originalidad creativa

Creatividad es una de esas palabras que asustan, igual que *artista*, *músico*, *escritor*, etcétera, y que hemos estipulado que signifique algo enrarecido e inalcanzable. Nos consideramos «una persona creativa» o no, como si fuera una cualidad otorgada a unos pocos elegidos. Pero si descolonizamos la palabra y la devolvemos a sus orígenes, descubriremos el término latino *crescere*, que significa 'avanzar', 'brotar', 'crecer', 'medrar', 'inflarse'. La creatividad, como la luna creciente, es el impulso vivo que hay en el interior de todo ser humano y que se reinicia constantemente.

Tanto si estamos inventando una nueva receta, combinando prendas de ropa o, simplemente, tratando de ver las cosas de otra manera, nos vemos impulsados a recrear nuestro mundo una y otra vez. Cuando las cosas se quedan demasiado estancadas o se vuelven demasiado cómodas, empezamos a estar inquietos y furiosos. Nuestra vitalidad está inseparablemente unida a la creatividad. El instinto de crear es lo que hace que la vida fluya por nuestras venas. Como escribió Khalil Gibran sobre los árboles de un huerto: «Dan para vivir, pues retener es perecer».[3]

En nuestra infancia, estos impulsos son fuertes e innatos. Nos lanzamos sin pensar hacia aquello que nos fascina, y ¡expresamos en voz alta nuestra disconformidad cuando algo no nos gusta! También podemos pasar horas, de la mañana a la noche, jugando a «hacer ver», creando algo de la nada. A esa edad tenemos una relación clara y fluida con nuestra imaginación. Cautivados por lo que nos fascina, la creatividad todavía no es algo que *hacemos*, sino que fluye constantemente a través de nosotros. La creatividad es nuestro instinto de descubrir y expresar nuevas perspectivas. Y estos animales-idea no proceden de la mente, ni de un conjunto de habilidades bien desarrolladas: proceden de lo inconsciente.

Ya sea a través de los sueños o de un «lapso» de tiempo en nuestra agenda, la creatividad es algo que surge naturalmente en nosotros, cuando le concedemos el espacio que necesita. «Hace falta mucho tiempo para ser un genio –escribió Gertrude Stein–; has de sentarte por ahí muchas veces sin hacer nada, nada de nada».[4]

Desde esta perspectiva, la originalidad no es algo que inventas, sino que son tus orígenes expresándose a través de ti. Con orígenes me refiero al pozo de la abuela del que bebemos todos los seres humanos. Aquello que nos sueña. Puedes llamarlo Dios, naturaleza, fuente, instinto, pero sea cual sea la palabra que uses, es un acto de gran desarrollo que tiene lugar a través de nosotros.

La originalidad se convierte en la práctica de liberar lo que ya está allí. Este trabajo es esencial para la pertenencia, porque tu ofrenda creativa es como una señal sagrada para todos los que tienen una firma vibratoria similar. Al oír o ver lo que has creado, sentirán la copertenencia contigo y, en este acto de ser encontrado, tú sentirás lo mismo.

Muchas personas, a pesar de que su impulso creativo es fuerte, se quedan atrapadas en la ciénaga de la descalificación, antes incluso de abandonar la puerta.

La Madre Muerte siempre nos está sermoneando con acusaciones como: «Tu ofrenda no es lo bastante buena. Otros lo han hecho antes y mejor que tú, así que no te molestes en intentarlo». Incapaces de atravesar la densidad de esos bloques de perfeccionismo y comparación, puede que volvamos a desaparecer de la superficie, y que nuestro anhelo divino de entonar nuestro cántico dentro del gran canto sea silenciado.

El perfeccionismo y la comparación

El perfeccionismo es uno de los grandes pilares del patriarcado, que se ha utilizado para cortar de raíz el surgimiento de lo femenino salvaje. Como hemos visto en el sueño de Tziporah, es un nivel imposible que, cuando nos esforzamos por conseguirlo, garantiza nuestro fracaso, porque en última instancia, es inalcanzable. La perfección es una falsificación de la belleza que, a medida que refuerces tus instintos, se volverá más disonante, a pesar de su seductora apariencia.

La verdadera belleza siempre contiene una deliciosa pizca de caos. Posee una cualidad salvaje e impredecible que siempre nos sorprende. El perfeccionismo intenta acabar con esa cualidad persiguiendo una impecabilidad que despoja al objeto de su espontaneidad. Si nos dejamos seducir por él, puede asfixiar la vida que encierra nuestra ofrenda y convertirla en homogénea y agradable. Tuve este sueño cuando estaba aprendiendo a discernir entre la belleza superficial y la verdadera esencia:

Chocolates florales: sueño de Toko-pa

Sueño con chocolates a los que se les ha dado la hermosa forma de ramo de flores. Me apetece mucho comérmelos, pero me echo atrás cuando pienso que son demasiado dulces y que sabrán a flores. Sé que me arrepentiré si lo hago.

Recibí este sueño después de haber comparado mi música desfavorablemente con la de una cantante que conozco que tiene una perfecta voz de soprano. El tipo de música que ella hace es bonita y accesible, mientras que la mía es gutural y, para bien o para mal, muchas veces ha sido considerada «única». Mientras mi amiga ha ganado premios y vendido discos, a mí siguen rechazándome para hacer bolos y grabar. Con el tiempo, empecé a creer que, si no era capaz de aprender a hacer una música más bella, nunca tendría éxito. El día antes de tener este sueño, había estado escuchando una pista que había grabado mi amiga: era perfecta en todos los aspectos. Sin embargo, si he de ser sincera, jamás compraría un álbum como ese, porque los artistas que admiro son bichos raros «únicos» como yo. De hecho, la era musical que más me gusta es la analógica, llena de «errores» maravillosos.

Los chocolates de mi sueño son un símbolo del estridente tipo de belleza que estoy ingiriendo con esa corriente musical tan monótona. El sueño me estaba advirtiendo de que si me dejaba llevar por esa cualidad «empalagosamente dulce», terminaría lamentándolo. En cierto modo me estaba dejando seducir por la perfección de ese género, que siempre recibe elogios y se oye en la radio, pero lo cierto es que la creatividad para mí, al igual que el chocolate, tenía que ser una mezcla de negro y dulce, con una buena dosis de amargura.

Esta cualidad agridulce es lo que los españoles llaman *duende*. Un duende es como un *goblin** o un *daimon*** oscuro, que posee al artista en un momento de sinceridad magnética y pura. El artista, como dijo el poeta Federico García Lorca: «Se tuvo que empobrecer de facultades y de seguridades; es decir, tuvo que alejar a su musa y quedarse desamparado, que su duende viniera y se dignara a luchar a brazo partido».[5]

Psicológicamente, no existe la perfección. En los sueños, nos damos cuenta de que en cuanto hemos limpiado y ordenado perfectamente una habitación, entra alguien y deja pisadas, o aparece una rata y empieza a arañar el parqué de la cocina. Es decir, en el momento en que creemos que hemos conseguido algo –o que ya hemos hecho suficiente trabajo personal y que hemos superado el sufrimiento, el dolor o las sombras–, la oscuridad llamará a nuestra puerta. La naturaleza siempre reclamará lo que está demasiado alto y lo bajará a la tierra.

En algunas tradiciones estéticas, como el concepto japonés de *wabi-sabi*, los artistas se desviarán de su destreza para incluir un fallo en una creación demasiado perfecta. El autor Richard Powell explica: «[W]abi-sabi fomenta todo lo que es auténtico reconociendo tres simples realidades: nada es eterno, nada está terminado y nada es perfecto. Esta visión budista es perfectamente respetuosa con la oscuridad y la sabiduría que puede aportar a nuestra creatividad, vida y relaciones».[6]

---

* Monstruo popular del folclore europeo; suele tener poderes mágicos. (Nota de la T.)

** Concepto de la mitología griega que varía de significado según el contexto; podía ser la fortuna, un genio protector, un guía. (Nota de la T.)

Nick Cave añadió: «Todas las canciones de amor han de tener duende. Pues una canción de amor nunca es verdaderamente alegre. Primero ha de incluir el potencial de sufrir. Las canciones que hablan de amor sin que en sus líneas se mencione un dolor o un suspiro no son canciones de amor sino *canciones de odio* disfrazadas de canciones de amor y no son de confianza. Estas canciones niegan nuestra humanidad y el derecho que Dios nos ha dado de estar tristes, y las ondas radiofónicas están infestadas de ellas».[7]

Cuando empieces a bailar con una dosis segura de caos, presta atención a cualquier influencia en tu entorno que intente apagar o juzgar tu entusiasmo. Sin este último, quedarías anestesiado para la vida. Cualquiera que te exija que te empequeñezcas de este modo es porque también está en peligro y puede que haya contraído esta insidiosa y letal enfermedad de la monotonía. El entusiasmo es la vitalidad del espíritu expresándose a través de nosotros, y su gracia ha de ser aceptada y reconocida en nuestra voz. Esta palabra se acuñó a principios del siglo XVII, procedente del término griego *enthousiasmos*, que significa 'poseído por Dios'. Ahora, más que nunca, el mundo necesita tu expansión, tu singularidad, tus apasionados brotes de rebeldía contra el aburrimiento.

Si la creatividad está haciendo bien su trabajo, debería sangrar por nosotros y, en ese sangrado, permitirnos conectar con el dolor de nuestras propias heridas. Del mismo modo, nuestra propia creatividad debería inspirarse en la sabiduría de nuestras heridas, si quiere llegar a otros de maneras significativas. Mientras no estemos dispuestos a superar nuestros propios límites, no extraeremos la creatividad desde su verdadera fuente, solo estaremos imitando lo que han hecho otros antes que nosotros. La imitación no es mala en sí misma. De hecho, para muchas personas puede ser una manera excelente de intentar surcar las aguas de la creatividad. Pero si nos quedamos mucho tiempo en ella, puede fomentar que nos comparemos habitualmente con los demás. La razón es que no estamos conectando con el verdadero origen de nuestra creatividad, así que nuestros pilares serán externos, en lugar de internos.

Realmente creo que algo de comparación no solo es importante, sino necesaria para hallar tu voz original y alcanzar la plenitud. Compararnos con otra persona es un impulso vital orgánico para el desarrollo de la individualidad. En nuestra admiración por otro, encontramos las cualidades no desarrolladas que todavía hemos de descubrir, mientras que en nuestro saludable desdeño, conocemos nuestros rechazos. La proyección tiene mala fama, porque la gente la usa casi como una acusación, alegando que cuando admiramos a alguien o nos desagrada, no es más que un reflejo de nuestra sombra no integrada. Pero la proyección es la primera etapa y el prerrequisito para la integración. Como escribió el amado maestro de Rumi, Shams de Tabriz: «No podemos hallar la verdad escuchando solo el eco de nuestra propia voz. Solo podemos encontrarnos en el espejo de otro».

La siguiente responsabilidad de la comparación es retirar esas proyecciones y empezar a cultivar las cualidades del admirado en nosotros mismos. Llega un momento en que la falsedad de una voz prestada es vencida por el deseo de un canto sincero. El perfeccionismo y la imitación son intentos reales de mantener lo desconocido a distancia. Para adentrarnos en los verdaderos orígenes de la creatividad, hemos de estar dispuestos a encontrarnos realmente con lo desconocido.

Para empezar hemos de atravesar una oscura niebla. Me gusta imaginar esa niebla como si fuera una cortina que ensombrece el exterior y hace que nos giremos hacia nosotros mismos. Como el cuenco que todavía está por llenar, a la creatividad vibrante de potencial la precede un vacío. Si la contemplamos con los ojos físicos, es fácil confundir este vacío con estancamiento. Puede que pienses: «¡No tengo nada sustancial que ofrecer! ¡No tengo ideas originales!». Pero en el fondo, en la base invisible de las cosas, se está interpretando una danza sagrada. Aunque puede que deseemos huir de la tensión, las polaridades están en constante movimiento, preparándose para la armonía. Lejos de estar dormida, esta danza es la *receptividad activa* que invita a las cosas a que adopten forma. Nosotros somos ese recipiente. Estos momentos de «nadeidad», en realidad, son fases de mucha actividad en las que se está forjando una nueva habilidad.

La originalidad llega cuando permanecemos cerca de ese vacío, lo convertimos en un lugar amigo, lo adornamos con nuestro anhelo divino, descubrimos su forma y lo llenamos con nuestras preguntas. Todos los grandes artistas que conozco están obsesionados con alguna pregunta, y su obra, más que ser un intento de responder a la misma, es una exaltación de esta. Jean Cocteau dice: «El poeta no inventa. Escucha».[8]

Las habilidades que no usas durante el día cobran vida a la luz de la luna y de las estrellas. Como los gatos y los búhos, puede que descubras la habilidad de navegar por la oscuridad con una visión diferente. Existe un conocimiento profundo que reside en nuestros huesos, vísceras y la propia tierra. Como la sabiduría de la diosa gnóstica Sofía, este conocimiento interior es lo que ilumina el camino, aunque al principio su luz sea tenue y lejana. Si puedes acariciar el estimulante aspecto del miedo, estarás acariciando tu instinto. El magnetismo místico de tu sentimiento empieza a mostrar el camino. Puedes notar la densidad de los objetos que te rodean, oír cantar a las piedras y saber cuándo va a llegar algo, antes de que haya partido para salir a tu encuentro. Cuando descubres esta forma de moverte en la oscuridad, dejas de ser un seguidor para convertirte en un guía del camino.

Se necesitan más guías del camino que hayan penetrado en la niebla de su propia incertidumbre para encontrar algo verdadero. Algo humano y trágico, y hermosamente perdido, algo pequeño, pero sumamente cierto. Como cuando colocas las manos alrededor de la diminuta llama de una vela, si puedes proteger las brasas incipientes de los duros vientos de tu desdén, estas podrán llegar a convertirse en una verdadera hoguera en tu corazón. Ese fuego se transforma en un faro que servirá de guía a los otros navegantes. No para imitarlo, sino para emular su bravura, que habrá quedado impregnada en tu obra, como si fuera una firma vibratoria. Paradójicamente, no hay nada nuevo en la eternidad, pero lo que sí *es* nuevo es tu encuentro alquímico con ella.

La firma vibratoria

Hay un campo energético o firma vibratoria en cada acto creativo. Aunque sea difícil de percibir, es como el viento que sopla por un valle, que está presente en todo lo que hacemos. Aunque nuestras creaciones adopten multitud de formas, es lo primero que sienten los demás.

Craig, mi pareja, es un maestro de la fabricación de flautas, y aunque sus creaciones son increíblemente hermosas de escuchar y contemplar, muchas veces cuando los clientes reciben una de sus flautas se sorprenden ante la dulzura del instrumento. Puesto que es un hombre comprometido con vivir desde el corazón, todos y cada uno de los instrumentos que crea y supervisa tienen su sello de amabilidad.

En la misma medida que buscamos nuestro propósito y ocupación en el mundo, hemos de velar por saber en *quién* nos estamos convirtiendo. La firma vibratoria que se oculta detrás de nuestra obra es lo que más impacta. Así pues, el verdadero arte es una especie de pregunta abierta a las necesidades del Sí-mismo más grande: «¿Cómo puedo servirte? ¿Te sientes comprendido? ¿Qué es lo que te apasiona? ¿Cuáles son las condiciones necesarias para que puedas expresarte y tengas bienestar?».

Aunque estas preguntas puedan parecernos demasiado egocéntricas, en realidad, nos conducen a nuestra naturaleza superior, que está al servicio de la tendencia más amplia del todo. Las preguntas ingeniosas como estas van más allá de nuestras preocupaciones cotidianas superficiales y nos conducen a una búsqueda más profunda en el mundo, que tiene lugar en el código de nuestra alma.

Siempre que cuidemos del bienestar del Ser, el propósito se convierte en algo tan sencillo como el florecimiento en todas las etapas: desde la latencia hasta la emergencia; el lento y casi imperceptible desarrollo, y por último, el llamativo color de tu verdad.

No te equivoques, este templo de la originalidad no te pertenece en exclusiva, es algo que estamos construyendo juntos. Al fin y al cabo, todos compartimos el mismo origen, y, un día, regresaremos a él, como lo han hecho nuestros antepasados. Entretanto, la creatividad es esencial para la pertenencia, porque es una forma de reconocernos los unos a los otros. Estamos a la espera de que esa pulsación de originalidad se manifieste a través de nosotros, para darle la forma inigualable que surgirá de nuestro particular encuentro. Y al mismo tiempo que embellecemos nuestros orígenes, encontramos redes de personas como nosotros, que suman sus voces a algo que todos tratamos hacer realidad.

Como extensiones de la naturaleza, necesitamos nuestras diferencias para prosperar. Unas personas serán el fuego de la inspiración que necesitas para acercarte a tus límites, y otras te buscarán a ti para que les des ese empujón. La originalidad necesita muchos emisarios, con distintas voces, para divulgar su mensaje. Como sucede en un coro, todas las voces son necesarias para crear una ola gigante. Con esto presente, podemos recordar que la creatividad es, en realidad, un acto de devoción hacia lo que nos está creando.

Nuestra voz indígena no se avergüenza por ser devocional. Es un antiguo canto que emana de nuestra gratitud y que se alza para que las estrellas permanezcan en el cielo y las estaciones sigan sucediéndose. Canta para que la luna continúe saliendo formando su arcoíris lunar y que el sol nos regale su calor sanador. Se reconoce necesaria: una nota esencial en el gran coro de la existencia.

Te ofrezco la siguiente invocación que escribí en honor a Sedna, la Madre del Mar de los inuit, que una vez fue huérfana, pero acabó convirtiéndose en la poderosa diosa que gobierna sobre toda forma de vida marina. Del mismo modo que el agua es la fuente de la vida, ella también es nuestra madre.

La firma de Sedna

Gran Madre del Océano, te invito a que bendigas mis costas.
Me quedo inmóvil como la arena,
que conoce la paciencia de milenios,
después de haber sido triturada hasta mis partes esenciales,
espero mi turno al borde de lo conocido,
para que puedas empaparme con tu gigantesca ola.
No deseo otra cosa que ser desplazada por tu poder,
Quizás, incluso, conducida a tus profundidades,
para tener la oportunidad de vislumbrar tu vida submarina.
Que sea poseída por ti, aunque solo sea un momento,
para conocer la ausencia de gravedad
y participar en tus ritmos y contracciones.
Que mi cuerpo sea para lo que fue creado:
una expresión de tu gracia.
Y que los pequeños senderos que creo con esta poesía,
las canciones y las amistades que formo,
las migraciones y el pequeño oleaje que ocasiono en el mundo
tengan todos algo de tu firma.
Que esa parte de ti que me ha alcanzado
siga multiplicándose en tus impresionantes cifras
hasta que logres sobrecogernos a todos
al contemplar tu inmensidad en nuestro interior.

Nueve

Los huéspedes oscuros

No puedo hablar de la creatividad sin explorar su opuesto oscuro, la mano destructora de la naturaleza. Para que se produzca un movimiento de conciencia, se ha de romper la integridad de la pertenencia. La fuerza que nos condena al exilio conlleva una destrucción al servicio de una reconstrucción más elegante. Esta dinámica es el umbral donde tiene lugar la pertenencia, entre lo que ya tenemos y aceptamos en nuestra vida y lo que nos parece distante o «ajeno» a nosotros.

Los sueños nos invitan a que habitemos más en nuestros sentimientos, que es como decir *pertenecer* a nuestra experiencia en toda su magnitud. Esto puede ser muy difícil de conseguir si nuestros sueños están cargados de ansiedad, miedo y tristeza, porque en nuestra cultura moderna se nos ha enseñado que hemos de alejarnos de las emociones difíciles. Se nos dice que esas emociones son una aberración y que hemos de medicarnos para olvidarlas. Incluso en muchos círculos espirituales se hace hincapié en «mantener una actitud positiva» y todo lo que traspasa esa frontera de aceptación pasa a ser considerado «no espiritual» o negativo.

Aunque el movimiento Nueva Era ha despertado a muchas personas al poder de la intención creativa, al mismo tiempo ha estigmatizado como patológicas las denominadas «emociones negativas» y las ha erradicado de nuestra paleta social de la aceptación. Vivimos bajo una especie de hegemonía positivista, que antepone el placer al sufrimiento, la ganancia a la pérdida, la felicidad a la tristeza y lo creativo a lo destructivo. Se nos enseña a «estar por encima» de emociones, como la ira, la ansiedad, la tristeza, y a que conservemos la beatitud y la luz a cualquier precio. Este tipo de evitación es peligroso, porque no solo nos enseña a disociarnos de la multiplicidad que hay en nosotros, sino de la espléndida gama de variantes que contiene la propia vida.

¿Y si las emociones «negativas» no estuvieran tan mal, sino que fueran totalmente legítimas? ¿Y si tuvieran algo crucial que comunicarnos a nosotros mismos o a los demás, y el verdadero problema estuviera en la equívoca actitud de que los sentimientos negativos hacen que seamos menos evolucionados y, por consiguiente, hay que corregirlos? Del mismo modo que mantenemos alejadas a las personas que son demasiado diferentes de nosotros, también evitamos el encuentro con la *otredad*, excluyendo cualquier cosa que no encaje en la imagen que hemos creado de nosotros mismos.

Las «emociones negativas» no dejan de existir solo porque finjamos que no existen. Estas emociones encontrarán otras formas de manifestarse. A veces, tenemos un arranque de genio que está fuera de lugar, nos entran ataques de llanto desconcertantes o pasamos largas temporadas de insensibilidad. Lo más habitual es que padezcamos depresión y ansiedad. Y si este estado se alarga mucho, nos volvemos propensos a los accidentes, a las crisis, incluso a las enfermedades físicas. Entonces es cuando en nuestros sueños aparecen figuras oscuras que nos persiguen, porque hay algo que literalmente intenta alcanzarnos. Cuando tenemos sueños violentos, suele ser porque estamos ejerciendo un tipo de violencia interior sobre nuestras cualidades menos valoradas.

Si no hacemos nada al respecto, estos temas pueden enquistarse y convertirse en ideologías que se transmitirán de una generación a otra. Cuando a esta ecuación le añades un líder carismático y ruidoso, nacerán movimientos, como el nazismo, para corroborar el miedo a la otredad. El nazismo fomentaba la idea de «raza pura» y, haciendo uso de las sombras no integradas de la gente, convenció a toda una nación para que asesinara a millones de personas, que fueron el desafortunado blanco de la proyección de esas sombras. Cuando hablamos de los nazis lo hacemos como si fueran una encarnación del mal, pero la verdad es que todos tenemos el potencial para ejercer este tipo de mal que, en última instancia, es el acto de mirar para otro lado ante el sufrimiento de otras personas o el propio.

La mayoría hemos sido educados para ser personas morales, buenas y agradables, y hemos aprendido a poner todas nuestras cualidades «inaceptables» en lo que Robert Bly llama «la larga bolsa negra», que todos llevamos a rastras, o que Jung denominó «sombra».[1] La sombra es el lugar donde cobra vida todo lo que hemos olvidado, negado, rechazado o que todavía no hemos descubierto. Pero cuando intentamos estar a la altura del ideal imposible de ser sobrehumanos, iluminados espiritualmente, conocedores, altruistas, pacientes, capaces de perdonar, amables, solidarios y generosos, el lado oscuro de nuestra naturaleza va cobrando fuerza. Es como intentar hundir un balón de playa en el agua: puede que al principio consigas evitar tus tragos amargos durante algún tiempo, pero es tan desestabilizador que, cuando menos te lo esperes, el balón saldrá disparado del agua, y se manifestará, especialmente, a través de sueños oscuros o pesadillas.

Aquí es donde la interpretación de los sueños y la pertenencia son prácticamente sinónimos. Uno de los principios básicos de ambas cosas es aprender a ser hospitalarios con las figuras ambiguas, repulsivas y oscuras que aparecen en nuestros sueños. En vez de huir de los problemas, nuestra práctica consiste en girarnos y dirigirnos hacia aquello que nos persigue, incluso invitarlo a que intensifique su expresión, para poder descubrir qué es lo que realmente desea.

Aunque entender el lenguaje de los sueños es un arte que exige años de aprendizaje, hay una pregunta que casi siempre te puede llevar a la esencia de su significado: «¿Cuál es el sentimiento predominante en mi sueño?». A pesar de que hay muchos aspectos en nuestros sueños que están disfrazados con símbolos y metáforas, los sentimientos nunca se pueden enmascarar. Son representaciones sinceras de los sentimientos que tienes, o *no tienes*, en tu estado de vigilia. Aunque no asociemos nada a cierta figura de un sueño, siempre sabemos cómo nos sentimos respecto a ella.

Según el hambre que hayan pasado, o lo ignoradas o humilladas que se hayan sentido, esas figuras pueden presentarse como personajes enfadados, desesperados, descuidados o, incluso, tímidos. Pueden adoptar los rostros de personas que nos han ofendido. Ser aterradoras y temerarias. Sentirse heridas y parecer que han perdido la esperanza. Ir con harapos y estar famélicas.

Según la visión taoísta de la creación, existe una matizada gama entre las polaridades, más que una clara delimitación entre lo positivo y lo negativo. Y como sucede en cualquier continuo, los opuestos casi siempre se tocan. Negativo no significa malo, simplemente opuesto a como son las cosas. Como las rocas en el cauce de un río, surgen obstáculos en la corriente por la que hemos de navegar. En matemáticas, la negatividad es el espacio entre y alrededor de la materia. Como hemos visto en el símbolo chino del yin y el yang, la negatividad es la receptividad abierta entre acciones, típica del ying. De modo que si hacemos una remezcla de definiciones, las emociones negativas son un desacuerdo con el modo en que son las cosas y, si estamos receptivos a ellas, pueden cambiar la forma en que navegamos por nuestra vida.

No existe vida sin sufrimiento, pero podemos cambiar nuestra relación con el dolor eligiendo la mejor forma de caminar con él. En el hinduismo, la diosa Kali es adorada por sus cualidades creativas y destructivas, los aspectos útero y tumba de la Gran Madre. En una de sus cuatro manos sostiene una cabeza que acaba de cortar y cuya sangre se vierte en una copa. Suele empuñar una guadaña, tener un halo de fuego crepitante, ir adornada con huesos y bailar sobre un cadáver desconcertado. Lejos de la blanda sugerencia de que cuando algo no funciona hemos de «dejarlo ir», Kali representa el poder implacable que ocultan las «emociones negativas», es la que despeja el camino para una nueva vida. Ella es las limitaciones que la *ira* desea. Es la pulsación del río de la *aflicción*, que nos precipita a adoptar una visión nueva. Es la libertad por la que se manifiesta la *ansiedad*. Es la sirena del cambio que nos indica el *aburrimiento*. Es la expansión a la que el *miedo* anhela cruzar.

Del mismo modo que el fuego puede transformar la comida cruda en comestible, nuestras oscuridades son transformadores radicales. En vez de maquillar nuestra personalidad, deberíamos ensalzar nuestras imperfecciones, ahondar en nuestros bloqueos, heridas y desazones. Si realmente queremos evolucionar, basta con que estemos realmente donde estamos.

Como *embajadora de la oscuridad*, mi mensaje de aceptar estas emociones desagradables suele ser malinterpretado como una invitación a la permisividad o a dejarte llevar por tus instintos básicos. A lo que realmente me estoy refiriendo es a salir del inmovilismo espiritual, el tiempo suficiente como para reconocer la validez de tus sentimientos. Reconocer tu conflicto no significa quedarte en él. Supone un encuentro compasivo con tus sentimientos difíciles hasta que estos revelen su inteligencia oculta.

Para la mayoría de las personas, la iluminación no es un despertar repentino, sino el lento proceso de ir dirigiendo la luz de la conciencia hacia esos lugares dentro de nosotros que hemos rechazado, olvidado y negado.

Al principio, el triunfo puede que sea el simple hecho de dejar de huir, pero, al final, sentiremos suficiente curiosidad como para girarnos y enfrentarnos a nuestros perseguidores. Cuando nos vamos dando cuenta de que al otro lado del trabajo con la sombra siempre está la redención, a medida que pasa el tiempo, nos volvemos más valientes y hospitalarios con la oscuridad. Sabemos que las pesadillas son, en y por sí mismas, la confirmación de algo que está a punto de llegar al plano de la conciencia. Tal vez llegue un momento en que hasta intentemos cortejar a los visitantes oscuros, reconocerlos como focos de energía que han caído en desuso o en la malevolencia, pero que, mediante nuestra cordialidad, se revelan como una pulsación de vitalidad que nos acerca al todo.

Lo más extraordinario de este trabajo es que la faceta monstruosa de nuestra sombra es oro puro. Oculto en la oscuridad, descubrimos nuestro legado creativo –esas cosas que nos confieren una belleza o poder únicos–, y gradualmente, podemos reclamar nuestra herencia divina. Nuestros sentimientos reprimidos pueden albergar una enorme cantidad de energía, pero al reconocerlos, son liberados y nos empoderan. Lo que antes nos perseguía puede convertirse en una fuente de poder.

Aprender a recibir a nuestros huéspedes oscuros es una fuente de gran poder personal, pero también cambia la forma en que nos movemos en el mundo. Cuando aprendemos a amarnos íntegramente, conectamos con una compasión mucho más grande por los demás. Como dice Alice Walker: «La ayuda llega a aquellos que aman a los demás, a pesar de sus errores; a estos se les concede claridad de visión».[2] Una simetría empieza a revelarse en el exterior al acoger al *otro* en nuestro interior. Nos volvemos más capaces de aceptar no solo la diversidad de otredades de nuestros semejantes, sino el resto del mundo no humano que nos rodea. Aquí comienza el trabajo, exasperadamente lento, de reconocer en nuestro hogar de pertenencia a cada uno de estos huéspedes no deseados, como dijo Rumi con tanta exactitud en esta exquisita traducción del poema que hizo Coleman Barks:

La posada

El ser humano es como una posada.
Cada mañana llega un nuevo huésped.
Una alegría, una depresión, una mezquindad,
cada visitante inesperado trae consigo
un momento de conciencia pasajero.

¡Dales la bienvenida y atiéndelos a todos!
Aunque sean un montón de aflicciones,
que arrasan violentamente tu casa
y se llevan los muebles,
trata a todos los huéspedes con honor.
Tal vez te estén vaciando
para un nuevo deleite.

Al pensamiento oscuro, la vergüenza, la malicia,
recíbelos en la puerta riendo
e invítalos a entrar.
Siéntete agradecido por todos los visitantes,
porque cada uno de ellos ha sido enviado
como guía del más allá.

La ira

La ira es una de esas emociones que han sido estigmatizadas desde hace mucho, especialmente en las mujeres, a quienes se nos enseña que una mujer enfadada no gusta, y que no gustar supone una especie de rechazo de la propia feminidad. Puede que te hayas propuesto la penitencia tácita, para el resto de tu vida, de convertirte en una buena «persona». Bajas el volumen, suavizas tu paso, retraes los talones y consientes. Tal vez haya habido alguna persona en tu vida que utilizaba la ira de manera inapropiada y que te prometieras no parecerte a ella jamás, lo que hizo que el péndulo se fuera hacia el otro extremo.

Pero cuando reprimes la ira sucede algo terrible: tu relación con uno de tus grandes aliados queda interrumpida. La ira llama a tu puerta cuando han ofendido a tu corazón, han menospreciado tus valores, tus seres queridos han sido amenazados o, en alguna parte, no se ha hecho justicia. Es el catalizador de la impotencia que puedes sentir ante estas situaciones. Hace que tu corazón se dispare, te sube la presión sanguínea y se acelera tu respiración. La adrenalina corre por tus venas y te llama a la acción.

Esta profunda transformación física puede hacer que sientas que estás fuera de control, pero, tal vez, en parte, se deba a que nos hemos vuelto ajenos a la fuerza incisiva del *poder*. Cuando reprimimos nuestra ira, suelen pasar dos cosas: o se vuelve contra nosotros y adopta la forma de depresión que, a veces, somatizamos como enfermedad, o nos hace explotar de una manera exagerada e inapropiada. Si estallas con facilidad y luego te arrepientes de haberte excedido con los demás, reflexiona sobre si esto podría deberse a que has ignorado tus necesidades y sentimientos durante mucho tiempo.

Veamos un ejemplo de una de las formas en que puede manifestarse en los sueños. Una mujer llamada Ginny vino a verme por un sueño en el que la perseguía un oso pardo. En ese sueño pasaba mucho miedo, pero cuando se despertaba no podía conectarlo con ninguna situación de su vida en estado de vigilia. Sin embargo, en el sueño había un detalle que me llamó la atención: Ginny huía con una amiga que ella describía como una persona «muy espiritual», que siempre era «todo amor y luz».

En vez de analizar el miedo, al cual no asociaba nada, la invité a que se pusiera en el lugar del oso. Le pedí que intentara imaginar qué es lo que este experimentaba. Describió la sensación de enormidad al estar en su cuerpo. Surgió el detalle de que el oso pardo se estaba comiendo un ciervo tan diminuto que en comparación con su tamaño era prácticamente insustancial. En el papel del oso, describió lo agresiva que era con el ciervo. Y en cuanto salieron de su boca esas palabras, tuvo uno de esos momentos «¡eureka!» y le quedó claro el significado del sueño.

Recordó que un día antes, su esposo le había dicho que se sentía desmotivado y deprimido. Pero este estado había sido una situación crónica durante todos sus años de matrimonio. Aunque notaba que aumentaba su ira devoradora, porque su esposo era incapaz de superar ese punto muerto, que estaba afectando negativamente a la familia, seguía siendo amable y tranquilizadora con él. El oso era la parte de Ginny que se consumía con la rabia, que no era capaz de afrontar o de encarnar.

La medicina curativa que recibió de este sueño fue que en lugar de huir del conflicto, adoptando solo la actitud de «amor y luz» en la relación, tenía que encarnar parte de lo que ella consideraba sentimientos insoportables. Al expresar su ira de una manera más directa, no solo se sentiría más auténtica, sino que tal vez podría sacar su relación de ese callejón sin salida y conseguir que fuera más genuina.

Madurar tu relación con la ira significa que, por muy evolucionada que quieras ser, has de aprender a respetar tus limitaciones y a utilizar el discernimiento cuando tengas que usar tu poder personal.

Las primeras veces que intentes reconciliarte con la ira, es importante que la explores en un entorno seguro. La próxima vez que notes que estás empezando a enfadarte, procura encontrar un momento para estar solo y «dar rienda suelta a tu ira» en privado. Dar rienda suelta a tus emociones es una práctica que has de realizar en solitario, en la cual dejas que el sentimiento fluya libremente por tu cuerpo. En lugar de intentar expulsarla, o «elevarte por encima de ella», te adentras más en ella. Se trata de intentar intensificar el sentimiento, de ampliarlo de la mejor manera posible para ti en ese momento. Deja que fluya por tus venas —siente el poder de su presencia en tu cuerpo— deja que te ofrezca su vitalidad.

Quizás puedes darle voz y lanzar algún rugido. Tal vez te gustaría verla en color salpicando de pintura un lienzo. Quizás prefieras pisotearla o bailar con tu disco favorito de Metallica. Independientemente de lo que hagas, asegúrate de que la emoción tiene voz y de que no la califiques de egoísta o mala. Escucha lo que quiere decirte. Hazle saber que la apoyas, que puede contar contigo.

Aunque al principio, cuando empiezas a dirigir tus emociones y a escucharlas, todo te parezca caótico, estás reconociendo su validez y restaurando la deteriorada relación con tus instintos. Cuando entiendes su lenguaje, puedes empezar a hacer los cambios que necesitas en tu vida. Tal vez descubras que la ira te protege de un miedo o herida ocultos. Tal vez veas claro cómo reafirmar tus fronteras y poner límites a la conducta de otras personas. Tal vez te des cuenta de que has de defenderte o defender a los demás de manera constructiva. O quizás que la verdadera fuente de tu ira se debe a que has silenciado tus necesidades durante demasiado tiempo.

A veces la ira es más profunda que la situación inmediata que la ha desencadenado. Especialmente en el caso de quienes han sufrido traumas y abusos, la ira puede ser su eterna compañera sobre la cual no tienen ningún control. En estas situaciones es importante que cultives un sistema de apoyo a tu alrededor, donde puedas crear un modelo de amabilidad hacia todos tus sentimientos que, posteriormente, puedas emular.

La ira es esencial en la práctica de la pertenencia. Aparece para protegernos, como un guardián feroz, que protege lo que todavía está demasiado tierno para ser visto. Pero también nos muestra nuestra disconformidad con el *statu quo*. Es la voz que ha de subir su tono, porque siente que nadie la escucha. De nosotros depende escucharla, para dignificarla con nuestra atención. Cuando tengas suficiente práctica, reconocerás con mayor rapidez los desacuerdos sagrados y no permitirás que nadie te obligue a ocultarlos y que lleguen a infectarse. La ira puede convertirse en la espada del discernimiento, que no arremete contra nadie, pero es inflexible cuando tiene que defender tus límites, y que enseña a los demás a que te respeten como tú te respetas a ti mismo. Como dijo Maya Angelou: «La amargura es como un cáncer. Devora a su anfitrión. Pero la ira es como el fuego. Lo quema todo para limpiarlo».[3]

La decepción

La decepción surge cuando te ha fallado algo o alguien o no has sido capaz de lograr tu objetivo. Las cosas no han estado a la altura de tus expectativas. Y cuando hay demasiadas experiencias de este tipo, la vida puede parecernos decepcionante, tenemos la sensación de que nunca sale nada como esperamos. Pero este huésped también oculta una medicina.

La decepción, al igual que la ira, tiene su propia forma de expandirse. Si no le prestamos atención e intervenimos, puede extender su hastío a todos los aspectos de nuestra vida. Lo más irónico es que tal vez hasta deseemos dejar de tener esperanza, y prefiramos que las cosas se tuerzan para intentar engañar a nuestra decepción. Pero ese sentimiento de desilusión porque las cosas no han estado a la altura de las circunstancias puede convertirse en una tremenda hoguera. Cuando se ha producido un fracaso en una situación, se despierta nuestro deseo de algo mejor. La decepción nos dice: «Esperaba más».

Muchas veces se manifiesta como una falsedad oculta. Como sucede con la desilusión, nuestra visión subjetiva sobre las cosas se agudiza. Nos damos cuenta de que algo no ha salido como esperábamos, o, a veces, somos nosotros los que no hemos podido cumplir. Lo hemos visto antes, en la historia de Ella y Carrie, las dos amigas cuya relación había dejado de ser auténtica. Ella aparecía solo de vez en cuando para ver a Carrie, dando a entender que no valoraba su amistad, pero esta última toleraba esta situación por miedo a perderla. En cierto modo, ambas fomentaban esa falsedad entre ellas. En lugar de vivir en una decepción crónica, podríamos abordar el tema, arriesgándonos a perder la relación para conseguir algo más significativo. Aunque sea doloroso hablar de la falsedad que existe en una relación, es bueno sentir aflicción por aquello que nos ha decepcionado, porque nuestro dolor nos ayuda a ahondar en los anhelos que tenemos en nuestra vida.

Unas veces, las cosas que pensamos que queremos carecen de imaginación, y la vida nos tiene preparado algo mucho más interesante. Otras, el compromiso se refuerza con la decepción. En el ejemplo que acabo de mencionar, la decepción ayudó a Carrie a darse cuenta de lo que realmente deseaba. La ausencia de una buena amiga era mejor que la presencia de una mediocre, porque eso dejaba un espacio en su vida para la llegada de contactos nuevos. Sin apoyo o impulso, ¿sigues siendo fiel a aquello que deseas? ¿O abandonas con demasiada facilidad lo que te habías propuesto? La decepción es la maestra secreta de la devoción. Pone a prueba nuestra fidelidad inquebrantable al camino.

La decepción también puede asumir la forma del aburrimiento. Como sucede con un sueño recurrente, nos cansamos de afrontar las mismas dificultades con las mismas estrategias que nos dan los mismos resultados. Aburrirse de un patrón es fantástico, porque significa que estás dispuesto a dejar de lado la antigua estrategia y afrontar la vida tal como eres ahora. Del mismo modo, cuando estás decepcionado y abatido por la vida, creo que se te está brindando la oportunidad de crear.

Lo contrario de la decepción es la satisfacción. Una de las prácticas que más me gustan para bregar con la decepción es escribir lo que deseo como si ya estuviera sucediendo, describir con todo detalle mi bienestar dentro de esa nueva creación, mirar a mi alrededor y decir lo que veo y por qué me parece espléndido. Me gusta resumirlo mediante dibujos, aunque no sean buenos, y llenarlos de poesía; me centro poco en la forma y más en la exactitud de mi sentimiento al realizar esa creación. No te imaginas lo extraordinariamente poderoso y preciso que puede ser este ejercicio. Nos ayuda a vivir una versión actualizada de nuestro deseo, a la vez que dejamos que la acción de colaboración de la vida nos sorprenda.

Según nuestro grado de resistencia a recibir satisfacción, la creación se materializará de la noche a la mañana o lo hará gradualmente, en el plazo de meses o años. Pero cuanto mayor sea nuestra devoción a esa creación, nuestros sueños nocturnos más se comportarán como la Estrella del Norte. Como explicó el Maestro Eckhart: «Cuando el alma desea experimentar algo, lanza una imagen delante de ella y se introduce en su interior».[4]

La inquietud

Empieza siendo una diminuta grieta, como una disonancia aparentemente inofensiva en la superficie de nuestro bienestar. Pero a medida que transcurre el tiempo, la grieta se va ensanchando y se convierte en una red de irritación constante. Avanza con la vaga sensación de que ha de ponerse al día, la inquietud es el invitado que no deja de moverse. Tiene una misión y está decidida a llevarla a cabo, pero si la dejamos actuar a sus anchas puede convertirse en un estado crónico.

El regalo de la inquietud es que nos ayuda a ver nuestros hábitos y costumbres. Nos sirve para debilitar los lugares donde hemos luchado por la falsa pertenencia, intentado imitarla o caído en ella, en lugar de movernos al ritmo de nuestra vida interior. Marie-Louise von Franz, como analista junguiana, lo explicó de este modo: «La inquietud está provocada por un exceso de energía reprimida, que nos hace movernos todo el tiempo, porque no estamos conectados con el mundo de los sueños o con lo inconsciente».[5]

Aunque nuestra vida adopte formas excelentes, es fácil caer en el hábito de actuar de acuerdo con lo que nos dicta el mundo exterior, respondiendo a sus exigencias e invitaciones, en vez de atraer las cosas hacia nosotros desde nuestra presencia. En el plano más profundo, la inquietud es la pregunta sagrada que nos plantea: «¿A quién sirve el Grial?».

El Santo Grial es el recipiente medio histórico y medio mítico de la leyenda arturiana de Parsifal. Parsifal parte en busca del Grial, que se dice que tiene el poder de devolver la vida, para salvar a su agonizante rey. Aunque su viaje es largo y está plagado de fracasos, hay un momento crucial en que ha de hacerse la pregunta: «¿A quién sirve el Grial?». Este es el momento en que el protagonista debe confrontar el valor de su búsqueda: «¿A servicio de qué o de quién he puesto mi vida?». Esta historia simboliza el proceso de individuación. Todos somos un recipiente sagrado donde la visión agonizante y materialista del mundo puede ser redimida con sentido y propósito divino.

Como el mítico Grial, todos queremos abrirnos al propósito, a crear una capacidad a través de la cual el misterio pueda hallar una vía de expresión en nuestra vida. Sin embargo, incluso para los que seguimos esta vía vocacional, la fascinación constante por el mundo exterior con sus promesas de éxito, riqueza y clase social es tan poderosa que puede ocasionar un cambio crítico, aunque sea gradual, en el énfasis que damos a nuestro servicio: nos alejamos de lo sagrado y nos orientamos a conseguir más logros por el mero afán de conseguirlos.

La forma de recibir a este incómodo huésped está implícita en la misma palabra, con *quietud* en el corazón secreto de la inquietud. Pero no es tan sencillo como hacer una siesta o sentarte a darte un atracón mientras ves tu programa favorito en la televisión. La quietud, en este sentido, es relajar lo que Don Juan (a través de Carlos Castañeda) denominó «primera atención».[6] La primera atención es nuestra conciencia ordinaria, que nos ayuda a satisfacer las exigencias del mundo físico cotidiano. La «segunda atención» es la conciencia no ordinaria, que denominamos cuerpo de ensoñación. Es nuestra parte sutil, no física, que percibe y mueve la energía. La quietud es acceder a esa segunda atención, para percibir en qué dirección quiere ir la energía. Puedes conocer la segunda atención a través de esos raros momentos del día en que te surge una idea, sin saber cómo, cuando estás relajado tomando un baño, o, a última hora, cuando estás a punto de acostarte y reflexionas sobre lo que has hecho a lo largo de la jornada. Pero en la práctica puedes conectar con la segunda atención durante el día. Gracias a este cuerpo de ensoñación sabemos cuál es la dirección que tiene sentido para nosotros.

Normalmente, cuando se seca el pozo nos damos cuenta de lo sedientos que estábamos, y, al final, reconocemos que hemos perdido nuestra habilidad para estar presentes en la vida. Tal vez nos preguntemos: «¿Qué les ha sucedido a esos ojos mágicos que veían poesía en las cosas corrientes? ¿Dónde está aquella persona asombrosa cuyo mero semblante era una invitación?». Simplificando mucho, la inquietud se produce cuando el vacío se ha llenado.

Durante mucho tiempo, pensé que la práctica de la «vacuidad» iba en contra de mi filosofía de afirmar la integridad de la vida. Creía que era algo desapegado y frío que alejaba la vida, en lugar de darle la bienvenida. No fue hasta que reflexioné sobre la imagen del Santo Grial, con su exquisito vacío, cuando empecé a entender lo que significa *aquietar* la primera atención, para que nuestro cuerpo de ensoñación pueda guiar nuestro camino.

Escuchar los sueños es lo que nos marca el ritmo correcto con el mundo. Nuestro acelerado y ocupado corazón está demasiado cerrado para tener un genuino encuentro con la vida, pero cuando conectamos con los sueños en nuestros momentos de silencio, o al relacionarnos con los demás, ejercemos nuestro poder de atracción. Tenemos la habilidad de percibir y cambiar el orden de los acontecimientos, recurriendo a la ayuda que está intentando llegar hasta nosotros. Esto puede ser tan sencillo como tomarnos una tarde libre con la intención de estar abiertos a la sincronicidad, o tumbarnos en algún espacio natural al aire libre para sentirnos conectados con la tierra.

La quietud es dejar de hacer esfuerzo y permitir lo fácil. Como un avión que despega y alcanza la altitud de crucero, podemos dirigirnos con una fuerza inicial en una dirección, pero entonces, si somos capaces de estar receptivos para observarlo, también podremos elevarnos. En el momento en que nos permitimos ser vulnerables, la gracia puede actuar a través de nosotros. Como el pájaro solitario que canta al amanecer, con su pecho henchido con el tierno canto del ahora, la melodía del sí, la quietud nos conduce a la comunión con el momento sagrado que, al igual que una cadencia, siempre está jugando a través de nosotros, viviendo para ser escuchada.

La impaciencia

La impaciencia es ese huésped irritable que aparece antes de que hayamos forjado un sentido de pertenencia, cuando somos tímidos, torpes y propensos a dudar de nosotros mismos. Puede quedarse durante bastante tiempo. La impaciencia es nuestro intenso deseo de evitar esta incómoda fase, en la que las cosas todavía no se han acomodado o establecido, y apresurarse para conseguir la redención. Por paradójico que parezca, es imprescindible vivir en esta incomodidad si queremos encontrar nuestro propio camino hacia la pertenencia.

Antes de que pueda haber familiaridad, estamos más vivos y receptivos a nuestro entorno, a nuestras relaciones e, incluso, a nosotros mismos. Si has sido mochilero alguna vez, ya sabes a qué magia me refiero. Cuando viajamos a un lugar donde no conocemos a nadie, ni sabemos cómo movernos, nos vemos obligados a afrontar cosas que son totalmente desconocidas para nosotros. Aunque una parte de nosotros está impaciente por tener una comunidad y otros vínculos, este periodo de torpeza tiene mucho potencial. Podríamos reinventarnos o conocer diferentes personas que no son como aquellas a las que estamos acostumbrados. Ahora, imagina que somos viajeros simbólicos todos los días de nuestra vida y que nos acostumbramos a la incomodidad de todo lo que aún está por resolver en nuestro corazón.

Es justo lo opuesto a la forma de pensar tradicional sobre la pertenencia. En lugar de intentar estar dentro y conocerlo todo, reconocemos el privilegio de estar fuera, donde nuestros ojos pueden ver las cosas bajo nuevas perspectivas, antes de que la familiaridad ejerza su soporífera influencia sobre nosotros. En estos periodos incómodos, tampoco *somos* la misma persona que conocemos. La impaciencia nos precipita a profundizar en esa incomodidad, por si nos reencontramos con nosotros mismos.

En nuestro afán sin límites de sacar a la luz lo desconocido, nos privamos del encuentro sensual, de la expectación y del potencial de reorganizar la realidad. El desconcierto y el bloqueo es lo que aviva la creatividad. Es la práctica de los poetas, soñadores y artistas: llegar hasta los límites de la incertidumbre, donde nos encontramos con millares de cosas. Allí, al borde, como novatos y sin preparación, practicamos ser amables –o al menos, la voluntad de serlo– con los malestares de nuestras confusiones. Como dijo Rumi: «¡Vende tu inteligencia y compra desconcierto!».[7]

Hace unos siete años, mi esposo, Craig y yo levamos anclas y partimos en busca de un nuevo hogar. Queríamos vivir en un entorno rural, en una comunidad que compartiera nuestros valores, pero no estábamos seguros de dónde encontrarla. Rescindimos nuestro contrato de alquiler, guardamos todo lo que teníamos en un guardamuebles y con muy pocos medios económicos empezamos a seguir las señales.

Después de tres meses dando tumbos por ahí, en los que nos dedicamos a desde guardar casas hasta recurrir a alquileres temporales, estábamos agotados e impacientes. Le pedí consejo a una amiga intuitiva, que se rio y me dijo: «No pierdas la fe. A veces se nos pone a prueba. Da gracias». Al día siguiente, al recoger nuestras cosas para una nueva mudanza, encontré una piedra misteriosa en el fondo de una cesta de comida, que llevaba escrita la palabra *fe*. No tengo ni idea de dónde salió, pero dado que me sentía desubicada y empezaba a tener dudas por lo larga que se estaba haciendo nuestra búsqueda, no estaba convencida de que fuera fruto de la sincronicidad. Aun así, guardé la misteriosa piedra en un lugar visible, mientras realizábamos otra transición más.

A los dos días de haber llegado a nuestro siguiente destino, Craig y yo nos fuimos a explorar la zona y tomamos un camino que conducía a un bosque cercano. A los pocos minutos, llegamos a una puerta mágica rodeada de árboles. El letrero de la puerta decía «Jardín de Esculturas Públicas». Entramos sin dudarlo, y lo primero que vimos fue una roca gigante suspendida (con hilos invisibles) de una rama de un cedro enorme. Era alucinante, todo ese peso extrañamente suspendido. Me agaché para leer el título de la obra: se llamaba *Fe*.

La siguiente obra, por si necesitaba algo un poco diferente, era otra roca suspendida en los árboles, solo que esta vez estaba atada con un complejo entramado de cuerdas retorcidas y fijada por las cuatro esquinas; se llamaba *Falta de fe*. Ahora que mi sincronicidad se había triplicado, por fin estaba convencida. Aunque todavía estaba en terreno desconocido, podía recurrir a esas imágenes curativas y recordar que ese lugar suspendido entre las cosas es un tipo de libertad. Era una oportunidad para animar a mi cuerpo de ensoñación a confiar en que había algo que compartía nuestra visión que estaba madurando a su propio ritmo. Y en vez de dejarme llevar por la impaciencia, era la oportunidad para hacerle señas y dejar que se acercara a nosotros.

Pasaron dos meses más hasta que encontramos la casa perfecta. Había estado ocupada por otro inquilino, que necesitaba ese tiempo para comunicar su marcha.

Hace siete años que vivimos en nuestra encantadora casa, colgada en los árboles, en una vibrante comunidad rural.

La extrañeza de lo nuevo es también una fase esencial en las relaciones. Alguna vez quizás conozcas a alguien con quien puedes ir a cualquier parte sin dudarlo, pero, en general, es mejor ir poco a poco en nuestro acercamiento a otras personas, porque es peor considerar a una persona tu *hogar* y luego abandonarla que nunca haberle concedido ese grado de familiaridad. Es mejor amar despacio, incluso con cautela, mientras tu tenacidad por el compromiso sigue creciendo.

Estos amores fugaces, que van y vienen demasiado rápido, son como arquetipos animados o dioses. Interpretan tragedias que no se merecen. Solo son moradas temporales amuebladas con los recuerdos de la combinación de nuestros pasados. No son nunca un lugar para vivir demasiado tiempo, solo una forma de fingir que vivimos, como jugar con una casa de muñecas.

Algunas personas están destinadas a pasar por nuestra vida, para tomar o dejarnos consuelo, proporcionarnos una catarsis o servirnos de catalizador. El amor arderá y se enfriará, pero ningún extremo está destinado a durar demasiado. Permite que el amor se tome su tiempo contigo. Deja que te sorprenda cuando regrese, aunque pensaras que lo habías perdido. Permite que te envuelva e intente comprender qué es lo que te apasiona. Que refuerce su perseverancia, como solo la historia puede garantizar.

Crear un hogar con otra persona es empezar desde el vacío, desde un espacio «cercano a nada», al cual puedas aportar algo. Atreveros a dar juntos el paso hacia un «nosotros», que no tiene más garantía que la visión compartida de la pertenencia, cuyas brasas os comprometéis a avivar constantemente. La historia aportará el mobiliario que se irá agregando lenta y discriminadamente a vuestro interior, en la forma de momentos de tristeza y celebración compartidos; lenguaje e imágenes que os han sorprendido; experiencias que se van compartiendo, a medida que aumenta la confianza, y las respuestas que recibes a las llamadas que has hecho en silencio.

Como la madre que no deja entrar en su casa a cualquier pretendiente de su hija, porque quiere crear apegos estables, nosotros también hemos de ser cuidadosos con nuestro corazón. El camino de un corazón a otro muchas veces se ha de recorrer antes de que esté trillado. Si lo descuidamos durante mucho tiempo, crecerán matorrales y será intransitable. O si un amor es incapaz de dar nada de sí mismo, puede aparecer un giro inesperado en el camino y volverse peligroso en alguna parte. La invitación a convivir con otras personas ha de hacerse con cuidado y respeto, porque traicionar la amistad tiene un precio, y tal vez, el corazón jamás se recupere de ello.

Siempre habrá momentos en que las fuerzas inferiores prevalecerán en nuestra vida. En esos momentos, cualquier intento de forzar una solución o de conseguir ventaja no hace más que empeorar la condición de nuestro dilema, como la roca atada del jardín de esculturas que no se podía mover por más que lo intentara. En las etapas que estamos colgando de un hilo, hemos de preguntarnos si nos estamos aferrando con fuerza a nuestra visión, y si lo hacemos, entonces hemos de confiar en que esta se está solidificando en silencio. Lejos de «no hacer nada», esta práctica de la no acción requiere verdadera perseverancia por nuestra parte, una modestia tácita que invita a la gracia de *lo creativo* a que venga en nuestra ayuda. Se dice que los grandes cambios solo se producen a través de la aceptación, «como un gran banco de peces que cambia de golpe de dirección».[8]

Te regalo este poema de alabanza a la paciencia, la práctica que es también una invitación a lo creativo, para que nos enseñe el camino:

Esperar

Hay una espera buena
que confía en los agentes de la fermentación.
Hay una espera que sabe que al alejarse
uno puede volver más pleno.
Hay una espera que nos prepara,
nos unge y adorna,
y se engorda de disposición para el regreso del amor.
Hay una espera buena,
que no espera inútilmente,
sino que añade capas a la grandeza de nuestro merecimiento.
Esta dulce espera para que los frutos maduren
no tropieza consigo misma
para ser la primera en dar,
sino que espera a que la dádiva
se produzca a su propio ritmo.

La vergüenza

Tal vez la vergüenza sea la más insidiosa de los visitantes oscuros, porque no suele ser lo bastante específica como para erradicarla. Empaña todo lo que decimos o hacemos con el sentimiento de que estamos equivocados, somos inadecuados o indignos. Es la causa de muchas otras emociones difíciles, como sentirse insignificante, invisible, relegado, incomprendido, irrelevante y no respaldado. Es creer que hemos de callar, eliminar nuestras aportaciones o ahorrarles a los demás nuestra presencia.

En inglés, la palabra *shame*, 'vergüenza', originalmente significaba 'cubrir'. Aunque estemos equivocados, algunos tenemos la secreta y dolorosa convicción de que hay partes de nosotros mismos que son tan feas y deleznables que, a menos que las enmascaremos u ocultemos, jamás seremos amados o aceptados. Y así empieza la farsa de la vergüenza. Ocultamos justamente las cosas que nos caracterizan. Los sueños, sin embargo, irán directamente al asunto y eliminarán las capas. Trabajan sin descanso para sacar a la luz nuestras partes del alma, olvidadas, relegadas y rechazadas. Los sueños pueden ser una amenaza para el ego, cuya existencia depende de mantener ocultas esas cosas, mientras que nuestro Sí-mismo más grande vive para ser visto.

Cuando soñamos con esas partes que nos avergüenzan, tal vez soñemos que estamos desnudos en público. O que intentamos cantar y nadie nos escucha, o que empezamos a dar una conferencia y todo el mundo se marcha de la sala. O que vamos a una comida donde no hay sitio en la mesa para nosotros. O que incluso sufrimos la humillación de que nos abandonen por otra persona más atractiva. Estos sueños no son para que nos sintamos mal con nosotros mismos, sino para enseñarnos con todo detalle cómo es la dinámica interior de la vergüenza.

A mis veintipocos años, tuve mi primera relación seria con un hombre respecto al cual me sentía inferior en muchos aspectos. Tanto él como sus amigos me llevaban diez años, y ya habían triunfado en su vida profesional. Yo, por mi parte, hacía poco que había salido de System, y mi único logro en la vida era haber compuesto unas cuantas canciones de supervivencia. Cada noche soñaba que él tenía una amante, más guapa y con más talento que yo. Y no solo me abandonaba, sino que alardeaba de sentirse atraído hacia ella, y yo me sentía como una perdedora. Me despertaba destrozada por los sueños, llorando, y necesitaba que mi pareja, que por cierto me era fiel, me tranquilizara.

Tardé años en comprender que aquellos sueños no eran ninguna premonición de algo que estuviera pasando en mi relación, sino que revelaban mi propia vergüenza. Si vemos a todos los personajes de nuestros sueños como diferentes aspectos del yo, nos daremos cuenta de que cada vez que nos comparamos desfavorablemente con otra persona, abandonamos el compromiso que tenemos con nosotros mismos. Cada vez que dejamos de escuchar la canción de nuestro corazón. Cada vez que derrochamos admiración por otro y nos quedamos cortos con nosotros mismos.

Por supuesto, el antídoto para la vergüenza es arriesgarnos a mostrarnos lo más naturales posible. La disciplina para contrarrestar la vergüenza es aprender a mostrarte tal como eres. Es liberar todo el resplandor de tu espíritu, a pesar de tu miedo al fracaso. Es atreverte a enseñar tus dones secretos. Es revelar tus temores a tus personas de confianza y permitir que te consuelen. Es abrirte cuando prefieres ocultarte. Es pedir ayuda cuando te sientes abandonado.

Aunque es aterrador hacer lo que te asusta, los peligros de no confrontar tu vergüenza son mucho mayores. La depresión, la adicción, los trastornos alimentarios y las opiniones que proyectamos sobre otros en un intento de sentirnos superiores son síntomas comunes de la vergüenza tóxica. Aunque estas estrategias puedan aliviar temporalmente el dolor agudo de la herida, la verdadera sanación tiene lugar cada vez que abandonas tus críticas y eres lo bastante vulnerable como para comprometerte con el mundo.

Las personas que sufren de vergüenza tóxica e innecesaria tienen una visión distorsionada de sí mismas que, al menos durante algún tiempo, necesitará sentirse respaldada. Es importante que te rodees de individuos que te inspiren a abrirte y que nunca te rechacen por hacerlo.

Veamos el caso de Amy, que tiene una vergüenza que la incapacita de tal modo que apenas puede entrar en una habitación sin sentir que molesta. Un día, fue a su círculo de canto* convencida de que no era bien recibida, hasta que la líder del grupo, una mujer que se llamaba Allison, cantó su nombre delante de todos: «¡Amy! ¡Me alegro mucho de que estés aquí!».

Ese momento fue un duro golpe para su monstruo de la vergüenza, que estaba intentando convencerla de que era un estorbo. Se le había olvidado que

---

* Son grupos de personas que se reúnen para cantar mantras u otro tipo de canto espiritual, como terapia, sin pertenecer necesariamente a ninguna religión ni seguir específicamente a ningún maestro. (Nota de la T.)

una vez le había dicho a Allison que tenía que luchar contra su sentimiento de no merecer estar en el grupo. Por eso, cuando Allison la vio tan abatida ese día, hizo todo lo posible para que se sintiera a gusto. ¡Y funcionó! En ese momento, pudo ver la distorsión entre su diálogo interior y su realidad exterior, donde era amada y bien recibida. La experiencia la ayudó a ver que tenía que seguir practicando la transparencia –hablando con sus amigas de esos momentos en que sentía que la vergüenza se adueñaba de ella–; de este modo, podría cotejar su realidad interna y externa. La vergüenza no puede sobrevivir a la luz del día.

Imagina que has aceptado el tamaño de tu miedo, repugnancia y vergüenza, y habrás calculado satisfactoriamente el poder de tu integridad.

El duelo

El duelo es la respuesta a la ruptura de la pertenencia. Tanto si es por la pérdida de un ser querido como de una forma de vida, o de una comunidad a la que apreciabas, el duelo es la reacción a la separación de lo que amas. Martín Prechtel nos enseña que en lengua tz'utujil, *duelo* y *alabanza* son la misma palabra, porque solo puedes estar afligido cuando has amado mucho.[9]

La pérdida de nuestros amores conlleva un duelo. La pérdida de nuestras habilidades debido a enfermedades o a la edad conlleva un duelo. La pérdida de fe en nuestra religión conlleva un duelo. La marcha de nuestros hijos de casa conlleva un duelo. Los caminos que no recorrimos conllevan un duelo. La familia que nunca tuvimos también es motivo de duelo, como lo es ser testigos del sufrimiento del planeta. Pero aunque el duelo pueda parecer una expresión de sufrimiento que no tiene ninguna utilidad, en realidad, es el reconocimiento del alma de aquello que valoramos. El duelo es nuestra forma de honrar lo que apreciamos. Solo conectando con lo que valoramos, podremos saber cómo seguir adelante. En este sentido, el duelo es movimiento.

Sin embargo, en nuestra cultura, estamos muy poco preparados para él. Procuramos mantenerlo a una sana distancia de nosotros, y entre nosotros lo tratamos, según Joanna Macy, como «a un enemigo de la alegría».[10] El duelo lleva consigo una vergüenza tácita. Está autorizado en muy pocos lugares, en pequeñas dosis y durante situaciones excepcionales, como una muerte u otra tragedia. Fuera de esas circunstancias, se considera peligroso y que es un signo de debilidad. Tal vez sea porque tengamos miedo de ahogarnos en nuestra desesperación, o porque eso significa una separación en un mundo que valora «la cohesión» por encima de todo. Pero el duelo juega un papel esencial en deshacernos de nuestros apegos anteriores. Es la corriente necesaria que nos conducirá a la siguiente etapa. Sin ella, nos quedaríamos atascados en esa área de nuestra vida, que podría limitar toda la gama de nuestros sentimientos de estar vivos.

No es fácil desarrollar este sentimiento, especialmente si te han disuadido sistemáticamente de hacerlo. Puede que exista una capa inicial de estado de choque, de insensibilidad o de ira, que tendrás que atravesar antes de poder conectar con ese dolor acumulado. En algunas ocasiones, si una persona es capaz de verte tal como eres, te puede ayudar a liberar el sufrimiento que tú no eres capaz de reconocer. Es como si te pincharan el corazón con una aguja y te comenzara a caer un torrente de lágrimas, porque sabes que lo que has visto es cierto, y llevas mucho tiempo esperando oír esta verdad.

El duelo es la expresión de la sanación en movimiento. Mientras estás en ese descenso, aparentemente interminable, vale la pena recordar que el duelo es la lluvia que tu alma estaba esperando, puesto que lo que permanece oculto durante demasiado tiempo no cambia. Se calcifica donde está, a menudo lo sella la vergüenza, permanece inalterado y olvidado por el tiempo. Pero cuando, por fin, sale a la luz para dejarse ver, queda expuesto a nuevas condiciones y empieza a moverse. Sale a presión como un géiser salado de lágrimas, a veces acompañado de un canto, que al llegar a la superficie se manifiesta como un terrorífico alarido, luego corre por nuestras mejillas hasta humedecer el suelo donde estamos y nos prepara para un nuevo progreso.

¿Te has fijado alguna vez en lo hermosa que está una persona después de haber llorado? Es como si después del bautismo de lágrimas fuera una persona nueva. Cuando, gracias al duelo, conseguimos liberar algo que estaba atascado, estamos dejando espacio para tener más capacidad para amar. A la inversa, cuando no pasamos ningún duelo, el estancamiento puede convertirse en resentimiento, cinismo e, incluso, violencia.

Actualmente, los medios están tan cargados de noticias catastróficas que apenas podemos procesar nuestro duelo por algo que acaba de suceder, porque ya está sucediendo otra cosa. Los bosques se queman por las sequías, los tsunamis arrasan ciudades enteras que quedan en el olvido, las especies están desapareciendo a una velocidad sin precedentes, los refugiados se ahogan en sus desesperados intentos de huir de la persecución a la que están sometidos, la gente de color es asesinada en plena calle, y esto supone demasiado dolor como para no caer en la desesperación. Somos muchos los que nos hemos acostumbrado a vivir con un alto grado de insensibilidad a la fatiga que genera la compasión. La negación cumple la función de ayudarnos a poner cada cosa en su sitio para seguir funcionando. Pero del mismo modo que anestesiar nuestro dolor personal nos conduce a una parálisis, que nos impide disfrutar realmente de la pertenencia en nuestra vida, desconectar del gran duelo de nuestro planeta nos aleja del sentimiento fraternal que necesitamos para que nos inspire a actuar.

Somos fruto de varias generaciones que no han pasado un duelo por sus heridas. Nuestros antepasados estaban tan preocupados por su supervivencia que no tuvieron más opción que tomar represalias o reprimir las injusticias de las que habían sido víctimas, para poder continuar. Pero ante la escasez de personas mayores que nos enseñen la importancia del duelo, o que creen una cultura y un ritual para honrarlo, nos sentimos solos en nuestro sufrimiento personal. Rara vez presenciamos el duelo de otra persona, porque es un tabú cultural, y eso nos hace creer que nuestro duelo es vergonzoso y extraño.

Antiguamente, cuando una persona sufría una pérdida y un duelo, su comunidad respondía sumando su aflicción a la de esa persona, y combinando sus capacidades, la elevaba a acto público. La atendían, porque todos sabían que, tarde o temprano, ellos pasarían por el mismo trance y que no se puede sobrellevar solo. En algunas tradiciones, hay mujeres cuyo trabajo es plañir en nombre de los que no pueden conectar con su propio dolor.[11] En la tradición de la tribu de los dagara, se crea un espacio físico real en los rituales funerarios para aquellos que necesitan venirse abajo y se les designa personas para que los ayuden, en caso de necesitarlas.[12]

Un buen aprendizaje del duelo ha de empezar por nosotros mismos. Todos tenemos ruinas en nuestro interior. Son ese lugar donde «lo que fue una vez» se ha convertido en un mero eco, que acecha a los paisajes de nuestra vida con sus cimientos erosionados. Abandonadas, saqueadas y desmanteladas por el tiempo, estas ruinas son el lugar más sagrado en nuestro corazón. Las formas en las que nos hemos roto son las que nos han otorgado nuestro derecho a estar en pie. En las ausencias de nuestra vida nace un anhelo salvaje. Estas ruinas son un templo donde podemos adorar, desafiar a nuestra aflicción y a nuestro olvido, y alabar lo que queda. Al fin y al cabo, estas ruinas son la prueba de lo grande que ha sido nuestro amor y han de ser veneradas como un legado de supervivencia.

Aceptar tu propio duelo requiere algo de práctica, porque todo lo que nos han enseñado ha sido contrario a esta visión. No cabe duda de que sería maravilloso ver más espacios comunitarios abiertos dedicados al duelo, para que pudiéramos explorar su profundidad sabiendo que estamos protegidos por una red de apoyo más grande. Pero mientras tanto, hemos de aprender a confiar los unos en los otros. Hemos de aprender a compartir nuestras ruinas sagradas y a darnos la oportunidad de confirmar que no estamos solos.

Los sucesos de tu pérdida, las discrepancias en tu educación, los errores en tus actos son lo que te hace único. Tus limitaciones son lo que da pie a tu imaginación y tus remordimientos, lo que te pone en la relación correcta con tu futuro. Así que has de bendecir todos los duelos de tu vida, en tu exquisito y traicionero cortejo del Sí-mismo, porque son lo que te ha convertido en diamante.

Como pasa con la lluvia, a mayor excelencia y virtuosismo en el duelo, mayor fertilidad y crecimiento puedes esperar. Hay un futuro más allá de la aridez y el sinsentido de nuestros tiempos que está pletórico de vida. Si todos somos capaces de recoger los elixires de nuestro malestar, la combinación de nuestras medicinas podrá curar la herida colectiva.

La casa se convierte en hogar

Al final, gran parte de la batalla que libramos en nuestro corazón se debe a que nos hemos alejado de la propia vida que vivimos. Nos separamos de las cosas que nos parecen ajenas, las tratamos como si no nos pertenecieran, aunque las estemos viviendo. Nos cuesta imaginar otro lugar, otro trabajo mejor, otro amante, pero lo más irónico es que una gran parte de lo que nos hace infelices es nuestro propio rechazo de la vida que hemos creado. En última instancia, tendremos que acogerla y aceptar que es nuestra. Hemos de verla con honestidad, con todas sus molestas cualidades, y encontrar la forma de amarlas. Solo desde esa aceptación total puede la vida empezar a convertirse en lo que está destinada a ser.

En este capítulo hemos conocido a algunos de los huéspedes indeseados que, cuando son recibidos con respeto, nos revelan su sabiduría oculta. Cuando adquiramos suficiente práctica en esto, habremos desarrollado resiliencia. La resiliencia no es solo nuestra habilidad para afrontar sentimientos difíciles y contratiempos, sino para confiar en nuestra capacidad de adaptación y recuperación de ellos, y en medio de esa adversidad, descubrir algo que nos redima. Hace falta mucha energía para distanciarnos del sufrimiento; no solo nos volvemos más vitales al entablar una relación con nuestros sentimientos, sino que esa resiliencia se convierte en un refugio para los demás.

La persona que se enfrenta sinceramente a su sombra posee una cualidad especial de quietud. Tu cuerpo se relajará cuando estés en su compañía, porque entenderá que, en la comunicación sutil que tendrá lugar en su presencia, en ella o en ti, no se excluye nada de la pertenencia. Esa persona que ha dejado de protegerse de su sombra y ha aprendido a llevar sus cicatrices con dignidad ya no huye del malestar o se molesta con el sufrimiento. Ya no se apuntala para evitar el conflicto. Lleva consigo la voluntad profunda de fluir con la inconstancia de la vida. Ha dejado de usar la estrategia del distanciamiento y ha convertido a la vulnerabilidad en su aliada.

Puesto que muchas veces pensamos que la vulnerabilidad es una cualidad negativa, que nos expone a que nos hieran, he pensado que podríamos utilizar una nueva palabra que reconozca su poder: *vulneravalentía*. En vez de ponernos a la defensiva cuando nos enfrentemos al conflicto, la vulneravalentía es la elección consciente de mantener el corazón abierto, para descubrir lo que se oculta en él. Es la gran paradoja de que cuando nos permitimos ser vulnerables encontramos nuestra verdadera fuerza.

Muchas personas sabemos lo que es sentirse vulnerable casi siempre. Algunos días, tenemos miedo de salir de casa, porque nos preocupa lo que pensarán los demás; tenemos miedo de decir algo en voz alta, porque nuestra opinión no es muy popular; puede que esperemos que sean los demás los que se acerquen a nosotros, porque tenemos miedo al rechazo. Pero aunque todo esto pueda parecernos vulnerabilidad, es justamente lo contrario. Tal como nos enseñan los sueños, cuando dejamos que nuestros miedos nos dominen, eso es un tipo de tiranía interna contra la vulnerabilidad.

Muchas veces no nos damos cuenta de lo despectivos o violentos que somos con nosotros mismos, porque estos hábitos son inconscientes. Si hemos asumido que nuestra voz interior es crítica, despectiva o displicente, nos parecerá normal autosabotearnos a cada paso. Aquí es donde pueden ser útiles los sueños, en cuanto a que pueden enseñarnos con vívido detalle cómo nos estamos tratando. En su sinceridad incondicional, nos muestran que la psique experimenta los dos aspectos de un acontecimiento.

Cuando tenía veintipocos años, recuerdo que no pude llegar a un festival de *jazz* al aire libre, donde había quedado con una amiga. Aunque salí de casa con tiempo de sobra para reunirme con ella, todas las vías de acceso a él estaban colapsadas y los pocos tranvías que podían cruzar las calles ya estaban llenos cuando llegaban a mi parada. Desesperada por haber abandonado a mi amiga y no poder cumplir mi promesa, anduve kilómetros intentando encontrar un autobús que pudiera llevarme a casa. Cuando por fin lo conseguí, era cerca de la medianoche y me desplomé en la cama con una terrible migraña.

En la centrifugadora: sueño de Toko-pa

Sueño que tengo a una niña pequeña atrapada en una centrifugadora como castigo por algo que ha hecho. No sé qué es, pero cuando se detiene el ciclo de centrifugado, ella empuja la puerta para abrirla, está desesperada por salir, pero yo la empujo para que vuelva a meterse dentro y reciba otra tanda.

Me desperté de este sueño horrorizada conmigo misma. ¿Qué recónditas y pervertidas partes de mi psique habían despertado esta faceta de crueldad en mi interior? ¿Cómo podía comportarme con semejante mezquindad con un ser pequeño e inocente?

Después de haber pasado muchas horas temblando de vergüenza por este sueño, por fin, vi la relación que tenía con lo que me había sucedido el día anterior. Sin duda alguna, había estado comportándome con una crueldad irracional, pero esa niña pequeña también era yo. Era mi faceta vulnerable que estaba siendo castigada por algo que había hecho mal, que no sabía muy bien qué era.

Aunque conscientemente me identificaba con la faceta culpabilizadora de mi personalidad, nunca me habría dado realmente cuenta de lo tirana que era mi faceta amonestadora sin la empatía que me generó la decisión de castigar con mi propia mano a esa niña. Al «ponerme a mí misma en la centrifugadora», pude sentir la violencia que ejercía contra mi psique, y esto me condujo a mi primera toma de conciencia del sentimiento de culpa que había estado arrastrando desde que tenía la misma edad que la niña del sueño.

La gran tarea que tenía ante mí era aprender a ser más amable y más cariñosa con mi pequeña huérfana interior. En la práctica, esto suponía cambiar mi diálogo interno para ser más comprensiva con esas zonas difíciles y vulnerables. Asimismo, aprendí a darme ánimos en los momentos de fracaso o derrota. Y quizás, lo más difícil de todo fue que aprendí a satisfacer mis necesidades físicas de descansar, comer y conectar con la naturaleza. Todas estas cualidades son esenciales para crear resiliencia.

Como toda criatura que sabe lo que es el abandono, los vínculos no se crean fácilmente en una vida huérfana. A veces, puede parecer que tu yo olvidado lucha contra ti y huye de tu amor, manteniéndose a distancia. Aprender a ser amado, incluso amarte a ti mismo, puede ser agotador y, a veces, incluso hacernos sentir como farsantes. Quizás caigas en la tentación de esconderte, de comer comida basura o de hacer cosas que sabes que no son buenas para ti. Pero esto siempre es una llamada al amor.

Es en estos momentos de barbecho, en los que nuestros intentos son forzados y no sentimos energía alguna para seguir progresando, cuando hemos de aspirar a querernos con mayor generosidad. Solo tú puedes darle un nombre a la belleza secreta de tu huérfana/huérfano y sacarla de su escondrijo. Cuando la vergüenza es aceptada, permite que surja la dignidad; la medicina oculta de la traición es la lealtad verdadera, el aislamiento oculta el anhelo de tener compañía, y así sucesivamente. Si partimos de la idea base de que hay una cualidad redentora detrás de las emociones más oscuras, inquietantes y difíciles, estaremos en el buen camino para convertir nuestra casa en hogar.

Después de trabajar con un sueño como el que he compartido, la gente suele preguntarme: «Pero ¿qué he de hacer?», como si hubiera alguna fórmula o acción especial que pudiéramos realizar para repararnos. Sin embargo, lo cierto es que basta con descubrir el patrón para empezar a cambiarlo. Cuando algo se vuelve consciente, ya no puede actuar de manera encubierta. Tal vez, al principio, no desaparezca de golpe, pero la próxima vez serás capaz de identificarlo antes. Lo importante no es apresurarse hacia la redención, sino dedicarnos más a fondo a lo que nos es revelado en el presente.

Rita, una buena amiga y mentora, hace cinco años que se levanta al amanecer y empieza a trocear una raíz gigante que tiene en el centro de su jardín, con un hacha pequeña. Su idea es crear espacio para poner un banco y disfrutar de la compañía de los muchos árboles de hoja perenne que ha plantado en esa zona. Aunque podría alquilar una máquina para extraer la raíz de una sola vez, ha convertido este humilde proceso en su ritual diario. La curación es algo parecido, es renunciar a la carrera por llegar, para sentir la tierna devoción de estar presente con lo que es.

Siempre puedes elegir alejarte o buscar la redención en las sombras. En ocasiones, alejarte será justo lo que necesitas en ese momento, especialmente si estás cansado de batallar siempre con lo mismo. Confía en que sea cual sea tu decisión, será la correcta. Recuerda también que si el tema que se te presenta tiene raíces, seguirá estando ahí cuando estés dispuesto a afrontarlo. Pero puedes dar gracias por los terrores que te sacuden ferozmente cuando duermes, porque su aparición en tu conciencia es en sí misma la promesa y el comienzo de su retirada.

Apela a la vida para que te llene y abrume, para que te entusiasme, aterrorice, cautive y salpique, como la cálida brisa de los faldones de los derviches giróvagos, que llevan el sufrimiento del exceso de ternura. Encuentra el camino fértil entre lo bueno y lo malo, y síguelo. Oh, triste triunfo el del desmantelamiento, que asesta golpes a nuestras más preciadas pérdidas y prepara la tierra fría para una nueva concesión. ¡Oh! ¡Esta es la razón por la que rompemos vuestros corazones! Para abrirlos.

Diez

El dolor como aliado sagrado

De todos los visitantes oscuros que se presentan en nuestra puerta sin haberlos invitado, quizás el dolor sea el peor de todos. Puede aparecer de pronto y debilitarnos física y energéticamente, mermar nuestra capacidad para atender todo lo demás y ser muy obstinado en su intención de no abandonarnos jamás. Para quien lo sufre no hay nada más prioritario. El dolor es malévolo cuando nos retiene como rehenes. En casos extremos, como el sufrimiento de Job en la Biblia, la persona puede sentir que está siendo torturada por algún castigo divino.

Muchos te dirán que hay una razón para tu dolor y que si curas tus heridas emocionales subyacentes dejarás de sufrir. Pero nuestro cuerpo no es abstracto y el dolor se ríe de esta forma de pensar tan simplista. Elaine Scarry, profesora de la Universidad de Harvard y escritora, explica que a diferencia del dolor interior, el físico «no tiene un contenido de referencia. No se debe a nada en concreto o es por algo».[1]

Esto no significa que el dolor no que conduzca a un camino de crecimiento psicológico, pero como descubrió Job, la desgarradora y destructiva agonía de una enfermedad no tiene un valor inherente. Y esto puede poner en tela de juicio toda tu relación con Dios, como le sucedió a Job. Pero, en mi opinión, este sinsentido es, en y por sí mismo, una confirmación de nuestro deber de *crear* sentido de la adversidad.

Hay algunas culturas que buscan el dolor, porque su carácter inmediato e integral puede servir de portal hacia un estado de conciencia alterado. Por ejemplo, la ceremonia de la danza del sol del pueblo siux incluye muchos días de ayuno y de agotadora danza, a veces, seguidos del ritual de clavarse ganchos en la piel y arrancársela tirando de ellos. Hay cientos de rituales culturales en los que el dolor intencionado, la autoflagelación, caminar por encima de brasas ardiendo, los *piercing* y las modificaciones de partes del cuerpo son considerados actos de purificación para el alma.

Cuando padecemos dolor extremo, a veces nos separamos del cuerpo y viajamos a un estado etéreo o de conciencia alterada. En algunos casos, gracias a la secreción de opiáceos internos, el dolor incluso puede inducir a estados de éxtasis. El autor de *Sacred Pain* [Dolor sagrado], Ariel Glucklich, escribe que, en el contexto místico, el dolor intencionado «deshace el mundo profano, con sus apegos corpóreos, y aleja a los místicos del cuerpo y los acerca a la autotrascendencia».[2]

Paradójicamente, igual que el dolor puede sacarnos de nuestro cuerpo, también puede ser la soga que nos devuelve inevitablemente a la copertenencia con nuestro cuerpo y con el cuerpo del mundo.

El cuerpo es la primera puerta de la pertenencia. Y aunque haya tantas personas que se esfuerzan por sentirse bien en su piel, me sorprende mucho lo poco que mencionamos este tema en las conversaciones sobre pertenencia que tengo con otros individuos. Su ausencia en nuestras reflexiones es muy significativa. Como ya hemos visto, hay muchos factores que contribuyen a la desconexión cuerpo-alma en los seres humanos, pero el modelo sobre el que se basa la medicina occidental es un gran defensor del desapego, en cuanto a que el dolor y el malestar se consideran inaceptables y se controlan en todo momento mediante fármacos.

Poder aliviar el sufrimiento de quienes lo padecen, indudablemente, es bueno. Pero la medicina moderna se ha alejado tanto de sus orígenes sagrados que se ha vuelto incapaz de entender que el dolor pueda tener algún sentido o incluso ser beneficioso. Este paradigma no solo nos vuelve intolerantes a nuestro propio dolor, sino al de quienes padecen dolor crónico. Aunque los tiempos van cambiando lentamente y empezamos a incluir a personas que tienen diferentes habilidades, en la mayor parte de nuestra historia reciente, han sido relegadas a la marginalidad y se las ha considerado un problema para la sociedad. Glucklich escribe: «Hemos perdido nuestra capacidad para entender por qué y de qué manera puede el dolor ser valioso para los místicos, los miembros de comunidades religiosas y, quizás, para toda la humanidad. El papel del dolor, antes de que fuera relegado, era rico y matizado, y en última instancia, situaba a las personas en contextos sociales y religiosos más amplios».[3]

En «Teoría de la mujer enferma», Johanna Hedva narra su propia historia de dolor y enfermedad crónica, y lo difícil que es para una persona enferma encontrar su lugar en un mundo que sobrevalora el bienestar.[4] Hedva nos explica que, en nuestra cultura, el «bienestar» y la «enfermedad» son tratados como una oposición binaria. Y los que caen en el lado equivocado se consideran improductivos y, por consiguiente, son excluidos de la conversación colectiva. Estamos tan obsesionados en curar las enfermedades y erradicar el dolor que no nos entra en la cabeza que quienes conviven con ellos puedan tener vidas normales. Pero, tal vez, lo peor de todo sea cómo nos aleja esto de nuestro propio dolor y nuestra penosa enfermedad. Tenemos tan asumido que hemos de «ponernos bien» que rara vez mostramos un poco de amabilidad cuando se presenta en nuestra vida este inesperado invitado.

Hace ya unos cuantos años, poco después de mi fatídico exilio de aquella comunidad espiritual, un día me levanté con dolores agudos y punzantes en los dos pies. Cada paso que daba era como caminar sobre vidrios rotos. Aparte de alguna que otra pequeña molestia, nunca había tenido problemas en los pies. Alarmada y desconcertada, intenté caminar un poco para ver si se me pasaba, con la esperanza de que, fuera lo que fuese, desapareciera. Por el contrario, el dolor se intensificó.

Antes de saber qué era lo que me estaba ocurriendo, me quedé gravemente discapacitada. Transcurrieron días y semanas, y el dolor seguía empeorando. Apenas podía dar unos pasos, lo justo para llegar al cuarto de baño. Me dolía hasta sin moverme, sentía como descargas eléctricas agudas que no sabía de dónde venían, seguidas de dolores que irradiaban a través de los pies y de los dedos. El menor roce con una sábana era como si me clavasen un puñal. Cada mañana me levantaba con la esperanza de que el dolor hubiera desaparecido, pero cuando me despertaba, eso sí conseguía pegar ojo, me encontraba en el mismo cuerpo que estaba empezando a parecerme una cárcel.

Tardaba cinco minutos en bajar el tramo de escalera, y cuando llegaba abajo, me caían lágrimas. El dolor era insoportable. Pero eso no era todo: era totalmente incapaz de hacerme un café, fregar los platos o salir a dar un paseo. Aunque nunca les había dado demasiada importancia a mis pies, ahora me daba cuenta de cuánto los necesitaba para todo.

Los médicos no tenían ni idea de qué me pasaba. Me hicieron análisis de sangre y pruebas físicas, y me decían que tenía una salud perfecta. Estas visitas solían ser humillantes y los médicos adoptaban una actitud de superioridad, se limitaban a decirme que *perdiera algunos kilos* y que *hiciera más ejercicio*. Intentaba explicarles que una persona sin pies poco ejercicio puede hacer, y que así es como había engordado quince kilos. Intentaba explicarles que, antes de esa situación, era una yoguini extraordinariamente activa y que practicaba al menos cinco días a la semana. Pero que desde que me había puesto enferma, me sentía tan cansada que no podía hacer más de una actividad al día, y que tenía que reservar las cucharaditas de energía que me quedaban para hacer cosas, como bañarme o ver a mis clientes. Normalmente, a primera hora de la tarde ya solía meterme en la cama y no me levantaba hasta el día siguiente, cuando ya había hecho un poco de acopio de energía. Los médicos me transmitían tácitamente que les estaba haciendo perder su tiempo y trataban mi creciente lista de síntomas como si fuesen quejas de una hipocondríaca que solo busca atención.

Durante los seis meses siguientes, viví con dolor constante, y puesto que, en aquel entonces, no teníamos coche, apenas salía de casa. Jamás había estado tan incapacitada. Mi deseo de superar las dificultades era tan grande y habitual en mí que cada vez que me encontraba algo mejor, me excedía haciendo cosas y volvía a retrasar mi curación. Incluso me proponía seguir mis protocolos de curación, que eran variados y numerosos, con tremendas expectativas. Y si mi cuerpo no respondía, ¡me enfadaba con mis pies! «¿Qué más queréis?», les preguntaba, pero no recibía respuesta.

El cuerpo es el hogar que no dejamos jamás, aunque algunos lo intentemos. Es el lugar donde nuestra alma ha echado raíces para toda la vida, y es solo a través de sus sentidos como podemos llegar a conocer el mundo en que vivimos. Nuestras manos son las que ofrecen ternura, nuestras voces las que dicen la verdad, nuestros oídos los que distinguen el ruido de la música y nuestros pies los que adoptan una posición. Nuestro malestar de estómago nos indica que algo no va bien, la fiebre expresa nuestro deseo y nuestro corazón palpita de expectación ante lo nuevo.

El cuerpo es también el primer lugar donde se produce la separación de la pertenencia: abandonamos el cuerpo de nuestra madre para convertirnos en nosotros mismos. Es el terrible y maravilloso campo de aprendizaje, en el cual llegamos a saber dónde terminamos nosotros y dónde empieza la otredad.

Para las personas que no han tenido madre o a quienes esta no ha sabido darles afecto, el camino que tienen por delante para reconocer y afrontar el dolor es mucho más duro. Si no has conocido el consuelo y la seguridad que confiere la presencia de una madre, te habrás criado, como me sucedió a mí, sin conocer el valor de que alguien atienda presencialmente tus necesidades físicas y tus sentimientos.

A mis poco más de veinte años, tuve un terrible accidente de bicicleta. El impacto me dejó inconsciente y me desperté junto a un desconocido que me estaba preguntando si me encontraba bien. Levanté las manos y vi que las tenía ensangrentadas, como el resto de mi cuerpo, porque había resbalado por la gravilla y me había desplazado unos tres metros sobre ella. «Estoy bien», le respondí, intentando incorporarme. Después de eso, ya no recuerdo mucho más de lo sucedido, salvo que llegó un momento en que en mi intento de volver cojeando a casa, me di cuenta de que me había hecho mucho daño, así que llamé a la puerta de un desconocido para pedir ayuda. Este me llevó en coche hasta la residencia donde vivía en aquellos tiempos, me metí en la cama y me escondí en mi habitación, donde estuve tres semanas perdiendo y recuperando la conciencia a ratos.

Me inunda un profundo sentimiento de tristeza y compasión por aquella joven que no sabía pedir ayuda ni cuidar de su cuerpo. Ni siquiera se me ocurrió ir al hospital o pedirle ayuda a alguna compañera de la residencia. Creía, tal como me habían enseñado, que si me pasaba algo malo era porque me lo había buscado, así que me avergonzaba de estar herida y me aterrorizaba ser una carga.

La mayor ironía es que es precisamente este miedo lo que suele alejarnos de la pertenencia. Vivimos evitando los lugares y los riesgos que podrían conducirnos a ser rechazados, y nos excluimos preventivamente, pero luego sufrimos la misma soledad que experimentaríamos si nos hubieran rechazado desde fuera.

Inconscientemente, creía que mi aceptación en el mundo era muy frágil y que dependía de que me convirtiera en un miembro activo de la familia, de la casa o de la comunidad. Pedir ayuda implicaba cargar a los demás con mi dolor, lo cual me hacía temer que supusiera mi rechazo de la pertenencia. Así que mi instinto me decía que tenía que esconderme o ausentarme hasta estar mejor.

Al cabo de unas semanas, empecé a tener ataques de epilepsia. Recobraba la conciencia en el suelo de mi habitación, con las piernas temblando y, aun así, jamás pedí ayuda. Aunque lo mío es un caso extremo, quizás haya alguna parte de ti que se identifique con ese automaltrato físico, como si venirte abajo supusiera una molestia para ti y para los demás.

En términos generales, la relación principal que mantenemos con nuestro cuerpo es como la que tenemos con nuestro coche: lo tratamos como si fuera un robot mecánico que funciona automáticamente y esperamos que esté siempre a nuestro servicio, aunque apenas cuidemos de sus necesidades. Lo usamos a modo de cubo de basura y lo forzamos hasta sus límites; luego nos extrañamos y frustramos cuando, misteriosamente, se estropea. A veces, las heridas o el malestar son lo único que puede devolvernos la relación con nuestro cuerpo.

Marion Woodman cuenta la historia de una pianista que tenía un pánico escénico tan agudo que, durante treinta años, se negó a tocar delante de nadie, ni tan siquiera una sola persona.[5] Así que recurrió al psicoanálisis con la esperanza de superar ese miedo y, al cabo de unos años, reunió el valor para ponerse en contacto con un cuarteto de música de cámara de su zona. Los músicos se quedaron boquiabiertos ante su arte, y no entendían cómo había podido ocultarlo tanto tiempo. Pero justo cuando empezó a tocar por primera vez con los otros músicos, desarrolló una misteriosa y atroz enfermedad que le provocó una parálisis en las dos manos.

Para cualquier persona que haya tenido que superar grandes obstáculos y que, de pronto, se encuentra con que no tiene ningún apoyo, la tentación de creer que está sufriendo una maldición es muy grande, pues está muy arraigada en nuestro dogma cultural. Al igual que le sucedió a Cristo en la novena hora de su calvario hacia la crucifixión, puede que empecemos a lamentarnos diciendo: «Dios mío, Dios mío, ¿por qué me has abandonado?».

Woodman explica que la iluminación de la conciencia se ha de producir en el nivel celular físico. No basta con saber algo mental o, incluso, espiritualmente. Es como si cada una de las células del cuerpo necesitara recordar. Como escribió Edward Edinger, este apocalipsis del cuerpo es necesario para «la llegada del Sí-mismo a la realización consciente […] La disolución del mundo tal como lo conocíamos, seguido de su reconstrucción».[6]

De hecho, a los seis meses de mi misterioso dolor de pies, mi vida se estaba viniendo abajo. Me asaltaban imágenes de acabar en una silla de ruedas y no estaba segura de si volvería a andar. De la noche a la mañana, me convertí en una persona con un alto grado de dependencia. A diferencia de cuando tenía veinte años, que estaba sola, ahora tenía una relación sentimental estable con Craig. Al vivir juntos no tenía oportunidad de huir a ninguna parte. Incluso cuando lo intentaba, él no me dejaba. Fue tras de mí en todas las ocasiones; como en el cuento del Conejito Andarín, siempre me convencía para hacerme regresar al mundo. Cuidaba de mí con tanta compasión que me resultó muy difícil aceptar sus cuidados. Sus ojos me revelaban que sentía mi dolor como si fuera suyo, y yo quería evitarlo. Pero cada vez que intentaba tomar las riendas de la situación, esforzándome más de la cuenta, Craig estaba allí, recordándome que tenía que aceptarlo.

Heridas ancestrales

Aproximadamente a los seis meses de mis dificultades para caminar, cuando todavía me encontraba en un estado de oposición absoluta, se me concedió un sueño que me hizo despertar.

Descalza en un gueto para refugiados: sueño de Toko-pa

Vivo en un lugar donde hay toque de queda. Hay grandes guetos para refugiados que viven exiliados de sus países. Yo soy una de ellos, pero a la hora del toque de queda, me encuentro caminando por la calle con mi pareja. Me dicen que la ley me obliga a quitarme las botas. Mi novio me pide que lo siga, porque sabe cómo caminar descalzo sin hacerse daño. Pero yo soy demasiado independiente y no me gusta seguir a nadie, así que tomo mi propio camino. En cuanto lo hago, piso trocitos de cristal que se me clavan, justo en el sitio donde tengo el problema cuando estoy despierta.

Este fue el sueño que me inspiró a escribir este libro. Incluso ahora, cuando ya han transcurrido varios años, sigue enseñándome a través de sus múltiples capas. Pero lo primero que me llamó la atención fue el contexto de vivir en un estado de excepción. No cabe duda de que esto se puede interpretar de una manera simbólica, como la pérdida de mi libertad, que me sentía presa debido a mi dolencia. Pero también había un recuerdo ancestral de mis abuelos maternos, que sobrevivieron al Holocausto.

Mi abuela era polaca, pero no era judía y hablaba perfectamente alemán, y estos dos factores la ayudaron a sobrevivir y a «pasar» una gran parte de la guerra. Mi abuelo, por su parte, era judío polaco y estuvo prisionero en el gueto de Varsovia durante tres años, antes de que los nazis lo pusieran en un tren con destino a Auschwitz, donde hubiera hallado la muerte en las cámaras de gas de no haber sido porque saltó del tren en marcha. En la caída se rompió una pierna, pero consiguió resistir ocultándose en los bosques, con la ayuda de la resistencia, hasta el final de la guerra.

Cuando recibí este sueño supe claramente que había un vestigio psíquico del dolor de mi abuelo, que se había transmitido a las siguientes generaciones y había llegado hasta mí, concretamente hasta mis pies.

Cuando una persona no puede o no quiere realizar el trabajo interior necesario para curar su dolor, las heridas pasan a las siguientes generaciones, se crea una metástasis su nuestro árbol genealógico, que se manifiesta como aflicciones mentales, patrones de miedos, incluso lesiones físicas. Pero hasta que llegue el día en que las ramas más jóvenes encuentren el suficiente apoyo y conciencia como para afrontar ese antiguo sufrimiento y dedicarle su correspondiente duelo, seguirá manifestándose en todas las generaciones siguientes.

Los supervivientes del Holocausto suelen intentar superar el horror que vivieron de una de estas dos formas: una es hablando largo y tendido de sus experiencias, y la otra, no hablando de ellas en absoluto. Mi abuelo pertenecía al segundo grupo. En realidad, mi madre no se enteró de que su padre era judío hasta los cincuenta y tantos. Me imagino cómo debió de afectar inconscientemente a mi madre que él viviera en ese secretismo. Como dijo Jung: «Nada influye tanto sobre los niños como estos hechos silenciosos que están en segundo plano».[7]

«El niño está tan vinculado a la atmósfera psicológica de los padres –prosigue Jung– que los problemas secretos y sin resolver entre ellos pueden afectar profundamente a su salud […] provoca que sienta los conflictos de los padres y los sufra como si fueran propios. El conflicto abierto o la dificultad clara rara vez tiene este peligroso efecto; son los problemas parentales que se han mantenido ocultos o a los que se les ha permitido volverse inconscientes».[8]

Después de este sueño, empecé a sentir un aluvión de sentimientos compasivos hacia mi dolor. Mi actitud victimista y de sentir que estaba siendo castigada por algo que había hecho mal cambió radicalmente. Pero al ser cada vez más consciente de que había algo más grande y de mayor alcance detrás de mi historia personal que intentaba hacerse oír, empecé a sentir mi primera dosis de afecto hacia mi sufrimiento.

La resistencia a la que me aferraba iba dirigida contra mi propia impotencia; sin embargo, era justamente esa impotencia lo que tenía que sentir. Mi cuerpo, en su inteligencia infinita, solo se vino abajo cuando se dieron las circunstancias propicias de tener suficiente apoyo en mi vida para poder soportar ese colapso. Comencé a ver mi enfermedad como un aliado, que se presentó en el momento en que mi vida era lo bastante hospitalaria como para recibirlo.

Mis pies estaban cansados de ir a lo suyo. Me había pasado toda la vida huyendo. Recuerdo que mi madre escondió todos mis zapatos y botas para que no huyera. Pero hui descalza en plena noche, como en el sueño. Motivada por mi anhelo inconsciente de ser reconocida por la familia que me había rechazado, me volví tremendamente independiente y jamás confíe en nadie para que me guiara o en su capacidad para protegerme. Pero bajo ese alarde de invulnerabilidad me estaba esperando este derrumbamiento: agotamiento, tristeza y el deseo profundo de recibir ayuda.

Había llegado el momento de parar, dijo el dolor. Ya era hora de que conociera la hermosa naturaleza esencial que siempre había estado oculta en lo más profundo de mí. Mi bondadoso, amable y radiante yo, debido a las críticas y la desatención, había llegado a creer que tenía que demostrar que era merecedor de estar vivo. Que era digno de ocupar un lugar en el mundo. Allí estaba yo, celebrando mi cuarto año de amor verdadero con mi pareja, viviendo mi vocación de escritora y de analista de los sueños en un verdadero paraíso en la Tierra, dentro de una comunidad de mentes afines, y era el momento de dejar ir todos esos conceptos obsoletos de ser una marginada indigna de ser amada.

Pero mi historia también era una repetición del ancestral patrón traumático de mayor envergadura que experimentaron mis abuelos. Los judíos se convirtieron en chivos expiatorios de las sombras no reconocidas del colectivo, abandonados por el mundo y enviados al exilio o a la muerte. Mi historia personal se hacía eco de la de mis antepasados, que fueron enviados a correr en medio de la noche, a los que les hicieron creer que no pertenecían y que fueron tratados como si no valieran nada.

Sentí que se me estaba dando el privilegio y la responsabilidad de curar esas heridas ancestrales que se estaban manifestando en mi vida. Como bellamente dijo Paul Levy: «Tenemos la inestimable oportunidad de liberar estas hebras rizómicas ancestrales del trauma, que se pierden en el tiempo y que están igualmente alejadas del futuro, pero que a su vez convergen y son esparcidas por el presente en la forma de la sociedad y la cultura en que vivimos. Somos los que hemos de romper el eslabón de la cadena y disolver estos insidiosos hilos a modo de micelio, que literalmente son la urdimbre y la trama sobre las cuales se ha tejido el tapiz de la historia del pasado, presente y futuro de nuestra especie».[9]

En un intento inconsciente de ser merecedores de la pertenencia o de conservarla, hemos construido una gran parte de nuestra vida en torno a cómo ser útiles e impresionar a los demás. Pero cuando ya no eres divertido o no puedes servir a nadie, ¿qué es lo que queda de ti? Como sabe todo aquel que ha sufrido dolor o una enfermedad durante mucho tiempo, la herida produce una profunda humillación. Todos los anzuelos de la personalidad para «ponerte en marcha» o «impulsarte» se vuelven inservibles y eres conducido hacia la propia esencia de tu existencia.

Durante mi dolencia, pasé la mayor parte del año en casa. Fue una etapa de tremendo aislamiento y desgaste. Llegaron muchas invitaciones que tuve que rechazar y proyectos a los que tuve que renunciar, y hubo amistades que desaparecieron. Personas que pensaba que eran grandes amigas se distanciaron de mí; sin embargo, aparecieron otras que demostraron gran coherencia y amabilidad. La agudeza de mi dolor y mi cansancio era tan primaria que tenía muy claro en quién podía confiar.

Todos los días, cuidaba de mis pies con amor, gratitud y reconocimiento. Y todos los días, ahondaba en nuevos niveles de dolor, tanto personal como ancestral. Dependía de mi amado compañero para la mayor parte de las cosas, y tuve que pedirles más favores a mis amigos que nunca. Todo esto me ablandó.

Rumi dijo que llorar por debilidad es lo que invita a que la curación llegue generosamente. «Toda medicina reclama un dolor al que curar»,[10] escribió. ¡Qué fuerte hay que ser para dejarse ver en la debilidad! ¡Y qué valiente es el otro para estar firmemente indefenso! El dolor me llevó a la práctica de mostrarme con las manos vacías y seguir siendo adorable. El dolor, las heridas y las enfermedades nos piden que reconozcamos que nuestra vida es importante, sin que necesitemos justificación alguna para ello.

La verdadera sanación es el poco glamuroso proceso de vivir con dolor durante mucho tiempo. De seguir avanzando en la oscuridad. De mantener la tensión entre la esperanza de mejorar y la aceptación de lo que está pasando. De devoción absoluta a la tarea imposible de la recuperación, a la vez que estamos dispuestos a vivir con una herida crónica; congraciarnos con ella con la tenacidad sincera de llegar hasta su morada, sin forzar nuestra agenda sobre ella. Pero he aquí la paradoja: has de aceptar lo que está sucediendo, a la vez que mantienes la fe puesta en tu restablecimiento, por lento y sutil que este sea.

Por todas las veces que alguien te ha preguntado «¿cómo estás?», y te has sentido obligado a responder «estoy bien», cuando ese *bien* no era del todo cierto, te ofrezco este deseo: que esto no solo te encuentre bien, sino todas las cosas que nuestra condición de humanos exige de nosotros. Y recordarte que el hecho de que estés vivo, en todo su esplendor y variedad de colores, es más que suficiente para el amor. En vez de intentar sin descanso ponerte bien, o desear que «las cosas sean como antes» o «que algún día lo vuelvan a ser», hemos de estar dispuestos a seguir caminando con nuestro dolor. O al menos, estar *dispuestos a estar dispuestos* a decir: «Esto también es bienvenido. Esto también pertenece».

Once

El anhelo sagrado

De tanto en tanto, conoces a alguien que conoció a su bisabuela, que lleva el traje ceremonial típico de su pueblo hecho a mano, que todavía representa a su tierra y que canta los himnos de sus antepasados. Pero la mayoría no tenemos esa suerte, porque nos hemos quedado huérfanos de nuestra tierra natal, y con ello, también de la historia de nuestro pueblo, incluidas las canciones, los relatos y las vías de sabiduría de nuestro linaje. Y puede que cuando observemos familias más intactas que la nuestra sintamos una tristeza insoportable. Esta tremenda añoranza de algo profundamente familiar y totalmente desconocido a la vez es nuestro anhelo de tener un hogar que siempre-nunca hemos conocido.

Ahora, al estar alejados de las generaciones anteriores a la nuestra, que se pasaron la vida huyendo y olvidando voluntariamente, es como si hubiéramos perdido el contexto de nuestro anhelo. Este parpadea, de vez en cuando, en algunos de nuestros momentos de silencio, con una señal tenue, pero constante, que queda amortiguada por la niebla de la modernidad. El escritor y activista Francis Weller dice que hay una parte de nosotros que, cuando salimos del útero de nuestra madre, espera encontrar cuarenta pares de ojos aguardando nuestra llegada. En realidad, seguimos echando en falta esos cuarenta pares de ojos a lo largo de nuestra vida. De hecho, no se trata de que nos falte algo importante en nuestra vida, sino de que sentimos que no formamos parte de algo importante.

En un linaje ininterrumpido hay una integridad que percibimos intuitivamente, cuya estructura o conjunto de tradiciones no se limita a guiar a sus miembros en los avatares de la vida, sino que les confiere una responsabilidad y un lugar en la pertenencia. Podemos imaginar el orgullo que sienten las personas que representan a un linaje ancestral; a veces, incluso, hemos sido testigos de él. Es como si ser herederas de una larga tradición las enriqueciera e hiciera más fuertes y dignas. Tal vez al escuchar nuestras canciones o idiomas ancestrales, al ver una danza con los trajes ceremoniales o probar una comida preparada de la misma manera, desde que se tiene conocimiento de ella, conectemos, de pronto, con lo más profundo de nuestro anhelo de formar parte de una historia más antigua, que ennoblece nuestra propia vida, como frutos de un antiguo árbol genealógico.

Por el contrario, muchos tenemos una historia rota. Empieza cuando nuestros padres o abuelos llegaron a Occidente, ya fuera por propia elección, porque tuvieron que huir o bien porque fueron llevados a las Américas, a Europa o a Asia en contra de su voluntad, en la diáspora africana que ocasionó la trata de esclavos. Norteamérica cuenta con una terrorífica historia de colonialismo: a los indígenas de esta tierra les robaron sus hijos, los encerraron en internados, sufrieron abusos y fueron obligados a asimilar la cultura eurocéntrica.

Somos muchas las personas cuya cultura ancestral o ha sido gravemente dañada o está al borde de la extinción. Aunque muchos han luchado por conservar sus tradiciones, lenguaje, recetas y actividades artísticas vivas, la globalización es una fuerza poderosamente homogeneizadora. A pesar de que este proceso de integración ha proporcionado oportunidades y libertades a muchos, que posiblemente nunca las hubieran tenido de no ser por él, la pérdida de culturas es una consecuencia devastadora de las exigencias y el ritmo del Nuevo Mundo. Muchos de nuestros predecesores tuvieron que concentrarse en adaptarse a la modernización, en lugar de hacerlo en conservar sus tradiciones. En algunos casos, la generación anterior puede que incluso se viera obligada a rechazar su cultura e idioma bajo presión o amenaza, para poder integrarse. Pero creo que muchas personas de las nuevas generaciones están sintiendo el anhelo de que les falta algo.

Aunque no seamos plenamente conscientes de ello, siempre nos sentimos impulsados a reunirnos con esos pares de ojos que nos faltan. Pero aunque sea el anhelo de una compleja mezcla de familiares, tierra, propósito y mitos, muchas veces, lo proyectamos en formas temporales. En un intento de sofocar ese dolor, puede que nos integremos en grupos establecidos, o que nos entreguemos a otras formas de unión que, al final, demuestran ser lugares de pertenencia condicional o falsa. Cuando nos decepcionamos o no somos correspondidos en nuestra búsqueda, empezamos a desconfiar del propio anhelo, que parece un fantasma hambriento al que jamás podremos satisfacer.

Tratamos de llenar, generalmente en vano, el vacío del anhelo con placer, ocupaciones y distracciones. Pero siempre regresa. En un momento de silencio, se produce un afloramiento de tal magnitud que podría engullir toda tu vida. El anhelo, al igual que cuando soñamos que un tsunami entra por nuestras ventanas, puede ser atroz, despiadado y amenazar con destruir todo lo que hemos construido. Pero ¿y si aumentan nuestros intentos de controlarlo? ¿Y si nos estamos privando de un encuentro catártico? ¿Y si el tsunami nos engancha en la cresta de su ola y nos conduce a nuevas esferas de lo que supone estar vivo?

Muchas tradiciones espirituales hacen hincapié en que nos desapeguemos de nuestros deseos, porque son la causa del «sufrimiento eterno», pero muchas veces se malinterpreta este concepto y las personas creen que han de enterrar, reprimir o superar su anhelo. Este último, a diferencia del deseo, que es una proyección de nuestro anhelo en el plano material y siempre vela por su satisfacción, no es algo que debamos reprimir.

Según la visión sufí, el anhelo es la tendencia divina, lo que nos acerca al Amado. Del mismo modo que el amante y el amado aspiran a estar uno en brazos del otro, igual sucede entre nosotros y la vida que nos tiene reservada el destino. Del mismo modo que una planta crece en dirección al sol, el anhelo es la naturaleza que nos guía hacia la luz que necesitamos para dar fruto. Pero también, como escribió Rumi, «aquello que buscas te está buscando a ti». El anhelo no es solo la cualidad de buscar la reunión, sino el sonido de algo que nos está buscando: la llamada de regreso a casa.

Cuando el anhelo de nuestra vida ha sido desatendido durante mucho tiempo, incluso generaciones, puede parecer amenazador, distante o retorcido en su forma de expresarse. Sin embargo, intentar desapegarnos de él implica ponernos en peligro. Los apegos son las arterias a través de las cuales damos y recibimos amor. Estas arterias de apego hacia otra persona, Dios, la belleza y el sufrimiento en el mundo son esenciales para nuestra vitalidad. Cuando nos desapegamos de las cosas que amamos, de aquello que nos puede romper el corazón, nos arriesgamos a aislarnos y a morirnos por dentro. Porque cuando nos armamos contra el dolor, también nos cerramos a estar vivos en otras áreas de nuestra vida.

El camino del misticismo conlleva regresar a nuestro anhelo, aun cuando el dolor de la separación sea insoportable. Esta es la razón por la que el anhelo es la raíz de la pertenencia. Estar anhelando lo que desea el alma, aunque no podamos saciar su sed, es estar verdaderamente vivos; paradójicamente, nuestra presencia más profunda en esas ausencias de nuestra vida es lo que nos ayuda a volver a la coherencia.

Abandonar el cañaveral

Rumi utiliza una metáfora lírica cuando escribe sobre nuestra separación original en su poema «El cañaveral».[1] Habla sobre la paradoja de nuestra condición humana. De la misma forma que la caña es arrancada de su cañaveral, nosotros somos separados de lo divino para participar de la encarnación. Solo cuando la caña ha sido arrancada del Amado puede convertirse en flauta e interpretar la bella música del anhelo, agonizando de dolor por regresar al cañaveral del que fue cortada. «La caña es herida y bálsamo a la vez. / Unión y anhelo de unión: una sola canción. / Fatídica rendición y amor exquisito juntos».[2]

Hay una paradoja esencial en esta dinámica de la separación y del apego. Solo podemos llegar a la unión a través del anhelo que surge del alejamiento. De la misma manera que un pez, tal vez, nunca llegue a notar el agua en la que nada hasta que lo saquen de ella, nosotros hemos de sentir la separación de lo que nos es familiar para que crezca nuestro anhelo por lo desconocido. Este anhelo es lo que despierta la curiosidad en nuestro corazón y nos hace avanzar en nuestro encuentro con la vida.

Escucha a la caña y su relato sobre su separación.
«Desde que fui cortada del cañaveral,
he estado gimiendo.
Todo aquel que haya sido separado de su amado
entenderá lo que digo.
Todo aquel que ha sido alejado de su origen
anhela siempre regresar.
Estoy en todas las reuniones,
participo de risas y llantos,
soy amiga de todos,
pero pocos consiguen desvelar los secretos
que esconden mis notas.
Nadie tiene oídos para ellos.
El cuerpo fluye del espíritu,
el espíritu asciende por el cuerpo:
no ocultan esta mezcla.
Pero no se nos ha concedido
el don de ver el alma.

La flauta de caña es fuego, no viento.
Sé ese vacío».
Escucha el fuego de amor
entremezclado en las notas de la caña,
a medida que la perplejidad se convierte en vino.
La caña es amiga de todo aquel
que quiera que se rasgue el velo y desaparezca.
La caña es herida y bálsamo a la vez.
Unión y anhelo de unión: una sola canción.
Fatídica rendición y amor exquisito juntos.

Los amantes se unen por el anhelo que sienten, a veces crean vida en su unión. Al final, llega el día en que el bebé ha de abandonar el útero de la madre, y se le despierta el anhelo para que regrese a su pecho, el dulce alivio de la seguridad y el alimento. Pero un día el niño o la niña tendrá que separarse de su madre y ser una persona independiente. Y llegará un momento en que sentirá el deseo de la ternura de un amante y el ciclo volverá a empezar. Es el ritmo de la propia vida. La unión es lo que fomenta la separación, y en esa separación, nace el anhelo de la unión.

El anhelo es el elemento dinámico de la pertenencia, que si somos lo bastante inteligentes como para seguirlo, nos conducirá de nuevo a reunirnos con la vida que estamos destinados a vivir.

Bien practicado, el anhelo es el acto de honrar la separación. Es el impulso del alma que nos invita a que participemos más de la vida. «Es el momento de ir a casa», nos dice. Es un pinchazo agudo en el corazón que nos revela que hay algo más que esto y nos atrae hacia ello, como un imán. Sin embargo, hemos de respetar la gran distancia que quizás nos separe. El anhelo no se conforma con las formas mundanas, porque sabe que hay un hogar al que solo se puede acceder a través del portal de nuestra vulnerabilidad a cada momento de nuestra vida. Al igual que la caña que es cortada del cañaveral, cuando somos despojados de lo que amamos se produce algo extraordinario, que es lo que nos inspira a componer la terrible-maravillosa música de nuestra condición humana.

James Hillman escribe, de un modo bastante discordante, sobre la inocencia; dice de ella que «es la adicción a no querer conocer la oscuridad de la vida. Que es no querer saber».[3] Dicho de otro modo, para tomar conciencia, se ha de romper la inocencia. Aunque sé que es una afirmación controvertida, me ha ayudado mucho a reconciliarme con mi propio trauma. En vez de fijarme en el mal que me habían hecho –la obsesión de regresar a la inocencia–, empecé a ver mis propios desengaños como algo necesario. Sin ellos, jamás habría conocido la verdadera pertenencia, y no precisamente a pesar del exilio, sino gracias a él.

Volver a amar significaría para mí poder hacerlo desde una comprensión más amplia y más compleja de la propia vida, incluidos los pares de opuestos de traición y confianza, exilio y pertenencia, separación y apego. De la misma manera que Adán y Eva fueron expulsados del Edén por comer del Árbol del Conocimiento, también hay que pagar un precio por ser conscientes, pero el regalo de la conciencia es una relación más madura y matizada con la vida. Opino que ese es el verdadero significado del perdón: no olvidar lo que te ha sucedido, pero dejar de desear que hubiera sido de otro modo. Elegirlo después de haber sucedido.

El anhelo es la llamada a esta reconciliación con los sucesos de nuestra vida. En vez de intentar manipular la realidad para que solo sea paz y placer, el anhelo nos pide que participemos de risas y llantos, que seamos herida y bálsamo, que estemos dispuestos a perdernos para volver a encontrarnos.

A los pocos días de la muerte de mi mentora Annie, soñé que nos encontrábamos en un jardín soleado. Estaba muy emocionada de volver a verla y ella me abrazaba amorosamente. Pero debí de estar demasiado tiempo aferrándome al consuelo que me ofrecía su tierno cuerpo, porque empezó a aullar como una loba enseñando a su cachorro a valerse por sí solo.

Sobresaltada por la intensidad desgarradora de este sueño, empecé a salir a dar paseos a espacios naturales, porque sentía que eran los únicos lugares lo bastante grandes como para albergar mi sufrimiento. Recuerdo que un día estaba en una playa solitaria, sentada sobre una roca redondeada, llorando al sol el dolor que brotaba de mi corazón por la pérdida de mi amada «madre-amiga», y cuando levanté la mirada vi la carcasa intacta que había dejado una cigarra sobre un tronco cercano; solo tenía una limpia división en su espalda.

En ese momento tuve una revelación, entendí que a Annie, como a la cigarra, le crecieron alas y había dejado atrás las limitaciones de su envoltura humana. Sentí un júbilo extático, que mezclado con mi duelo, me hizo darme cuenta en un momento de que la muerte no era un final en absoluto, sino un principio. Sentí como si se hubiera creado una abertura gracias a mi anhelo, a través de la cual la naturaleza, que incluía a Annie, se podría comunicar conmigo. Entendí que yo también era la cigarra. La muerte de Annie me partió el corazón dejándolo claramente abierto, y de él salieron las alas de mi anhelo de una vida más completa.

Aunque me hizo falta mucho valor para dejar atrás la comodidad de lo conocido y responder a la llamada de mi anhelo, empecé a conectar con la propia vida de una manera más profunda. Como cuando remas a contracorriente y, por cansancio, sueltas los remos y te dejas llevar, dejé que la corriente subterránea girara mi canoa y aprendí a confiar más en lo desconocido. La muerte me hizo más audaz; no externamente, sino en el sentido de que me había vuelto más permeable a mi entorno, después de que el duelo hubiera aumentado mi capacidad para dejar de ocultarme. Hasta mi creatividad llegó a niveles más profundos de honestidad, porque me había vuelto más vulnerable a la vida, y esta a mí.

La vida encarnada supone implicarnos no solo con la bondad, sino con el sufrimiento del anhelo y la ausencia, e incluirlos en nuestra forma de afrontar las cosas. ¿Puedo *estar* con mi *anhelo*? ¿Puedo permitir que el vacío de lo que me falta se quede tal cual sin intentar llenarlo con sustitutos o duplicados? ¿Puedo anhelar sin esperar consuelo? ¿Podría yo, conviviendo con la ausencia, convertirme en la presencia que tanto deseo?

Nuestro anhelo habita en las regiones vírgenes de nuestra vida. Puesto que siempre intentamos apaciguarlo o llevarle ventaja, rara es la vez que escuchamos lo que tiene que decir. Pero si aprendemos a tratar con respeto esa ausencia, como un lugar que está plenamente expandido, que se está preparando para recibir las cosas que le faltan, el anhelo puede llegar a convertirse en una llamada de atención para la gran pregunta de nuestra vida: ¿estoy alineado con la gran naturaleza de las cosas? ¿Estoy al servicio de lo que amo y me ama a mí? Al mostrarnos lo que nos falta, se convierte en una sirena que nos llama para que regresemos a nuestro verdadero hogar.

Una de las grandes historias de anhelo continuado es la de Rumi, que, cuando su maestro, Shams de Tabriz, fue asesinado, empezó a dar vueltas alrededor de una columna que había en su patio. Rotaba de dolor y anhelo por volver a reunirse con Shams, que le había enseñado música y poesía, giró y giró, sufrió y anheló. Al hacer esto, se abrió un portal sagrado y la poesía empezó a brotar de sus labios. Todos los poemas que ahora lees de Rumi no los escribió él, sino sus seguidores, que fueron los escribanos de lo que estaba siendo canalizado a través de su anhelo. Los hay que dicen que este acontecimiento fue el origen de los derviches giróvagos, que practican dar vueltas para abrir ese portal hacia lo divino.

Los poemas de Rumi han sido y son una de las mayores contribuciones a la cultura de la humanidad en los últimos setecientos años. En su voluntad de danzar con su anhelo, Rumi creó una belleza tan exquisita que se convirtió en refugio de vagabundos y marginados, y románticos y soñadores de todo el mundo. La poesía se convirtió en la pertenencia de Rumi al mundo, y a su vez, creó un lugar de pertenencia donde otros también pudieran verse reflejados.

Podemos pactar un encuentro con la vida que sea directamente proporcional a nuestra voluntad de empaparnos de su influencia. Como vimos en el capítulo cinco, «El matrimonio interior», este tipo de *receptividad activa* es una iniciativa maravillosa cuyo aprendizaje no tiene final. En cada momento, estamos aprendiendo a pertenecer plenamente a una elección, una idea, un lugar, nuestro cuerpo, una relación, un remordimiento, una pérdida, nuestra propia historia. Todo esto puede tener lugar en un solo instante de encarnación.

Hay momentos que son demasiado duros para expresarlos, y la tentación de no presentarnos a ese encuentro es grande. Puede que todavía no estés preparado para dar la cara del todo (o que no lo estés en absoluto) en esa circunstancia. Pero esos son los momentos que encierran más poesía en su interior. Aunque tu cuerpo tiemble aterrorizado por estar tan cerca de tus límites, no siempre será así. Al final, serás capaz de pertenecer a esos momentos. Llegará el día en que temblarás menos y te reirás antes.

Este es el voto viviente: dar la cara con mayor presencia en el momento. Encontrarte sinceramente con tu anhelo en cada esquina. Escucharlo, aprender en qué dirección quiere ir la energía de tu vida. Paradójicamente, es en nuestro vacío —otra forma de decir voluntad— donde conseguimos llenarnos. Al estar totalmente presentes en cualquier lugar, podremos conocer nuestra siguiente transformación. Esto nos hace crecer. Empezamos a entender que nuestra vida no nos pertenece solo a nosotros, sino a un impulso que se pone en movimiento hacia su destino a través del anhelo, como sucedió con Shams, que siguió viviendo a través de Rumi.

Puede que sueñes con un lobo que quiere morderte la mano, pero en lugar de tener miedo al dolor, en vez de sentirte objeto de la agresión y de las exigencias del otro, sabes que sois socios. Eres un susurrador de lobos y en su mordisco reconoces el deseo velado de querer conocerte y de que tú lo conozcas. Tienes un encuentro con un poder silencioso y estás dispuesto a afrontar lo que antes te asustaba. Y cuando se lance a morderte la mano, no te dolerá, se volverá tierno y el encuentro estará envuelto de misterio telepático. Os pertenecéis el uno al otro, el lobo y tú; habéis sido iniciados en la copertenencia.

Cuando estamos abiertos a nuestro anhelo, que es como decir que no lo rechazamos o silenciamos, este nos conecta con un lugar donde podemos ser aceptados íntegramente. No tendremos que deshacernos de ninguna de nuestras facetas, sino más bien aceptarlas y reforzarlas en su multiplicidad interior.

Tú también eres la gota

Muchas personas citan mal a Rumi cuando dicen: «No eres una gota en el océano, sino el océano en la gota», aunque sea reconfortante cuando olvidamos que los abismos infinitos están en nuestro interior. Pero la estrofa real, que dice así: «Que la gota de agua que eres se convierta en cien poderosos mares. Pero no pienses que la gota sola se convierte en el Océano, ¡el Océano también se convierte en la gota!»,[4] es mucho más compleja y nos pide que afrontemos la paradoja de ser parte de esa unidad más grande, a la vez que somos una expresión única e independiente de la existencia.

Ser conscientes de nuestra separación es lo que a menudo nos provoca abatimiento y desesperación. Empezamos a pensar que nuestra diminuta vida humana es intrascendente e, incluso, innecesaria para la gran diversidad de las cosas. Si inconscientemente nos dejamos guiar por este pensamiento, nuestra vida puede convertirse en un bucle infinito de desesperación. En nuestro deseo de crear un legado, de dejar una marca, de dejar pruebas de nuestra singularidad, construimos desde la humilde perspectiva de la gota. Nos olvidamos de nuestra pertenencia al océano y nos quedamos atrapados en el culto al individualismo, donde por más que consigamos nunca es suficiente.

Pero el propósito, en el sentido más puro, no difiere tanto de un órgano corporal. Los órganos por sí solos no sirven de nada, a menos que trabajen juntos al servicio de un cuerpo, aunque sea de manera totalmente individualizada. Rumi nos pide que mantengamos ambas cosas: no estar separados, pero estarlo. Somos individuos completamente únicos, capaces de adoptar infinidad de configuraciones de innovación y belleza, pero estamos dentro del gran océano de la totalidad y dependemos por completo de él.

De acuerdo con la visión mística, el anhelo es un recuerdo de la pertenencia a Dios. A medida que seguimos nuestro anhelo personal, empezamos a regresar a esa coherencia original. Aunque tengamos que aprender a vivir con el dolor de haber perdido las tradiciones de nuestros antepasados, a través de nuestro anhelo podemos volver a conectar con los orígenes de donde surgieron esas tradiciones.

El anhelo ancestral

Es un error fundamental creer que la no pertenencia empieza con el yo, porque aunque somos los responsables de esta añoranza perpetua, esta no empezó con nosotros. Nuestra primera experiencia de desarraigo es como un patrón en nuestro sustrato, como una tierra rocosa, que condiciona todo lo que crece a su alrededor. Si nos remontamos a los orígenes de nuestro anhelo, reconciliarlo con su historia es un paso importante para curar la pertenencia.

Esta añoranza nos ha sido transmitida de una generación a otra, ha ido tomando impulso a través de ellas, y empezó con el exilio real de tu gente. Tal vez comenzara cuando tu pueblo tuvo que huir de la humilde tierra a la que estaba arraigado, cuando fue separado de los rostros que se asemejaban al suyo y alejado de las formas secretas en que sintonizaba con la belleza y la enaltecía. Tal vez fue un pueblo orgulloso de su número e identidad compartida, un compendio de canciones, mitos y una deuda no correspondida –la amada bondad– que lo mantenía comprometido con lo sagrado, que le enseñaba a caminar sobre la Tierra conociendo su magnificencia.

Tal vez tu pueblo fue dividido por la traición de tus propios hermanos y hermanas, y tu elegante compendio se vio súbita e irreparablemente confinado al anonimato, alejado de la riqueza que proporciona la unión, se le dio un estatus sin nombre y sin lugar: esclavo, inmigrante, refugiado. Por supuesto, sobrevivir es un triunfo en sí mismo, se pueden contar nuevas historias sobre lo duro que ha sido construir un nuevo hogar, sobre cómo se puede crear una familia con personas que no conocías. Pero como cualquier gran duelo que nunca desaparece, hemos de aprender a vivir con él y, con frecuencia, durante muchas generaciones.

La convergencia del impulso ancestral puede ser desconcertante y liberadora a la vez. Por una parte, si estudiamos nuestra historia, tal vez descubramos algún propósito al reencontrarnos con lo que nuestros antepasados amaban y anhelaban. Por otra, es posible que en nuestra sangre todavía haya vestigios de sus traumas y esperanzas frustradas, y que erróneamente creamos que son solo nuestros.

Probablemente viva en nosotros una alienación heredada sin que nos percatemos de ella, persiguiéndonos con sentimientos de no pertenencia, haciendo que nos ausentemos de la vida de varias formas, pero sin mostrar nunca su verdadero rostro. A veces, percibimos un atisbo del origen de estos patrones en nuestros padres o abuelos, quienes nunca salieron del arquetipo del Marginal, dando por hecho el rechazo, antes de intentar participar en la comunidad. Quizás reconozcamos nuestra tendencia a distanciarnos, a vivir alienados, a creer que no vamos a ser bien recibidos allá adonde vayamos. Pero hemos de tener en cuenta que estas estrategias tienen unos orígenes más profundos que nuestra propia vida.

Durante esa terrible etapa en la que no podía caminar, me sumergí en las profundidades de mi aislamiento. Forzada a dejar mi trabajo y demasiado cansada para participar en la mayor parte de los actos sociales, mi anhelo de estar integrada en una comunidad y de tener la familia que nunca tuve se estaba volviendo insoportable. Pero cuando recibí el sueño de pisar cristales rotos, en un contexto que parecía el Holocausto, experimenté una potente conexión entre mi enfermedad y la pierna rota de mi abuelo, cuando saltó del tren en marcha de camino a Auschwitz. Las raíces de mi anhelo eran más antiguas que mi propia vida, y me vi obligada a conectar capítulos entre la historia de mis abuelos y la mía.

Hice una búsqueda en Internet y encontré el nombre de mi abuelo en la lista de supervivientes de la base de datos del gueto de Varsovia. Era la primera vez, en todos mis años de búsqueda, que encontraba pruebas en la Red de su existencia. Me puse en contacto con el Centro de Genealogía Judía y, en veinticuatro horas, recibí una respuesta del director, quien, en un solo correo electrónico, me bendijo dándome quince nombres de miembros de mi familia judía por parte de mi abuelo materno. De la noche a la mañana, de esa rama ominosamente vacía de nuestro árbol genealógico florecieron quince fantásticos nombres hebreos que, aunque nunca los había escuchado, me resultaban familiares al pronunciarlos.

Con la ayuda de varias organizaciones dedicadas al recuerdo de los judíos, pasé el año siguiente de mi enfermedad recomponiendo parte de lo que se había perdido durante el Holocausto: documentos de internamiento, artículos de periódico, guías telefónicas, incluso unas cuantas fotos. Al cabo de varias semanas trabajando en este proyecto, tuve la sorpresa de mi vida cuando descubrí a una historiadora de un pueblecito de Francia, que había recopilado los relatos conmemorativos de los residentes de la localidad durante la guerra. Bajo el pretexto de que iban a ser salvados de las redadas que estaban teniendo lugar en París, los refugiados judíos fueron enviados a vivir en fincas de trabajo rurales, durante el breve período de un año y medio, antes de que, en 1945, fueran deportados, en el

Convoy 66, hacia su fatal destino. Entre esos refugiados había una pequeña familia de tres personas, que eran antepasados de nuestro linaje Konbrat. Enseguida nos pusimos en contacto con la historiadora, Christine Dollard-Leplomb, quien nos informó de que uno de los miembros de la familia René, un amigo de nuestros antepasados, todavía estaba vivo, a sus noventa años, y que ¡quería conocerme!

Unas pocas semanas después, volé a París para encontrarme con mi hermano, que venía de Londres, y nos adentramos en la zona rural de Ardenas para seguir el camino que recorrieron nuestros valerosos primos. Nuestra gran esperanza era que al rastrear algunos de estos pequeños fragmentos, diéramos con otros parientes vivos que pudieran ayudarnos a recordar todo lo que había sido olvidado. Estaba a punto de cumplirse un año desde el brote de mi enfermedad, y estaba empezando a caminar otra vez. Solo hacía trayectos cortos hasta el final de mi calle o alrededor de la manzana si hacía buen día, así que viajar a Europa supuso un reto, pero era una odisea urgente que no podía rechazar.

Una de mis primeras paradas en París fue en el Memorial de la Shoah, donde encontré el nombre de mis antepasados grabado en el gran Muro de los Nombres, de piedra, entre los setenta mil judíos que fueron asesinados en Francia. No hay palabras para describir lo impactante que es lo que hay expuesto en el museo del Holocausto. Parecía que había bajado la temperatura justo para nuestra visita. Las fotografías a veces eran poéticas –nuestra hermosa gente, dignificada incluso en la miseria–; luego, por supuesto, plasmaban actos inimaginablemente terroríficos realizados por personas con corazones de piedra.

Las imágenes que más me conmovieron fueron las de las mujeres que tenían los pies tan destrozados y llenos de heridas –por su trabajo de esclavas en el campo– que debían ir descalzas en todas las estaciones del año. Zapatos con más agujeros que piel. Con lágrimas en las mejillas, entendí que vivir en mis pies era un antiguo dolor que anhelaba ser recordado.

Me llama mucho la atención la diferencia entre recordar y no olvidar. Esto último nos exige mucho más. Implica llevar nuestra atención a esos lugares de donde enseguida apartaríamos nuestra mirada para evitar que se nos volviera a romper el corazón. En el museo, se exponía la foto de un hombre agonizante escribiendo con sangre la palabra *venganza* en la pared que tenía al lado; el fotógrafo después de haber captado esa imagen escribió en la foto que la verdadera venganza es mantener vivos nuestros recuerdos y nuestras crónicas. Creo que quería decir que la venganza última no es corresponder con el odio, sino hacer entender a la sociedad los horrores que los seres humanos somos capaces de cometer. No olvidar es el acto consciente de recordar, volver a relatar y conmemorar lo que se ha hecho, para que se puedan sentir sus efectos y compartirlos con los que no estuvieron presentes, a fin de que esos hechos no se repitan jamás.

Después, tomamos un tren hacia donde nuestros primos habían huido cuando empezaron las deportaciones de 1942, en París, en busca de refugio en el ámbito rural. Pasamos un día inolvidable con Christine, que no solo había sido la artífice de que se erigiera una estatua conmemorativa en nombre de nuestra familia y de muchos otros judíos deportados desde la región de Ardenas, sino que ella sola había conseguido sacar a la luz los documentos, enterrados durante mucho tiempo, que constataban la implicación de la región en la ocupación nazi.

Estos documentos, que incluían desde papeles de deportación hasta notificaciones de confiscación de bienes y cierre de pisos, estaban guardados en los sótanos de un edificio estatal, donde no habían hecho más que acumular polvo durante décadas. Había pasado tanto tiempo que la gente del lugar negaba que los judíos hubieran estado retenidos y esclavizados alguna vez en su tierra. A pesar de la gran oposición a la que tuvo que hacer frente, Christine lo destapó todo y empezó a recopilar relatos personales de los habitantes mayores de la región, que eran lo bastante valientes como para recordar, y los publicó en un libro.[5] Desde entonces, esta heroína ha reunido a muchas familias con sus parientes supervivientes. Jamás había conocido a nadie tan altruistamente apasionado y orientado a conseguir un fin. A ella le gusta decir: «*Cité c'est reussité*», que significa 'Citar es triunfar'. De hecho, el trabajo que ha emprendido en su vida de crear un registro de la historia de nuestros antepasados nos ha devuelto mucho.

Al día siguiente conocimos al agricultor que, con sus noventa años, todavía recordaba bien a nuestra familia. En el momento en que nos miramos mutuamente a los ojos, empezamos a llorar. M. René había estado acarreando ese duelo desde el día en que tuvo que despedirse de su querida amiga, nuestra prima Ginette, que tenía solo diecisiete años el día en que los nazis apresaron a todos los judíos de Champigneul. Su familia quería esconderla en su casa, pero ella no consintió en dejar solos a sus ancianos padres, Frydel y Rajzla, aunque sabía que los enviaban a los campos de exterminio.

No entendí mucho de lo que M. René dijo en su antiguo dialecto regional, pero no dejaba de mirarme con una expresión de asombro y pérdida mientras me decía que había algo en mis gestos que le recordaba a Ginette. Es muy difícil expresar en palabras lo que supuso para mí caminar sobre aquellos mismos adoquines, contemplar los ondulados campos donde trabajaron, visitar los mismos rincones de aquella bella ciudad de piedra donde vivieron sus últimos días. Fue un encuentro numinoso, cuyos efectos sanadores pudimos sentir todos los presentes, y por primera vez en muchos meses, no me dolían nada los pies.

En el meollo del exilio, por fin, debemos encontrar el anhelo que hemos estado ocultando en nuestro corazón. El anhelo es un impulso que nace de lo que nos falta y a lo que deseamos ardientemente regresar, aunque no lo hayamos conocido nunca directamente. Eso, a su vez, también ansía nuestro regreso.

La gran esperanza, aunque remota, de encontrar a algún pariente vivo de nuestra rama judía fue lo que me llevó a iniciar este trabajo genealógico. Hasta hacía tan solo unos pocos años creíamos, porque así nos lo habían dicho, que todos habían perecido en el Holocausto y que se habían perdido todos los registros.

Aunque la historia de Ginette tuvo un trágico final, un pequeño pero significativo detalle en el documento de su madre, Rajzla, me hizo mantener viva la esperanza. Las letras en el margen inferior izquierdo «M3E» significaban que había tres niños, dos del anterior matrimonio de Frydel, que se quedaron en París cuando Ginette y sus padres fueron enviados a trabajar en los campos de Ardenas. El día antes de marcharnos de París, nos enteramos de que podíamos solicitar partidas de nacimiento con nuestro apellido, desde cualquier ayuntamiento. Y así, a última hora, encontré a Sabine, la medio hermana de Ginette que había sido separada de su padre a los diez años.

Tras una semana aunando el valor y conocimientos de francés, por fin, me decidí a hablar por primera vez ¡con mi querida y amable prima Sabine, de Versalles! ¡Qué alegría y extrañeza experimenté a la vez, al escuchar nuestras voces! Las dos sentíamos que no hubiera podido conectar con ella antes para poder visitarla en persona, pero ya habíamos empezado a planificar otro viaje a Francia. *«Dépêche-toi -me dijo-, j'ai quatre-vingt sept ans!* ('Date prisa, tengo ochenta y siete años')».

Sabine cuenta con un sólido linaje familiar con dos hijos, nietos y biznietos. Por raro que parezca, no sabía nada del destino que había corrido su padre, así que tuve el privilegio de enviarle fotos e historias y ayudarla a visitar el monumento de los Konbrat en el pueblo de M. René.

No sé qué fue lo que me incitó a conectar con estos capítulos de mi vida, a recopilar esos disparatados nombres; qué había en mí que anhelaba una reunión, una cohesión, un principio y un entierro digno. Es como el esfuerzo que hace la araña cuando se deja sacudir por el viento, pero en cuanto este se detiene, en la brevedad de esas pausas, trabaja con todas sus fuerzas ascendiendo en su estructura invisible para crear un nuevo plano entre las cosas. No sé qué fue lo que me hizo perseverar en la búsqueda de mi familia, pero tal vez fuera lo mismo por lo que nada el salmón o murmuran las bandadas de estorninos. Tal vez fuera la tierra que todavía no había pisado, pero que mi cuerpo recordaba desde antes del antes, cuyo paisaje siempre me había estado llamando para que regresara a casa.

No podemos saber qué es lo que está intentando salir a la luz en una crisis. Solo conocemos los estrechos parámetros por los que nos regimos antes de que el dolor nos separe. Ahora, lo que se oculta en nuestro interior quiere darse a conocer. Quiere que tú lo conozcas. Nada te acerca más que este deseo de ser conocido.

Quizás fue mi sentimiento de falta de sentido de pertenencia en lo que respecta a mi vida y al mundo lo que en lugar de conducirme hacia delante me atrajo hacia una parte de la historia, donde el impulso se había debilitado, y los relatos y poemas habían sido borrados de la memoria. Quizás fue mi búsqueda de esos mentores, padres y grandes ancianos que ya habían hecho todo esto antes, que pudieron reír, poner su mano fresca en mi frente, acallar mis preguntas y recordarme la pertenencia.

Pero fue mi dolor de pies y este anhelo en mi corazón de conocer los relatos que nunca me habían contado, lo que me empujó a mi historia y, como luego sucedió, a mi futuro trabajo en el mundo. Un rabino me dijo una vez que, aunque todas mis reminiscencias judías físicas se hubieran quemado en el Holocausto, los relatos perdidos vivían en mis huesos. He dedicado mi vida a escuchar a mis huesos para que, en alguna concesión inesperada de gracia, pueda retomar el hilo, por débil que sea, de una canción que siempre-nunca he sabido. Una forma de hablar, una semejanza reconocida, un ritmo familiar que me incite a moverme.

Somos la expresión y la extensión de un largo linaje de supervivientes. Nuestras vidas no son más que la continuación de la de todos los que nos precedieron. Y aunque muchos murieron, no ha muerto nuestro pueblo. Ellos vieron, vivieron y soportaron, y su resiliencia es nuestra verdadera herencia. En cierto modo, sus heridas son las nuestras; por eso, siempre dependerá de nosotros convertir la sal de la amargura en la sal de la sabiduría. Es muy liberador pensar que cuando curamos un patrón ancestral, estamos realizando una sanación en el tiempo, liberando a todas las almas que fueron abandonadas sin haber resuelto sus conflictos, ni haber sido perdonadas ni entendidas.

En el principio de los tiempos estaba el anhelo. Solo en este estado de añoranza, de ausencia, puede la vida ser arrastrada hacia sí misma. Como el útero, que es un recipiente vacío a la espera de la semilla de la vida, el anhelo es la fuerza que atrae el potencial hacia él. Más que algo que se ha de tolerar o de lo que nos hemos de deshacer, el anhelo debería ser venerado como la gravedad elemental que atrae la vida y el mundo que queremos hacia nosotros mismos.

Que todos aquellos que sean reintegrados por el recuerdo en tu viaje personal de pertenencia sientan que el gran consuelo del amor cobra vida en tu reunificación con tu anhelo. Que su dignidad sea preservada al cuidarnos mutuamente, y que todas nuestras relaciones salgan fortalecidas en nuestro afán de no olvidar.

Doce

Habilidades de la pertenencia

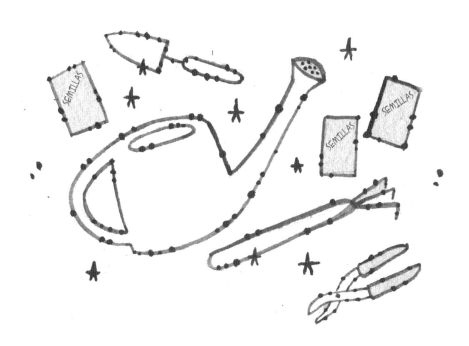

espués de haber recorrido una gran distancia desde nuestro alejamiento inicial hasta las profundidades huérfanas del exilio, hemos
aprendido a reconocer la diferencia entre lo que es encajar y la pertenencia. Ahora sabemos que la pertenencia es un proceso dinámico, que nos
exige que alternemos entre periodos de unión y de soledad para seguir siendo
vitales. Empezamos a reconciliarnos con la a menudo aterradora otredad interior, estamos aprendiendo a tener aliados en nuestros huéspedes más odiosos y
hemos empezado a perseguir nuestro anhelo, que llega hasta nosotros a través de
nuestro linaje ancestral, desde el alma del mundo. Nos estamos adentrando en el
gran secreto de que la pertenencia es, en realidad, una habilidad, un conjunto de
destrezas que hemos de practicar si queremos estar a la altura de la llamada de un
corazón doliente y un mundo fracturado.

En los pocos capítulos siguientes, veremos algunas de las habilidades básicas
de la pertenencia. De muchas formas, esto es solo el comienzo de una conversación más extensa a la que otras disciplinas pueden contribuir enormemente, pero
espero ofrecerte una variedad de herramientas internas y externas con las que
puedas iniciar tu práctica de pertenencia.

Como sucede con cualquier otra práctica que valga la pena emprender, la
pertenencia no se puede dominar de la noche a la mañana. Puesto que es un arte
en vías de extinción, es fácil que nos encontremos practicándolo solos durante
algún tiempo. Cabe la posibilidad de que nos decepcionemos ante la falta de respuesta, cuando intentamos llegar a los demás, y la tentación de perder la esperanza será fuerte. Pero hemos de conservar nuestra visión de cómo queremos que
sea nuestra vida y el mundo, y trabajar para tejer esos primeros hilos. Aunque la
prenda de la pertenencia nos parezca fina e inadecuada, hemos de seguir con la
tarea hasta que adquiera consistencia.

El compromiso: la ofrenda de la devoción

En el capítulo seis hemos hablado de la perseverancia, en inglés *endurance*, cuya raíz latina, *durus*, significa 'duro'. Perseverar es conseguir abrirte camino a través de algo duro. Pero también podemos interpretar esa dureza como la firmeza de resolución interior. «Quedarse quieto» o comprometerse con algo, aunque cambie de forma, es una facultad fundamental de la pertenencia. ¿Cómo podemos pertenecer a un lugar, comunidad u oficio, a menos que nos quedemos en un sitio el tiempo suficiente como para crear un vínculo con ello? Asimismo, ¿cómo pueden otros pertenecernos, si no les demostramos que el tapiz de nuestra amistad es lo bastante sólido como para que seamos la trama en la urdimbre del otro? Quedarnos donde estamos exige compromiso y responsabilidad, cualidades que hacen temblar de miedo al corazón nómada.

La mayoría de las personas cuando escuchamos la palabra *compromiso* pensamos en obligación y restricción. Por una parte, la vida moderna está tan estructurada que muchos ansiamos vivir de un modo más fluido y espontáneo. Pero por otra, nos hemos convertido en víctimas de una cultura demasiado centrada en la eficiencia y la conveniencia, que enseña una mentalidad superficial y no se detiene demasiado en lo mismo. Así que quizás evitemos comprometernos. Y si lo hacemos, serán compromisos «blandos», por si aparece algo más interesante.

Ejemplos de lo poco comprometidos que nos hemos vuelto en nuestra cultura son las veces que cambiamos de carrera de adultos, una media de siete; la mitad o más de los matrimonios terminan en divorcio; nos comunicamos en formas impersonales de mensajes de texto y emoticonos, y nos pasamos el día revisando nuestros dispositivos; rara vez le concedemos toda nuestra atención a una sola cosa. Por extensión, estamos empezando a esperar que la vida sea inmediata y conveniente.

Aunque la conveniencia nos propone facilitarnos la vida, lo cual tiene beneficios obvios, lo más habitual es que, de algún modo, paguemos un precio oculto por ella. Lo *fácil* pone el trabajo en manos de robots, lo cual se acaba volviendo en nuestra contra. Lo *fácil* destruye la relación mentor-aprendiz. Lo *fácil* nos roba el privilegio del cortejo, que es justamente lo que nos une a un lugar y a sus recursos, o a un oficio y a las personas que han dedicado su vida al lento dominio de este.

Pensemos en los antiguos alquimistas que, a pesar de su escaso éxito, estaban convencidos de que podían convertir el plomo en oro. A través de sus meticulosos experimentos, fueron los pioneros de un arte que, aunque poco contribuyó a la ciencia, posteriormente fue rescatado por Carl Jung como el homólogo histórico del trabajo que él había hecho de cartografiar la psique. Fue como si los alquimistas estuvieran proyectando inconscientemente sus procesos interiores en la materia de sus experimentos. Jung también trabajó con el ciclo de sueños de un paciente que no sabía nada de alquimia y descubrió un conjunto paralelo de imágenes y procesos arquetípicos que se desplegaban en su desarrollo psíquico.

Simbólicamente, la alquimia se basa en transformar los aspectos inferiores y primitivos de nuestro yo en un estado purificado; en iluminar la oscuridad dándole un valor o sentido, en hacer consciente lo inconsciente. Este proceso de compleción es a lo que Jung le dio el nombre de individuación, que es lo que hacemos en la interpretación de los sueños y en la pertenencia.

Una de las condiciones principales necesarias para la transformación alquímica era tener un recipiente sellado que pudiera soportar la presión para sintetizar los elementos básicos, la *prima materia*, en oro. Me gustaría proponer que viéramos el compromiso como ese recipiente. Igual que el crisol alquímico, el compromiso es el recipiente donde algo crudo e indisciplinado se puede transformar en valioso. Es como un útero donde puede crecer vida nueva.

Está herméticamente sellado, de modo que no puede entrar ningún intruso en el proceso. No se pueden hacer proyecciones al respecto, las dudas o las críticas no pueden alcanzarlo en sus etapas de formación más delicadas. Pero también está sellado por nuestro propio bien, para que no tengamos una salida fácil. En los momentos de agotamiento, sufrimiento, miedo y frustración, hemos de soportar la tensión de querer rendirnos, a la vez que mantenemos el compromiso el tiempo suficiente como para que el proceso se complete a sí mismo.

Sin correa para la guitarra: sueño de Geoffrey

Estoy tocando mi guitarra eléctrica, intento rasguear unos acordes, pero sin correa es prácticamente imposible aguantar el peso del instrumento, y mi canción suena rara y torpe.

El matrimonio es el voto de estar unidos en la dificultad y la duda; del mismo modo hemos de crear un vínculo similar con nuestra creatividad. Este compromiso nos garantiza que en los momentos de duda y equivocaciones seguiremos siendo fieles a él para perfeccionar nuestro arte. En este sueño, la correa de la guitarra de Geoffrey es un símbolo de su compromiso; él pertenece a la música tanto como esta le pertenece a él. Es el voto que se ha roto por alguna parte del camino, y ahora el peso de su vocación le parece demasiada carga.

Cuando colocamos limitaciones y fronteras a algo que nos importa, no es para que se convierta en una prisión, que no nos deja movernos o nos bloquea. Es para crear una libertad paradójica que, a través de la restricción, nos permita explorar plenamente la relación, el oficio o la experiencia en todas sus dimensiones sutiles. En este sentido el compromiso no es una obligación, sino una devoción profunda a aquello que amamos. En nuestra devoción hacia lo que amamos, el objeto de nuestro amor es liberado. Nuestra constancia es lo que permite a nuestro amado echarse atrás y contraerse, o expandirse en toda su esencia, mientras nosotros sostenemos con firmeza el recipiente del compromiso.

Esperar a que la providencia haga acto de presencia y nos enseñe el camino viene a ser como tener un pie fuera de la puerta, por si nunca llega y tenemos que salir corriendo. Pero, en realidad, la providencia espera silenciosamente a que demostremos nuestra dedicación. Los compromisos que se quedan por hacer, o que ni siquiera se han intentado, pueden destruir hasta el más noble de los sueños.

Comprometerse es una cosa, pero mantener el compromiso es más difícil; por supuesto, supone una práctica activa de renovación constante. Llevar un objeto simbólico, como un tatuaje, repetir un mantra especial o sentarnos frente a un altar adornado de objetos sagrados son prácticas estabilizadoras a las que podemos recurrir en los periodos de duda. Se convierten en una fuente de firmeza externa, en una tercera presencia en la que podemos confiar en los momentos de dificultad. Por consiguiente, hemos de cuidar el compromiso, visitarlo y alimentarlo de alguna manera significativa, para asegurarnos de que sigue vivo para nosotros, como nosotros lo estamos para él.

Esta es la inesperada verdad del compromiso. A la persona superficial puede que le parezca aburrido, demasiado lento, que te hace perder la oportunidad de aventura y cambio o que no te predispone a ello. Pero para la que discierne, la perseverancia es la gran amiga de la pasión. Tarda en prender, pero su calor perdura. Ve más allá de las tendencias temporales y se expande en la profundidad inmutable de las cosas. Si alguna vez has estado cerca de una persona que estás seguro de que siempre estará presente, ya sabes lo que puede inspirar que la libertad hable por sí misma. La propia ancla encierra la invitación a volar.

¿Qué más necesitas para atraer al nuevo mundo que estás esperando, sino fidelidad a su curso? La llamada está en tu sangre, es como un voto que fue hecho para ti. Todo lo que exige tu sueño se halla en las provisiones de tu existencia. Si la naturaleza no hubiera querido que triunfaras, ¿por qué te habría inspirado el deseo de hacerlo? Lo único que te pide un sueño es que vuelvas a hacer tu voto, a través de cada pequeña contracción y expansión, renovándolo en una ofrenda constante de devoción.

Trece

Una vida hecha a mano

*S*entí por primera vez el deseo de hacer cosas a mano hace algunos años, cuando una amiga me regaló una bolsa de medicina* de piel de ciervo. Había aprendido a despellejar y a teñir la piel, a trabajarla hasta que las borlas colgaran suavemente y el nudo corredizo se deslizara sin problemas por sus cintas trenzadas. Al momento, sentí el deseo de saber hacer cosas con las manos, como hacía ella, puesto que la música, la escritura y la interpretación de los sueños son artes intangibles.

En aquel momento, no fui capaz de entender por qué me atraía tanto el trabajo artesanal, pero después de aprender algunas técnicas manuales importantes, como la cestería, la creación de lámparas artísticas y la costura, empecé a entender que en el arte de crear algo con mis manos estaba, como dice Alice Walker, «re[viviendo] la emoción de mi propia concepción».[1] Esta es la razón por la que hay muchas personas creativas que sueñan con embarazos, partos y nacimientos. Las manualidades son un acto de concepción, de parir y de contribuir a la cultura.

Veamos la palabra inglesa *heirloom*, 'recuerdo de familia', un término compuesto por las palabras *heredity*, 'herencia' y *loom*, 'telar', que da a entender que la historia se teje a través de las cosas que hacemos. Seguramente, habrás notado que las prendas u objetos viejos que has heredado tienen la energía de los lugares de donde proceden y de las personas que los han hecho. Y si son de tu propia familia, quizás hasta puedas sentir sus historias en sus fibras, que son las precuelas** de tu propia historia. De hecho, esta es la razón por la que la artesanía y cantar nuestras historias en las cosas que hacemos es una forma de mantener viva la pertenencia.

---

* Es una bolsa de piel con tiras colgantes rematadas con borlas y con una sujeción normalmente trenzada, que llevaban los curanderos o hechiceros nativos americanos (Nota de la T.)

** Neologismo surgido de la palabra inglesa *prequel*, que significa 'obra teatral o cinematográfica, cuya historia precede a otra más importante'. Lo opuesto a secuela. (Nota de la T.)

En los tiempos de mi abuela, en la Polonia de antes de la guerra, era normal que las chicas aprendieran a coser. Se consideraba que «las manos ociosas las usaba el diablo», así que cuando mi abuela era joven aprendió a diseñar, coser y bordar. Se hacía toda su ropa y estaba muy orgullosa de su forma de vestir; esta destreza fue también lo que la ayudó a sobrevivir durante la ocupación nazi, porque su aspecto (y perfecto alemán) le permitió hacerse pasar por «aria».

Posteriormente, en mi investigación genealógica, descubrí que tenía algunas otras parientes que también habían sido costureras, sastras y diseñadoras de ropa, detalle este que, de pronto, me explicó mi deseo de hacer cosas con las manos. Como me dijo hace poco un amigo, la herencia no está solo en los objetos, sino en nuestras manos. Y mis manos estaban deseando ser útiles, como lo habían sido las de mis antepasadas.

Mi abuela había conseguido conservar algunos de sus delicados y complejos bordados desde la guerra, y los tenía doblados pulidamente en un cajón de su tocador. De vez en cuando, los sacaba para enseñármelos y, como si las historias estuvieran entretejidas en aquellos hilos, mientras estiraba las arrugas de aquellas prendas, me explicaba cómo había sido su vida durante la guerra.

No es de extrañar que encontremos historias en los trabajos manuales, si tenemos en cuenta que todo lo que experimenta una persona lo transmite a su creación. Los materiales e instrumentos que utiliza también contienen vestigios de su lugar de origen, así que la obra no puede evitar ser relatada a muchas brazas de profundidad. En algunas culturas, el *relato* de los objetos se hace conscientemente. Los shipibo, una de las múltiples tribus indígenas de Perú, han grabado sus canciones (*icaros*) en complicados bordados representando figuras geométricas que se correlacionan directamente con la naturaleza. Los aborígenes australianos tienen sus trazos de canciones, que son a su vez mapas de su territorio. En este tipo de culturas, si a una generación se le niega esta herencia, se perderá el camino de regreso a casa.

Mientras que los que somos hijos de refugiados y colonos posiblemente hayamos perdido esta conexión simbiótica con la tierra en la que vivimos, nuestra historia sigue estando incrustada en las cosas que confeccionamos con nuestras manos, que es la razón por la que creo que las manualidades tienen mucho que ver con la pertenencia. Los materiales que elegimos, los maestros que nos enseñaron el oficio, la necesidad o la belleza que propició la creación, el estilo musical que encerraban sus curvas y líneas: todos estos elementos viven tácitamente en los objetos que fabrica una persona con sus manos. Y llevar o usar cosas hechas a mano, o vivir con ellas, hace que la esencia de un lugar o de un linaje siga viva a través de nosotros.

Durante siglos, las únicas herramientas y objetos que utilizó el ser humano estaban hechos a mano, generalmente por alguien de su pueblo; de este modo creaban una economía recíproca. Es decir, cuando el panadero hacía tu pan diario o el herrero tus cuchillos en la forja, estabas recibiendo una creación original, pero tú a tu vez dabas sentido a los creadores de tu localidad. Con la llegada de los plásticos y de la producción en cadena, muchos de los oficios tradicionales, como la zapatería artesanal, la herrería, la cestería, la tejeduría y la carpintería de ribera* se enfrentaron de repente a su desaparición.

Aunque esto significa que podemos comprar productos más variados y baratos, estamos pagando por ello un precio más alto del que no somos conscientes. La desaparición del dominio de las artesanías humanas y la aparición de recursos no humanos han tenido lugar muy rápido en los últimos setenta años. Estamos siendo testigos de la extinción de innumerables oficios manuales por falta de aprendices, que no pudieron ver ningún futuro en los sistemas antiguos en declive y se fueron a las grandes urbes a trabajar por dinero. Entre estas pérdidas se encuentra el legado cultural de los lugares y de su gente.

Pero se produjo otro cambio importante simultáneamente: los objetos ya no se creaban para satisfacer las necesidades individuales, sino por provecho, lo cual nos obligó a adaptarnos a la uniformidad de las cosas. Y este es un tema más complejo y sutil, porque la mayoría nunca hemos conocido algo diferente. Pero cuando nos adaptamos a los instrumentos y prendas hechos por máquinas, en cierto modo estamos poniendo en peligro nuestra singularidad. Cuando muere la originalidad de los objetos, también lo hace nuestra relación con la *indigeneidad*, interna y externamente.

Todo aquello que está diseñado para lograr la máxima «eficacia» está proyectando una profunda sombra, que rara vez tenemos en cuenta: la renuncia a la responsabilidad del ser humano. Si contextualizamos el tiempo que emplea una persona en recopilar la materia prima, que suele proceder de organismos vivos; el honor y la tristeza que sentimos por su pérdida en nuestro ecosistema; el cortejo de toda una vida con el material y sus peculiaridades; la relación del artesano con sus instrumentos y la tierra, encontraremos una vida entretejida con arte. Descubriremos que detrás de todo ello hay una persona que está comprometida

---

* Construcción artesanal de embarcaciones de madera.

con su lugar en el mundo y podremos trazar un camino, a través de sus heridas y arrugas, hasta su pasión por algo que protegerá con celo, y que nos enriquecerá con su larga historia, belleza y riqueza. Una persona así se lo piensa dos veces antes de «desarrollar» una tierra virgen.

Por ejemplo, el cuchillo que utilizamos todos los días. Como la mayoría de las personas, probablemente pertenezca a un juego de cuchillos iguales que has comprado en unos grandes almacenes de tu localidad. Lo más seguro es que haya sido fabricado por una máquina diseñada especialmente para hacer cosas con eficiencia y homogeneidad. El cuchillo realiza un trabajo de esclavo cortando sin descanso los alimentos que consumes. Porque esta es tu relación con el instrumento, se refleja en la forma que lo usas.

Ahora, imagina por un momento que tu cuchillo no fuera como los otros. Imagina que buscaste a un cuchillero artesanal, que consiguió el metal de un minero que se había pasado la vida sacando hierro de las minas, y que conoce la antigua alquimia de alear los elementos. Luego, imagina que el cuchillero le da forma en el fuego que tiene siempre encendido en su forja. El mango es de hueso y está grabado, es solo uno de los valiosos elementos de un queridísimo ciervo, que murió durante una larga noche de cacería concediendo al cazador el honor de su muerte. Ahora, imagina al cuchillero, que trabaja en colaboración con el peletero, que es el que limpia, tiñe y corta la piel del ciervo, para hacer la funda que protegerá la hoja de tu cuchillo, que llevas perfectamente ajustada en tu cadera.

Un cuchillo de este tipo te emocionaría por su belleza. Cada vez que lo sostuvieras en tu mano, recordarías la tierra que ha entregado tanto para que se convierta en tu cuchillo. Pensarías en el hombre que vive en la oscuridad para conseguir los metales. Recordarías el fuego, avivado por la leña extraída de tantos árboles que dieron sus vidas para que prendiera ese fuego. Te asombrarías ante la habilidad que ha desarrollado el cuchillero a lo largo de su vida, y reconocerías estar en deuda con ella. Cada vez que enfundaras tu cuchillo, pensarías en el ciervo, que corrió por el oscuro bosque gracias a la fuerza de su valeroso corazón, y en el cazador, que dejó una generosa ofrenda al espíritu del ciervo, con cuyo cuerpo alimentó a su familia durante medio año.

Cuando aprendes a hacer cosas con tus manos, empiezas a darte cuenta de la belleza y el valor de los objetos que hay en tu vida. Hacer algo a mano nos enseña a ir despacio: es el antídoto para la brevedad y la eficiencia. A través de la paciencia y de la habilidad manual, nos revela todo lo que conlleva un objeto.

Cuando empleamos esos largos esfuerzos en aportar belleza al mundo, estamos honrando a aquello que nos creó, creando como hemos sido creados. Aprendemos a respetar la lentitud, estamos atentos a construir paso a paso la vida que deseamos. Punto por punto, aprendemos el oficio. Trabajamos conjuntamente con el misterio, sentimos el despertar de sus ritmos en nuestra memoria ósea. Mientras las manos trabajan, la mente se aquieta y el oído se afina al ir descendiendo en el ritmo profundo de la devoción, donde el mundo entero disfruta de la comunión. Los helechos se abren, los narcisos tocan la trompeta, los capullos de rosa engordan y podemos escuchar el canto de la creación.

El trabajo manual también nos enseña la paciencia que hace falta para materializar la vida. No hay atajos, ni forma económica o masiva de hacerlo. El trabajo es pequeño, lento, y lo único que podemos hacer es seguir su ritmo. Como dice la doctora Clarissa Pinkola Estés: «El atajo, el camino fácil, siempre acaba destruido. Entonces, uno regresa a la vida hecha a mano. Hemos de recogerla penosamente y recomponerla, teniendo presente el patrón general en nuestra mente, pero trabajando con paciencia, pieza por pieza».[2]

A medida que nos adentremos en tiempos desconocidos, donde los recursos están desapareciendo proporcionalmente al nivel de la demanda, y los sistemas centralizados están sucumbiendo bajo sus modelos más pesados, el valor de las habilidades artesanales será muy apreciado. Ya empezamos a ver que se está dando cada vez más importancia a los alimentos locales por su sostenibilidad, que también tiene el beneficio añadido de que refuerza los vínculos con la comunidad. La extensión natural de esta idea es que empecemos igualmente a abastecernos de herramientas, ropa y otros objetos de la fuente más cercana posible.

Toma conciencia de esto y plantéate aprender algún oficio artesanal de algún maestro de tu comunidad. Conviértete en una prueba viva del linaje que hay detrás de ese oficio; quizás algún día serás lo bastante experto para transmitir tus conocimientos a otros más jóvenes. Tal vez el proceso te parezca estimulante e iluminador de maneras que ni siquiera imaginabas, como me ha sucedido a mí con la cestería. Mi maestra Joan Carrigan me transmite las historias de los lugares donde ha estado aprendiendo ciertas técnicas tradicionales. A veces me lleva al campo para mostrarme dónde crece el sauce, o vamos en una barca de remos a recoger la vaina de la caña en el fango. Un día, espero recibir la invitación de la Primera Nación Tsawout para recolectar corteza de cedro cuando corre su savia en primavera.

Un maestro, en lugar de hacerte sentir acomplejado por tu falta de habilidad o frenarte al ver que no puedes realizar algún tipo de arte, puede ayudarte a profundizar en su misterio. Todo aquel que es maestro en algo admitirá que las habilidades no son inherentes, sino aprendidas. Cuando empiezas a despegar en el dominio de una habilidad, es fácil que te entren ganas de aprender otra. A mí me ha pasado: cuando descubrí que podía pertenecer a la cestería, me di cuenta de que podía pertenecer a cualquier tipo de trabajo artesanal que me atrajera, como la fabricación de lámparas artísticas. Esta fascinante expresión del arte la inventó un hombre llamado Stephen White, de Eugene (Oregón), que utiliza papel, cañas de cestería y cables eléctricos para crear lámparas en forma de concha, que no parecen de este mundo. Después aprendí a hacer nudos y ganchillo, e incluso he empezado a hacer mis pinitos en la acuarela.

Mantenerte en un estado de aprendizaje constante implica estar receptivo a la propia vida. Te conduce a lo que los japoneses llaman *shoshin*, o la «mente del principiante». *Shoshin* es el estado de estar entusiasmado y abierto cuando estudias un tema, aunque tengas un nivel avanzado. Si empezamos a aprender un arte sin ideas preconcebidas, nos abrimos a lo que un amigo mío llama nuestro «espacio de la posibilidad». Nuestro espacio de la posibilidad es el campo que está más allá de nuestras expectativas, donde todo puede suceder. Aunque, a veces, este espacio esté saturado y abarrotado, se puede expandir introduciendo el espíritu de la indagación.

Cuando estamos más centrados en nuestras preguntas que en las respuestas, toda nuestra energía se orienta hacia el descubrimiento –el único estado donde se fomentan los fallos– y nos sorprende. Por cierto, el estado de *shoshin* es esencial para trabajar con los sueños. Aunque vale la pena tener conocimientos sobre los símbolos y los arquetipos, la principal habilidad es la curiosidad. El que tiene una curiosidad refinada puede hallar sentido en el propio soñador o soñadora, que son los únicos expertos de su sueño. Como dijo el maestro zen Shunryu Suzuki: «En la mente del principiante existen muchas posibilidades, en la del experto solo unas pocas».[3]

Al adoptar la destreza del trabajo manual, nos estamos convirtiendo en los futuros antepasados que nos hubiera gustado tener. Paradójicamente, en esta inversión, estamos reviviendo el anhelo de estar conectados con un legado. Pero como sucede con todos los requisitos que nos exige la pertenencia, intentar alcanzar esas cumbres partiendo de cero puede parecernos una hazaña monumental;

además las recompensas son tan lentas que a menudo tenemos la sensación de no estar haciendo ningún progreso.

Una de las grandes prácticas que enseña Martín Prechtel para aliviar esta ansiedad es crear lo que él denomina un *lugar de origen* en tu hogar.[4] Puedes dedicar un pequeño rincón de tu casa a conocer el origen de todo lo que colocas en él. Por origen no me refiero solo a la procedencia de un objeto, sino a quién lo ha hecho, qué habilidades ha usado y qué precio han tenido que pagar sus raíces. Por ejemplo, podría poner los bordados de mi abuela en ese rincón, sabiendo como sé las historias que encierran. Incluso podría intentar aprender su habilidad para embeber el proceso en mis huesos. Podría poner una de mis cestas de cedro, hecha con materiales que yo misma he recogido. Incluso podría aprender más sobre el ecosistema de esos cedros y el pueblo de las Primeras Naciones, en cuyo territorio tradicional crecen. También podría crear una hilera de banderillas de oraciones hechas de la tela de prendas de segunda mano de mis antepasados, y aprender más sobre mi genealogía mientras las coso.

Es posible que, al principio, tu Lugar de Origen sea pequeño y escaso, pero con el tiempo irás haciendo aportaciones, y cuando estés en contacto con niños, podrás contarles las historias que has recopilado en ese rincón, con la esperanza de que, algún día, este se convierta en un lugar de pertenencia para ellos.

Practicar la medicina de la belleza

Solo hay una forma de restaurar un mundo que agoniza y que se encuentra en estado de abandono: creando belleza donde se ha instaurado la fealdad. Con belleza, no me refiero a una estética superficial, aunque nuestro mundo esté acostumbrado a ello. La belleza es un encanto que se admira en su totalidad, no solo por su apariencia. La belleza a la que me estoy refiriendo es dolor metabolizado. Incluye rotura y falibilidad, y al hacerlo, nos transmite algo deliciosamente real. Como el *kintsukuroi*, el arte japonés de reparar con oro en polvo la cerámica rota, lo que normalmente se considera un defecto imperdonable se distingue por su valor. Cuando entramos en contacto con este tipo de belleza, esta actúa como una medicina para nuestras roturas internas, que nos dan el coraje para vivir más conectados con las heridas del mundo.

Para convertirnos en un miembro capacitado de la ecoesfera, todos hemos de encontrar la manera de contribuir a la medicina de la belleza en el mundo. La mayoría no consideramos que nuestros dones sean contribuciones, aunque si se llaman «dones» es por algo, pero puede que esto se deba a que nunca han sido recibidos adecuadamente.

He oído decir que el hogar es el lugar donde se reciben los dones. De hecho, a quienes nunca les han reconocido sus dones, les cuesta sentir una verdadera pertenencia. Al fin y al cabo, ¿cómo puedes pertenecer a algo si solo te han apreciado parcialmente? Si somos sinceros con nosotros mismos, la mayoría tendríamos que admitir que somos tacaños con nuestros dones, porque subestimamos su valor.

A medida que nos vamos familiarizando con los ritmos de la naturaleza, vamos entendiendo que, en la vida, todo es un continuo toma y daca. Honrar este ciclo es lo que nos hace sentirnos bien con nosotros mismos y en nuestra relación con el resto de la naturaleza. Para experimentar la verdadera pertenencia, no solo hemos de reconocer los dones que recibimos, sino ser capaces de transmitir su belleza, sin que nos importe cómo los recibirán los demás.

Cuando abrí la Escuela de Sueños, pasé algunos años en una relativa precariedad, y tenía que trabajar a tiempo parcial en otras cosas para llegar a final de mes. Aunque mi columna «Los sueños hablan» aparecía en revistas y periódicos de todo Norteamérica, rara vez me llamaba alguien para solicitar mis servicios profesionales. Una amiga, que tenía una tienda de productos de importación en el centro de la ciudad, me propuso poner una carpa de sueños* en una zona de ella, para que pudiera ofrecer mis servicios de interpretación de los sueños a quienquiera que lo solicitara. Me senté en esa tienda de seda, dos veces a la semana, varias horas seguidas, durante meses, y no tuve ni un solo cliente. Fue tan descorazonador que pensé muchas veces en abandonar mi vocación. Pero por más que intentara hacerlo, esta me seguía como un perro fiel.

Cuando estás en un camino que te gusta, hay algo más profundo que te incita a seguir adelante, como una hermosa pregunta que no puede ser respondida. En los tiempos difíciles, puede que te alejes de él, pero hay algo en ti que te dice que siempre regresarás, porque no puedes abandonar lo que te gusta por más que lo intentes.

La naturaleza siempre está al servicio de algo más grande que una sola vida. El valor real solo se puede alcanzar en relación con un todo mayor. El manzano,

---

* Una carpa de sueños es una minitienda desplegable que se les pone a los niños en la cama para que se sientan más protegidos; suele estar adornada con dibujos de lunas y estrellas. La autora da a entender que su amiga le montó algo parecido dentro de su establecimiento. (Nota de la T.)

por ejemplo, es generoso con sus frutos, ofrece sus dones a todo el que quiera alimentarse con ellos. Pero también se hace un servicio a sí mismo, en cuanto a que el que come la manzana se convierte en un portador de sus semillas y eso le permitirá reproducirse. Cuando sintonizamos con nuestra copertenencia con todas las cosas, surge un impulso combinado similar, de triunfar en la vida y de hacer de nuestra vida una ofrenda para el bien común.

Cuando vemos el verdadero valor de una cosa, ya sea por la propia ingenuidad de la naturaleza o por la nuestra, no podemos hacer más que sentirnos responsables de ella. Cuando apreciamos belleza en algo, instintivamente queremos protegerla.

Supongamos que hay un arce azucarero cerca de tu casa y decides que te gustaría conocerlo mejor. Lo observas durante algunas estaciones, porque el cortejo siempre lleva su tiempo, y empiezas a ver que, cuando el día comienza a ser más corto, las puntas de sus primeras hojas se vuelven amarillas y doradas. Algunos años, cuando los días son soleados y las noches frescas, pero no gélidas, el árbol se transforma y adquiere una espectacular gama de carmines y rojos. Cuando por fin caen sus hojas y se descomponen, observas cómo alimentan la tierra y a muchos organismos invisibles con sus nutrientes. Decides tomar unas cuantas para tu jardín, donde retendrán el agua de la lluvia en su mullida capa de humus y protegerán a tus jóvenes semillas del frío. En invierno, eres testigo de cómo brotan del árbol sus delgadas ramas llenas de capullos, la promesa de lo que ha de llegar. Esos capullos empiezan a hincharse en primavera, y de ellos nacen las nuevas hojas, en tan solo unas semanas. Al poco, florece y las abejas vienen a polinizarlo, lo cual hace que te preguntes a qué viene tanto alboroto. Un día, muerdes una flor de arce y te parece que sabe mucho a brócoli, y se convierte en un ingrediente habitual en tus ensaladas. A medida que se acerca septiembre, el árbol empieza a dar su fruto de semillas de dos alas, que te enteras de que se llaman sámara, y recuerdas habértelas colgado de la punta de la nariz cuando eras pequeña. Cuando aterrizan en busca de una nueva tierra, te das cuenta de que algunas ardillas y pájaros se comen las semillas maduras y ayudan al árbol a encontrar nueva vida en otra parte.

Cuando los camiones de servicios de mantenimiento del ayuntamiento circulan por las calles revisando los árboles y deciden que lo van a cortar, porque da signos de envejecimiento y es una molestia seguir podándolo, para que no toque el tendido eléctrico, te horrorizas, como si el dolor fuera propio. Ahora el árbol y tú tenéis una relación y sus ciclos te ayudan a situarte en el tiempo y en el lugar.

Pero también eres consciente del resto de los seres que dependen de él. Los pájaros, las ardillas y otros diminutos organismos que lo consideran su hogar, las abejas que polinizan sus flores, el suelo que depende de su humus y la regeneración de la vida futura en sus semillas; todo ello va a terminar. Pero es más que todo eso, porque el arce ha enriquecido tu vida con su belleza y su graciosa tenacidad.

Con esto, no quiero decir que no deberíamos talar árboles, pero si lo hacemos, desde esta perspectiva comprometida y sensible, deberíamos sentir el impacto de lo que estamos haciendo. Tendremos que sopesar el dolor por todo lo que se ha perdido con lo que se va a ganar. Aunque pueda parecernos que vivir de este modo es más duro, preserva nuestra sensibilidad, la permeabilidad necesaria para la verdadera pertenencia.

Cuando sanamos nuestra desconexión de esas partes distantes de nosotros mismos, y de la otredad en general, incluida la naturaleza, nos volvemos inseparables de ellas. En vez de practicar el desapego, ¡nos apegamos intensamente! Cuando tejemos nuestros hilos, nos volvemos «responsa-bles»* los unos de los otros. Que es como decir que tenemos la capacidad de responder a la experiencia del otro como si, de algún modo, fuera la nuestra.

Podrías decir que el dolor es el precio que pagas por amar algo o a alguien, pero también es un privilegio, porque *eso* es lo que permite a la auténtica belleza —que no siempre es bonita, pero sí veraz— encontrar su camino a través de ti. Y esta medicina de la belleza es la que más necesita el mundo para curarse.

Hacernos visibles

La belleza se ha de compartir para que pueda completar su ciclo natural; pero para muchos de nosotros, ofrecer nuestros dones al mundo significa dar un paso aterrador. Ya no miramos hacia dentro a la luz de la cálida pertenencia desde las sombras exteriores, hemos de hacernos visibles. Como el arbusto en flor emana su fragancia para todo aquel que quiera apreciarla, hay una reciprocidad intrínseca a toda forma de vida que desea dar lo que ha recibido. La pertenencia empieza cuando hemos de ofrecer nuestros dones para volver a llenarnos, una y otra vez. Mientras solo sigamos ofreciéndonos parcialmente, amparándonos en la protección del personaje que hemos creado, nuestra verdadera familia nunca nos reconocerá.

---

* Del latín *respondere* + sufijo -ble (sufijo de origen latino que forma adjetivos a partir de verbos con el significado de 'que puede ser', 'que es digno de', 'que es capaz' de recibir la acción del verbo), es decir, en este caso, dignos de ser respondidos. (Nota de la T.)

No obstante, he de decir que compartir tu belleza en un mundo insensible no es camino para los débiles de corazón. Cuando te hagas visible, tendrás que enfrentarte cara a cara a tus miedos de ser juzgado, criticado, rechazado y ridiculizado. En los cuentos de hadas, suele haber un personaje cuya única finalidad es hacerte dudar de tu misión, como la madre de Jack,* que le prohíbe subir al tallo de la habichuela. O Barba Azul, que amenaza a su esposa con su ira si se atreve a cruzar la puerta cerrada de su destino. Hay personas en nuestra vida cuya influencia es como un tsunami, que puede alejarnos de las orillas de nuestra verdad y nos tientan a renunciar a nuestra misión. Estos personajes no siempre son desagradables, puede tratarse de personas que admiramos. Pero cuando estás conectado sutilmente con tu naturaleza, notarás que te marchitas en su presencia o que empiezas a aceptar la mezquina visión que tienen respecto a tus habilidades. Del mismo modo que cuando comes algo que no te sienta bien, te producirá una sensación desagradable en el estómago, que puede llegar a convertirse en un rechazo de la propia vida. En el peor de los casos, puede extenderse hacia un océano de confusión en todas direcciones.

Cuando te encuentres en un estado de semejante desconexión, hay un secreto para anclarte de nuevo en la proximidad de tu voto: reconocer que solo eres susceptible a una crítica que coincida con un área de ambivalencia o ponga en duda tu propia postura. En otras palabras, una crítica o desaprobación del exterior no tiene por qué afectarte si mantienes una relación de compromiso con la belleza que estás creando. De modo que cuando algo consigue alterarte, es un buen recordatorio para revisar ese lugar de susceptibilidad y preguntarte: «¿En qué aspecto estoy en conflicto conmigo mismo respecto a este asunto?». Esto no significa que el otro no sea rematadamente imbécil, pero su *imbecilidad* ha hecho salir a la luz un aspecto tuyo interno que tenías que fortalecer.

Esas dudas interiores descontroladas pueden ligarnos a relaciones con personas que nos tienen en poca estima, y hacer que estas nos impidan emerger plenamente con nuestros dones. Puede que hasta te des cuenta de cómo reaccionas a ciertos detonantes, como recurrir a un autoabandono casi cómodo, en el que te adelantas a tus pérdidas antes de que estas se produzcan.

La historia de Marlon, un escritor novel que fue invitado a un importante programa de radio para promocionar el lanzamiento de su libro, es un buen

---

* Cuento de *Las habichuelas mágicas*. (Nota de la T.)

ejemplo de que dejarse llevar por las dudas puede conducirte al autosabotaje. Cuando el entrevistador le pidió que se preparara las preguntas para la entrevista, se sintió ofendido, porque creyó que no lo consideraba lo bastante importante como para hacer su propia investigación. Al final, rechazó la entrevista y perdió un gran aliado potencial para su trabajo. Lo que Marlon no sabía es que es una práctica muy común entre los locutores de radio pedir a los autores que dirijan la entrevista hacia los puntos principales. Cuando trabajamos juntos en esta aleccionadora experiencia, Marlon pudo conectar con un patrón de su infancia de no haber sido respetado por su crítico padre. Había asumido las dudas de este respecto a sus habilidades, y ahora las estaba proyectando inconscientemente en el mundo exterior.

«Las dudas son traicioneras —escribió Shakespeare—. Nos hacen perder lo bueno que podríamos haber ganado, por temor a intentarlo».[5] Cuando dudamos de que nuestros amigos nos quieran de verdad, esperamos que nos abandonen. Cuando cancelan sus planes o llegan tarde, no nos extraña. Cuando dudamos de nuestra competencia laboral, podemos interpretar interacciones inofensivas como exclusiones mezquinas, lo que hace que nos convirtamos en unos cínicos y evitemos la conexión. Luego, cuando no conseguimos la promoción o el aumento que esperábamos, nos sirve para reafirmarnos en nuestra creencia de que no somos valorados. Incluso cuando las cosas nos salen bien, como le sucedió a Marlon, puede que lo atribuyamos a un golpe de suerte y restrinjamos nuestra contribución por temor al rechazo.

La duda es insidiosa por naturaleza y tiene la capacidad de mermar nuestra vida, a menos que aprendamos a controlar sus proyecciones y nos responsabilicemos de haber creado resultados decepcionantes. Como dice la máxima de Abraham Maslow: «Si lo único que tienes es un martillo, solo verás clavos».[6] Cuando entendemos que experimentamos aquello a lo que estamos predispuestos, tenemos la oportunidad de empezar a cambiar nuestra manera de pensar para obtener otros resultados.

Una de las primeras formas de reconocer un patrón de duda es por su cualidad de ser automático y en serie. Cuando te des cuenta de que estás pensando: «Soy negado para este campo», «Esto es lo que me pasa siempre» o «Nunca tendré éxito», puedes estar seguro de que te encuentras en un bucle de duda. Pero la verdad que se oculta en estos bucles es que son mecanismos de defensa para evitar el rechazo o la crítica. Es decir, la duda es una forma encubierta de evitar un reto.

Bajo la actitud defensiva de Marlon se ocultaba el miedo de no estar a la altura de lo que se esperaba de él. Aunque darse cuenta le resultó bochornoso, le ayudó a ver la duda como una oportunidad para superar valientemente sus miedos. Cuando aparecen las dudas, podemos verlas como cicatrices —lo que en realidad son— que guardan el recuerdo de las heridas. Pero para curarnos hemos de dejar de evitar el miedo y ver que las oportunidades no albergan ningún mal hacia nosotros.

La duda es una invitación a poner barreras a esas influencias que nos causan malestar en el estómago, una invitación a reducir a reducir nuestro círculo de relaciones a aquellos que sabemos que nos apoyarán y a buscar formas de pensar que tengan el mismo efecto. Marlon utilizó su experiencia para observar en qué momentos se ponía a la defensiva con sus dudas, y adoptó un nuevo mantra interior: «Está a punto de pasar algo extraordinario». La duda nos obliga a dar un paso hacia delante y afrontar nuestros temores, nos confirma que si tenemos valor para enfrentarnos a ellos, algo bueno saldrá de todo eso.

No hemos de confundir el destino con el sino, donde no tenemos ningún poder sobre el resultado. El destino nos pide que demos pasos hacia él, que cuidemos de su crecimiento, especialmente en tiempos de dudas y debilidad. Y si hallamos el valor de ir en su dirección, a pesar de la ausencia de grandes señales, muchas veces, recibimos los pequeños milagros de confirmación y sincronicidad que habíamos estado esperando todo el tiempo.

Dicho esto, es importante que nos perdonemos cuando no somos valientes. Hasta que estemos preparados para sacar a la luz nuestras historias ocultas, a través de la creación de belleza, tendremos estos periodos de frenazo, o lo que yo llamo *guardianes de la vulnerabilidad*, que se manifestarán como un sentimiento paralizante de insuficiencia, ansiedad, miedo y depresión. Pero esta es la paradoja: el momento en que honramos a estos guardianes, y reconocemos el valor que tiene su protección, la rigidez empieza a aflojarse.

La custodia

No te prepares antes de tiempo.
No sabemos qué simetría
está obrando bajo esta confusión.
Primero hemos de prestar mucha atención a escuchar.

No te aventures a salir de la cáscara,
mientras proteja tu sensibilidad.
Permanece un poco más en estos orígenes,
donde tú eres solo mío y yo soy solo tuyo.
Que surja algo dulce de nuestro secreto.
No entregues tu ofrenda al mundo demasiado pronto.
Déjala madurar bajo la custodia de tu trepidación.
Alarga este tiempo de barbecho.
Pues es en esta falta de preparación
donde toma forma la belleza.
Vive una estación más en este refugio sagrado.
Porque pronto el néctar que surgirá de nuestra unión
será para que el mundo entero lo beba, o no.
Y tendrás que recordar que la gracia se ha producido,
solo porque has estado oculto mucho tiempo.

La vida como ofrenda

Haz de tu vida una ofrenda a la deuda que jamás podrá ser saldada. Conoce la dicha de este endeudamiento, porque mientras seas deudor, la belleza fluirá a través de ti, como un río cuya corriente se vuelve cada vez más fuerte. Mientras sigas en deuda, recibirás mucho más de lo que jamás podrás devolver. ¡Vaya tarea!: encontrar formas más elocuentes y variadas de dar gracias. Para estar siempre conversando con el pozo sagrado que nunca se seca. Morar en el acto de dar.

Crea belleza que dé más que tome. Como reconocimiento de la energía que hay en toda creación, haz lo que pida poco al mundo y contribuya mucho a él. Escribe poemas en papel que hayas coloreado con acuarela y ¡entrégaselos a personas que no conoces! Alégrate de no volver a verlos, porque tu alegría afirma tu riqueza. Crea arte en lugares inhóspitos utilizando materiales reciclados. Haz ramilletes de hierbas aromáticas de tu jardín y dáselas a personas que te parezca que se sienten solas. Enseña a cultivar tomates a alguien que vive en una ciudad. Baila, canta y repite en voz alta tus oraciones. Desarma con tus regalos a personas que no se lo esperaban, ayúdalas a que desarrollen su propio músculo de la recepción. Haz de tu vida un refugio sagrado para que otros puedan encontrar consuelo en ella, sintiendo la fuerza y la dedicación en la medicina de tu belleza, descansa sobre ellas y anímate cuando escuches su llamada.

No entregues tus dones solo a las personas. Da importancia a lo invisible realizando ofrendas a los ríos o cosiendo banderillas de oraciones para colgarlas en el bosque. Haz túmulos en las cimas de las montañas, planta flores silvestres en zonas de aparcamiento y vive como si tu vida fuera una ofrenda interminable de belleza. Cualquier miguita de agradecimiento que ofrezcamos a las deidades protectoras hace que estas gustosamente cobren vida. Cuanto más recordamos a nuestros aliados invisibles, más nos recuerdan ellos a nosotros. Nuestros días se van llenando progresivamente de sentido: el pájaro carpintero que repiquetea en el tejado, cual chamán alado, nos recuerda lo fino que es el velo entre ambos mundos; la cálida brisa que pasa a través del arce azucarero susurra el secreto en nuestros oídos, y el amigo que acabamos de encontrar en la calle nos lo ha enviado nuestro propio anhelo.

Pon tu obra recién realizada en el mundo con la fe de que, dondequiera que estés, otro estará haciendo lo mismo. Si no lo hace, es porque todavía no conoce su propia valía. Y si tú no lo haces, es porque todavía no sabes lo añorado que eres. Tus pequeñas desapariciones, tu echarte atrás, tu elección de olvidar es lo que interrumpe el impulso de nuestra pertenencia conjunta.

Lleva tu atención a los diminutos y milagrosos pespuntes de la vida que estás creando de la nada y confía en que cada hilito te está conectando con un tejido de pertenencia más grande. Un día, que puede ser hoy, recordarás todo lo que pasó después de tomar la decisión de cuidar de tu vida, como si fuera una obra de arte, y verás un gran número de años representados por lunas y teñidos de sangre, que se extienden por un gran paisaje que has dejado atrás, y sabrás que has recorrido una gran distancia. Aquí, con tu gran capa de lunas heridas, una penetrante presencia en tu mirada y una historia viva en tu piel, sabrás que siempre has pertenecido.

Catorce

Soportar el placer

*N*ingún afloramiento sucede de golpe. Implica adentrarte lentamente en el volumen expandido de tu siguiente yo. Cuando el tiempo de permanecer oculto toca a su fin, has de empezar a habitar en un nuevo plano dimensional. Hemos hablado mucho sobre soportar el sufrimiento en el cuerpo y el corazón, pero de la misma manera que nuestra naturaleza más oscura nos pone a prueba, a veces, aprender a resurgir del dolor para experimentar el placer es lo que más nos cuesta. Al hablar de placer no me estoy refiriendo solo al sensual, aunque lo que reconforta una buena comida y un baño de agua caliente también sea importante. Con placer me estoy refiriendo al estado de sentirte a gusto en tu propia piel, de sentirte *bien* donde, cuando y con quien sea.

Nuestra capacidad para encarnar el placer depende de nuestra habilidad para recibir, es como un músculo, que se atrofia si se contrae habitualmente. Haber asumido que no somos dignos puede convertirse en una barrera para nuestro bienestar e impedir que nos abramos a la belleza que nos rodea. Tanto si se trata de nuestra habilidad para recibir respuestas positivas y ayuda como de esperar que las cosas nos vayan bien, es posible que desconfiemos de la bondad incluso cuando llame a nuestra puerta. Pero esto no necesariamente ha de ser un estado permanente. Con la práctica, podemos aprender a dar la bienvenida a la belleza y a recibir placer de todo corazón.

En el mítico ciclo del *viaje del héroe*, el Retorno es la etapa final. Después de haber soportado el infierno de la iniciación, y aunque todavía estés extenuado por las pruebas que has superado, sabes que lo peor ya ha pasado. Te has ganado tu lugar. Sabes lo que vales. Tienes una historia que contar. Y es el momento de que regreses al mundo con tu medicina de la belleza. Aunque mucho se ha escrito sobre todo lo que has tenido que pasar para llegar hasta aquí, el Retorno se suele tratar como si fuera una nota a pie de página, como si volver al mundo con el elixir de tu viaje fuera tan sencillo. Algunas veces, no puedes acabar de creerte el giro que han dado los acontecimientos. Todavía estás esperando lo peor. Eres incapaz de confiar en que podrás volver a mantenerte en pie; es el momento en que sientes la tentación de volver a meterte en tu cueva y negarte a salir.

El mundo ha cambiado desde que lo abandonaste y tú también has cambiado desde que este te dejó. En tu memoria corporal todavía se encuentran los vestigios de los recursos que utilizaste para mitigar el dolor. Es como si te hubieras mudado a una casa más espaciosa, pero siguieras esperando encontrar los pasillos estrechos y apretados rincones en los que solías vivir. Es posible que necesites un tiempo para adaptarte a tu nuevo tamaño. Al fin y al cabo, lo mismo que te oprime, como una faja ceñida, puede resultar reconfortante en su limitación.

Si has vivido de migajas de afecto, cabe la posibilidad de que a lo largo de toda tu vida hayas desarrollado el hábito de contraerte, y solo te darás cuenta de ello cuando te sientas abrumada por el aprecio. En esos momentos, tu corazón ha de afrontar el reto de recibir, como nunca había recibido antes. Y aunque sientas que un enorme alivio inunda tu desarraigado corazón, tanto placer también puede ser doloroso.

Aunque he vivido en ciudades la mayor parte de mi vida, en el fondo, siempre he sido una chica de campo. No empecé a darme cuenta de ello hasta que murió mi mentora Annie, la mujer a la que le confiaba mis sueños. Su fallecimiento provocó que tuviera que levar mi ancla de mi zona de confort, como si hubiera sido arrasada por un tsunami. Los pilares de mis creencias empezaron a tambalearse; lo viejo dejaba de ocupar el centro de mi vida y entraban cosas nuevas a ocupar su lugar. La ciudad me resultaba insoportable y mi umbral de dolor se inundó de la urgencia de vivir de una manera más auténtica.

Al principio, solo me iba a pasar los fines de semana al campo. Pero cuanto más tiempo estaba en el entorno natural, menos ganas tenía de regresar a la ciudad. La discordancia del tráfico y los conflictos pesaba cada vez más. Lo único que podía oír era el gemido colectivo de la supervivencia. Me estaba volviendo alérgica al asfalto. Cada vez me horrorizaban más los bordes, las líneas y las esquinas de la conveniencia. Estaba despertando.

Por mucho que hayamos descuidado al alma, a esta le basta con un instante bajo las estrellas para regresar. Una noche en el bosque, una comida hecha a fuego de leña, un baño desnuda en un lago, eso es todo lo que necesita. ¡Qué extraña nos parece entonces la ciudad!, con sus peculiares valores pegados en las vallas publicitarias, en lugar de árboles. ¡Qué sensibles parecemos entonces!, agarrándonos a las orillas por seguridad, mientras fluye el mar de la abundancia.

Mi naturaleza crecía, mi poesía empezaba a fluir y, sencillamente, seguí adelante. Equipada con mi tienda de campaña y una mochila, cada noche colocaba mi hogar en un sitio distinto: sobre un lecho de suaves agujas de pino y raíces de árboles, con la puerta orientada hacia el este para contemplar el espectáculo del amanecer; en un claro del bosque lleno de virutas de madera, para ver mejor las estrellas a través de tragaluces de vegetación, sobre un banco de flores silvestres, cuidando de no aplastar demasiadas violetas mientras dormía.

La muerte de Annie fue un precipicio que me hizo enamorarme profundamente de la vida. La paradoja es que nuestra separación me llevó a una conexión más intensa con todo y con todos. Me invadió la certeza de que si seguía mi anhelo, descubriría el destino que la vida tenía reservado para mí. Dos meses después, me crucé el país en autostop hasta las Montañas Rocosas de la Columbia Británica. Sin tener ni la más remota idea de dónde me iba a alojar o cómo me las iba a arreglar, simplemente seguí el anhelo de mi corazón de ir adonde vivían las águilas. Al cabo de una semana, estaba en un lugar de belleza inimaginable llamado Kootenay.

A pesar de que me llevó algún tiempo, y el camino no estuvo exento de baches, al final, inicié allí una nueva vida y mi corazón empezó a expandirse como nunca lo había hecho en la ciudad. Encontré el amor, creé una comunidad, bebí agua natural y tuve mi primer huerto. Compuse música de alabanza a la belleza. Me convertí en la artista que Annie siempre me dijo que sería.

Al cabo de un año de estar viviendo en esta tierra de corazones afines, mi querida amiga Sage me organizó una fiesta de cumpleaños. Fue un gozo compartir el día con estos nuevos amigos maravillosos, pero después de cenar, Sage nos reunió a todos en un círculo para realizar un inesperado ritual. Me pidió que me colocara en medio, lo cual ya era bastante difícil, pero, luego, ¡pidió a todos los asistentes que compartieran lo que más les gustaba de mí!

Cada una de estas adorables personas me ofreció el regalo de su reflexión; a la cuarta o quinta, ya me corrían las lágrimas. La calidad inesperada de los comentarios, y tener que ocupar el puesto forzado de recibir, fue demasiado para poder soportarlo. De algún modo conseguí escuchar las veinticinco afirmaciones sobre mi bondad que hicieron los invitados, pero cuando terminaron, me fui corriendo a mi habitación y empecé a llorar descontroladamente por el dolor que acarreaba desde mi octavo cumpleaños. Tal fue el escándalo que armé que mi amiga tuvo que venir a buscarme a la habitación y ayudarme a recomponerme para que pudiera cortar el pastel.

Cuando expandimos nuestra capacidad de recibir nos volvemos conscientes de todo el tiempo que nos hemos estado reprimiendo. De cuánto tiempo hemos sentido que éramos invisibles. De cuánto tiempo hemos estado ocultando de la hostilidad y la crítica nuestras partes sensibles. Imagina el dolor inmenso y la gratitud que fluyen simultáneamente al estirar el músculo de la recepción. Como dice la poetisa Nikki Giovanni: «Hemos de aprender a soportar los placeres, como lo hemos hecho con el sufrimiento».[1]

Soportar el placer significa comenzar a abrirnos a que el amor empiece a visitar esos lugares temerosos que esperan dolor y abandono, y que se preparan para el peligro, aunque este ya no exista. En lugar de desestimar o blindar nuestra vulnerabilidad, hemos de dejar que entre la vida en esas áreas que han sido acordonadas para autoprotegerse. Hemos de aclimatarnos, normalmente a través del dolor, a la naturaleza vivificante del amor.

Para la persona que toda su vida ha tenido el hábito de abstenerse de recibir, una generosidad bien gestionada puede romper la coraza que envuelve su corazón y ayudarla a liberar el dolor acumulado por todo el tiempo que ha sobrevivido sin que sus necesidades fueran vistas. Pero sabe que este dolor es indicativo de sanación, que supone la apertura de esos lugares que llevan demasiado tiempo rechazando el amor. El corazón que ha soportado demasiado dolor puede llegar a insensibilizarse. Cuando una situación es demasiado traumática o dolorosa, cabe la posibilidad de que adoptemos una actitud de sarcasmo crónico o de minimizar las cosas: «¡Ah, vale! Esto no es nuevo». Pero con el tiempo, este mecanismo de defensa puede llegar a anestesiar nuestro sentimiento de estar vivos.

Al principio, despertar de la parálisis y volver a sentir puede ser doloroso y estremecedor, como cuando vuelve la sangre a un miembro adormecido, pero esas punzadas y pinchazos son una señal de que vuelve la vida. Derramar lágrimas en tus lugares insensibles es lo que Gibran describió como «el dolor por exceso de ternura», pero esta es una tristeza sanadora que restaura la fertilidad a tu tierra.[2]

No obstante, no contemples demasiado tiempo el río de la desesperación. Sus corrientes subterráneas son fuertes y podrían arrastrarte a un eterno viaje río abajo. Elige dejar de adorarlo. Dale sinceramente las gracias por haber reblandecido esos lugares endurecidos que había dentro de ti, por la vitalidad que ha conferido al lecho estancado del río de la insensibilidad, por el apoyo y por sostenerte. Pero sabe que el verdadero objeto de adoración de tu altar es el amor que ha conseguido abrir tu corazón.

Adora en el altar la ayuda que recibes. Al fin y al cabo, recibes demasiada generosidad como para cuantificarla. De todos modos hazlo. Como escribió William Wordsworth, el placer es «un reconocimiento de la belleza del universo [...] un homenaje a la dignidad innata y desnuda del ser humano...».[3] El mero hecho de pensar en el placer aporta placer. En cualquier momento, podemos sintonizar con el bienestar, que es un afluente de la pertenencia. Es ese lugar en nuestro corazón donde nos sentimos agradecidos por todo lo que estamos recibiendo y, por un momento, no deseamos nada más.

El músculo receptor

Más que un acto físico, la receptividad es la virtud que nos permite aceptar la ayuda divina, así como los regalos de otras personas y de la naturaleza. De la misma manera que una planta absorbe los nutrientes de la tierra, nosotros estamos preparados para recibir orientación y bienestar de un campo mayor que nosotros. Pero si hemos estado condicionados por la *escasez*, o nuestra cultura tiene una clara tendencia a la *acción*, puede que se nos haya atrofiado el músculo receptor. Una vez hemos entendido el valor de recibir, podemos empezar a recurrir a la ayuda que tantos de nosotros ansiamos.

En el capítulo cinco, «El matrimonio interior», vimos que la receptividad se asocia con las cualidades del yin: esperar, escuchar, aceptar y sentirnos fascinados por las cosas que vibran con nuestro bienestar. En las épocas de escasez y dudas, se nos enseña a ser organizados, a poner planes en marcha, a diseñar instrucciones y a preparar agendas. Estas acciones no tienen nada de malo en sí mismas: de hecho, son imprescindibles en cualquier proceso creativo. Pero si primero no recurrimos a la sinceridad de la soledad, no serán más que actitudes defensivas contra el curso de los acontecimientos.

Saber recibir implica conocer la sabiduría de la rendición. El yin elige ceder, aun cuando el resto siga adelante. Cual tierra interior, el yin es el humus donde gestamos nuestros sueños, refinamos nuestra intuición, escuchamos a nuestro cuerpo y penetramos en el silencio de nuestro centro. Cuando las acciones surgen del punto de receptividad silencioso, cobran verdadero significado. Las ideas que proceden de este nivel de la imaginación no sirven solo al individuo, sino también al gran ecosistema del que obtenemos nuestro bienestar.

La receptividad activa es el cese de todo esfuerzo, aunque sea solo durante una hora al día. Por ejemplo, andar descalzo sobre la hierba, dejar que el sol acaricie tu piel, flotar bocarriba en un lago o pasear por el bosque sin rumbo fijo. También puede ser desplegar tu esterilla de yoga y practicar, entretenerte con materiales para hacer trabajos artísticos, jugar con tus cartas del tarot o disfrutar de tu *sit-spot*.* Todas estas cosas te ponen en contacto con el placer.

Cuando no seguimos la vía del yin, es posible que soñemos que estamos conduciendo sin control. En estado de vigilia, se puede reflejar en que siempre estamos ocupados o en nuestra constante ambición de querer llegar a alguna parte con nuestras empresas. Este tipo de sueños nos está indicando que hemos de poner el freno, relajarnos y disfrutar del bienestar, antes de enfermar o quemarnos por completo.

Otro sueño parecido es el de buscar un cuarto de baño o necesitar privacidad para utilizarlo. Puesto que el cuarto de baño es el único sitio donde verdaderamente estamos solos en casa, es la espiración simbólica, el lugar donde contactamos con nuestro cuerpo sensible y soltamos lo que hemos estado reteniendo. Si tienes uno de estos sueños en los que se frustran tus intentos de ir al cuarto de baño, es probable que observes la correspondiente falta de placer y bienestar en tu estado de vigilia.

Aunque pueda resultar extraño, retirar nuestra energía es como tensar un arco para encontrar la diana, antes de disparar la flecha con precisión. El yin sabe que para entrar, a veces, hemos de retroceder. Somos como la Tierra de la que tanto tomamos y a la que tan poco le devolvemos: la energía de nuestro cuerpo puede darnos mucho, pero hay que alimentarla de manera sostenible. Necesita placer, satisfacción y periodos de gracia. Si queremos entablar una relación correcta con la Tierra, hemos de practicar ceder ante los ritmos de nuestro cuerpo.

Una de las razones por las que evitamos el estado receptivo es porque nos asusta. Todos conocemos el viejo refrán que dice: «Es mejor dar que recibir». Pero dar y recibir suceden simultáneamente: son acciones interdependientes. Y el

---

* Un *sit-spot* es un lugar en un entorno natural donde eliges sentarte habitualmente, para estar en contacto con la naturaleza, reflexionar, meditar, relajarte. Tiene que reunir ciertas cualidades, como estar cerca, ser seguro y tranquilo. (Fuente: Association of Nature&Forest Therapy Guides&Programs) (Nota de la T.)

significado implícito de esta frase es que el que recibe es el débil, el necesitado, el pobre. Por supuesto que desde esta perspectiva, la mayoría preferiríamos ser el «dador» que el «receptor». El dador es rico, se siente seguro y no necesita la ayuda de nadie. Pero llevado al extremo, dar se vuelve patológico.

Damos, damos y damos tanto que nos quedamos vacíos. En nuestro intento de conectar con los demás, nos quedamos desarmados. Vivimos bajo la maldición de la desacertada creencia de que si no estamos siempre ofreciendo, proveyendo y al servicio de los demás en sus momentos de crisis, perderemos el poco amor y seguridad que tenemos. Pero más en el fondo, se encuentra el miedo a ser lo bastante vulnerables como para mostrar nuestra debilidad y pedir ayuda. Al ceder ante este temor, estamos bloqueando inconscientemente todos los receptores de placer.

No existe la generosidad unilateral. Dar y recibir se necesitan mutuamente. Existe una simbiosis en la relación que beneficia a ambas partes. Al recibir algo plenamente, el placer no solo alcanza al receptor, porque este da a conocer al dador que su ofrenda ha dejado huella. Cuando un regalo o un cumplido es recibido con sinceridad, el dador siente que se ha reconocido la autenticidad y la energía que puso en su ofrenda.

Lo mismo sucede con ese campo más grande al que podríamos llamar divinidad. Para mantener una relación de reciprocidad con el aspecto sagrado invisible de la naturaleza, no solo hemos de crear belleza para pedir su gracia, sino que también ¡hemos de recibir la respuesta! He oído decir que el alma no vive dentro de nuestro cuerpo, que más bien es como un útero donde estamos todos. Con un poco de práctica, podrás abandonar lo que percibes como los límites de tu «yo» y sintonizar con el útero superior que se extiende mucho más allá de tu cuerpo. Imagina que se extiende varios centímetros más allá de este; luego, varios metros, y comprueba hasta dónde puedes alargar tu percepción. Ahora, siente cómo absorbes los nutrientes y la ayuda de ese útero para que tu «pequeño yo» no tenga que hacerlo todo solo.

Cuando creemos que no somos lo suficientemente buenos para recibir, el placer no puede llegar hasta nosotros debido a las barreras que hemos puesto, lo cual se traduce en la creencia de que estamos solos en el mundo. Saber recibir implica volvernos lo bastante vulnerables como para dejar entrar la generosidad y que esta pueda ensalzar nuestro sentimiento de merecimiento.

El merecimiento

Sentirnos indignos suele ser el gran impedimento para recibir amor y placer. Incluso cuando alguien nos hace un cumplido sincero, puede que nos cueste recibirlo, si sentimos que no estamos a la altura de lo que nos han dicho. Imagina lo difícil que es entonces recibir ayuda divina, cuando no nos sentimos dignos de la generosidad de la vida. La mayoría pensamos que el merecimiento es algo que tenemos o no; yo prefiero decir que es nuestro estado natural cuando eliminamos esas barreras.

El merecimiento es el valor, la importancia y la bondad que nos atribuimos a nosotros y al mundo. Pero una gran parte de lo que valoramos lo hemos heredado de nuestra familia y cultura. En el camino hacia la pertenencia, hemos de desentrañar nuestros verdaderos valores de las ideas colectivas y heredadas que tenemos sobre el merecimiento —y la falta de este—, que están enredadas en la maraña de nuestras creencias.

Para descubrir lo que realmente valoras, has de perseguir lo que hace que te sientas vivo, lo que te despierta entusiasmo, lo que provoca que se te ponga la piel de gallina, lo que da rienda suelta a tu imaginación. Lo que consigue que se te salten las lágrimas y alivia a tu alma. Lo que te hace reír de gusto o llorar por su intensidad. No siempre es hermoso, pero ¡está totalmente vivo! Y esta vivacidad aumentará tu sentimiento de valía en el mundo y, por extensión, tu capacidad para sentir placer.

Uno de los grandes e inesperados medios para descubrir lo que valoras es la envidia. Las personas que admiras, las que están haciendo lo que a ti te gustaría hacer, son realmente faros en medio de un mar de oscuridad. Parece que están muy lejos y te tientan a caer en la desesperación de la comparación. Pero si eres astuto, verás que te están enseñando el camino hacia lo que deseas. Muchas veces, en la envidia descubrirás qué dones has enviado detrás de la barrera de la falta de merecimiento, porque fueron rechazados, o peor aún, humillados. Y aunque la barrera pueda haberlos protegido de alguna maldición, la envidia es una señal de que quieren volver a la copertenencia.

Asimismo, un exceso de admiración por otra persona puede indicar una falta de autoestima. Marielle era una soñadora que hacía años que realizaba un trabajo interior para curarse una profunda herida creativa, que con frecuencia le hacía sentirse inferior y la incapacitaba para llevar a cabo sus proyectos. Como mujer, sus dotes naturales para el baile y el lenguaje eran una gran fuente de consuelo para ella. Pero su madre solía condenarlos con dureza por considerarlos inútiles, excesivos e incluso bochornosos. Con el paso de los años, aprendió a ocultar sus aptitudes y se centró en desarrollar sus habilidades analíticas y administrativas, hasta que esas destrezas se convirtieron en auténticas desconocidas.

Mientras trabajamos juntas, soñó mucho con antiguos castillos de distintas partes del mundo. En estos sueños siempre había un jardín oculto, un valioso objeto que desenterrar o un profundo estanque que tenía que cruzar a nado. Analizamos el significado de estos viejos castillos y los relacionó con lugares que encerraban una tradición, una historia y una cultura académica. Sentía una profunda admiración por el viejo mundo, le encantaban las mansiones llenas de libros y de antigüedades. Pero los sueños parecían decir que había algo más salvaje, fresco y valioso que la estaba llamando.

Empezamos a descubrir que se encontraba entre la presión de escribir con precisión y objetividad, como hacen los académicos, y la voz femenina salvaje que surgía de sus sueños. A medida que se fue arriesgando a dejar que su conocimiento interior guiara su pluma, volvió a sentir alegría y placer en el proceso creativo.

Pero si se producían los desencadenantes adecuados, como cuando leía ensayos de autores analíticos de su campo, se sumía en periodos de depresión, en los que se sentía paralizada e incapaz de escribir nada. Un día tuvo el siguiente sueño:

Admiración unilateral: sueño de Marielle

Estoy sentada en una preciosa boutique *llena de ropa hecha a mano y de juguetes para niños. Enfrente de mí hay un hombre, que es mi marido, y tiene un bebé durmiendo sobre su pecho en una mochila portabebés. Lo miro con mucho amor y admiración, pero cuando él me devuelve la mirada, te garantizo que no siente lo mismo.*

Al analizar este sueño, me explicó que su marido onírico era el presentador de un programa de televisión que a ella le gustaba. Lo describió como una persona extraordinariamente observadora, que leyendo el lenguaje corporal podía deducir pistas que ayudaban a la policía a resolver algunos delitos. Me dijo que realmente le gustaba ese hombre. Pero al profundizar en su carácter, descubrimos que también le faltaba mucha empatía y que era escéptico con todo lo que no se basara en los hechos. Su eslogan era: «No existen los videntes».

De pronto, Marielle se dio cuenta de que su propia psique o intuición estaba siendo anulada por su arquetipo interior del Logos: un patrón que reflejaba sus experiencias de la infancia. Un buen matrimonio interior, como ya hemos visto, se basa en la admiración mutua entre los opuestos. No cabe duda de que Marielle admiraba el refinamiento del lenguaje y la objetividad del editor, pero era a costa de acallar la voz de su intuición. Estos sentimientos querían volver a campar a sus anchas por el jardín de la expresión.

La medicina de este sueño la encontramos en el recién nacido, que ella interpretó como la vida que había estado incubando en su aspecto femenino. Como el sueño tenía lugar en una tienda de artesanía, se empezó a dar cuenta de que el verdadero entorno de su creatividad no era ni tedioso ni mecánico, sino juguetón y diseñado con belleza artística.

El trabajo que tenía por delante, como el que tenemos muchos de nosotros, era rescatar lentamente, a veces de manera casi imperceptible, su vitalidad de detrás del muro del rechazo, hasta que apareciera el merecimiento. Del mismo modo que echamos en falta a los que ya no están con nosotros, nuestra integridad nos echa en falta a nosotros. Esta integridad trabaja con diligencia para proporcionarnos en los sueños imágenes de nuestra naturaleza esencial. Pero también genera imágenes de los menosprecios que impiden nuestro devenir, para que podamos afrontarlos a plena luz del día.

Bajo nuestro escrutinio, la barrera de la falta de merecimiento no puede mantenerse en pie. En lugar de alejarnos de nuestra creatividad, de nuestras relaciones y de la llamada del mundo con la creencia de que no merecemos sentarnos a la mesa, el trabajo interior nos reafirma. Estamos más presentes para los demás y más arraigados en nuestra vida. El merecimiento es como una puerta abierta a través de la cual puede entrar el placer y ser recibido.

Con frecuencia, en la segunda mitad de la vida, nos damos cuenta de que no podemos juzgar nuestra valía según reglas imposibles de belleza, fuerza o éxito, como tampoco podemos juzgar el valor de la vida con una medida unilateral. No esperamos que la tierra esté en una eterna primavera, sino que apreciamos sus distintas estaciones, desde la cosecha hasta el reposo, por los regalos propios de cada una. El merecimiento no es un estado de realización, sino la disposición continuada de vivir de frente. El merecimiento es ser capaces de decir: «Estoy listo para esto. Soy igual a la vida».

La gratitud

En el cultivo de la pertenencia a tu placer y bienestar, la gratitud es el sol en torno al cual giran todas las otras prácticas. Cuando estás verdaderamente atento a la vida, la gratitud es la respuesta inevitable a todas las cosas que se han confabulado para concederte su belleza y sofisticada genialidad. Al reconocer la generosidad de la vida, incluso en sus formas menos agradables, estamos declarando que somos merecedores de ello. Cuando nos empapamos del privilegio de estar vivos, estamos participando del momento sagrado en que se está convirtiendo la vida. La gratitud es el reconocimiento de nuestra pertenencia a esa danza.

Para aquellos que han aprendido a ver el mundo a través de la carencia y el miedo, la gratitud es la práctica por excelencia. Es una manera de dulcificar la mirada y poder ver la vida, y a nosotros mismos, con amabilidad, provocando que la generosidad se multiplique a medida que la buscamos. Desde mi casa arbórea tengo una impresionante vista a las Islas del Golfo. Cuando nuestros amigos la contemplan por primera vez suelen derramar lágrimas. Pero después de tantos años viviendo allí, nos hemos acostumbrado, y a veces se nos olvida alabar su magnificencia. Los días que voy corriendo a trabajar, he de pararme un momento para embeber conscientemente esa belleza. Me bastan unos minutos para recuperar mi bienestar y abrir mi corazón. La gratitud devuelve la sensibilidad a esos lugares que hemos blindado, hasta que se vuelven conscientes del entorno de belleza, que nos rodea desde todos los flancos, en su intento de llegar hasta nosotros.

Incluso cuando no damos gracias porque nos sentimos solos o derrotados, la vida sigue otorgándonos cosas, como la melodía del canto de los pájaros, el inalterable amanecer de un nuevo día, la inesperada calidez de la sonrisa de un amigo, las centelleantes estrellas de la Vía Láctea.

A medida que vamos siendo conscientes de las invalidaciones y de los patrones de escasez, que hemos heredado de generación en generación, o desarrollado como respuesta a nuestra educación, hemos de ir creando nuevos hábitos. Las viejas interpretaciones sobre la escasez son profundas y oscuramente atractivas por su familiaridad. La gratitud puede resultarnos un esfuerzo extra cuando nos estamos enfrentando a nuestro sufrimiento, pero es justamente entonces cuando más hemos de recurrir a ella.

Una de las historias más románticas que he escuchado es la de una mujer llamada Astarte, cuyo esposo conocía su pasión por tocar música, pero también su pánico escénico. Así que le compró un hermoso libro encuadernado en piel, con un majestuoso pavo real, para que anotara todos los comentarios positivos que recibía sobre su música. Siempre que empezaba a tener dudas y miedo, miraba sus anotaciones y se llenaba de gratitud.

Por cierto, te recomiendo encarecidamente que dediques un momento al final de la jornada, todos los días, para escribir una lista de cinco o diez cosas por las que te sientas agradecido. Al principio, puede que esta práctica te resulte difícil, y que hacer cada día una lista te parezca una ardua y absurda tarea. Tal vez sientas gratitud por haberte comido un trocito de chocolate o por haber abrazado a un amigo del reino animal, y es tentador sopesar estos pequeños lujos con las muchas horas que has pasado sin hallar razón alguna para agradecer nada. Pero si sigues la disciplina de escribir estas listas, tu atención durante el día se dirigirá hacia la belleza, mientras buscas algo que valga la pena mencionar. Tus listas serán cada vez más largas, pero lo más importante es que el cambio sutil en tu forma de ver las cosas transformará tu vida.

La gratitud no solo nos hace conscientes de lo bello, sino de lo que estamos excluyendo de nuestro concepto de belleza. De esta manera, la gratitud es una gran mentora en la práctica de la pertenencia.

Durante el día, habrá claros momentos estelares, en los que sentiremos la gratitud con toda su fuerza, pero con la práctica veremos que la poesía vive en los lugares más corrientes. De pronto, puede que nos demos cuenta del servicio que nos ha estado prestando alegremente la tetera, ofreciéndonos su lealtad en la infusión del té y en mantenerlo a punto sin rechistar. Entonces, puede que nos llame la atención la falta de ternura con la que la hemos lavado. Tal vez notemos por vez primera la suave música de las huevas de pescado al explotar entre nuestros dientes, y no podemos creer las absurdas conversaciones que hemos tenido sobre el *sushi*, perdiéndonos su esencia por completo. Tal vez hay un corto mes en primavera en que los algodoneros liberan su perfume embriagador y no es hasta el invierno cuando echamos de menos las semanas que no subimos a la colina para olerlo.

La gratitud es uno de los grandes actos de reintegración por recuerdo. Ya sea mediante la oración, el ritual, la poesía o las canciones, el recuerdo solidifica nuestra relación con el misterio vivo. Nos devuelve al todo intangible del cual nos sentimos desconectados. Cuando recordamos la esencia sagrada de la naturaleza, estamos forjando nuestra propia pertenencia.

La gratitud es también una forma de perdonar. Hemos de dar respetuosamente las gracias a las cosas, antes de que nos dejen libres. Después de años haciendo una lista de gratitud, a la que llamo «Cosas bellas», me costaba incluir lo difícil, como el dolor, la pérdida, e incluso el conflicto, entre las diez primeras. En mis prácticas del *sí*, que es la breve y graciosa palabra que utilizo para describir la disciplina de afirmar todo lo que surge, empezó a desdibujarse la línea que separa la belleza y el dolor, la crisis y la oportunidad. Cuanta más curiosidad sentía por esos factores desestabilizadores, más empecé a verlos bajo la perspectiva de Rumi en su poema *La posada*,[*] como «guías del más allá», que me «estaban vaciando para un nuevo deleite».[4] Mientras me resistía a ellos, estuvieron a mi alrededor y se volvieron más agresivos. Pero en cuanto los traté con respeto, incluso con aprecio, me abrieron la puerta a un placer inesperado.

La forma de reclamar nuestra afiliación a la familia divina de las cosas es recordando que el lenguaje del aprecio es nuestra lengua materna. Sumergirnos en la plenitud de un preciso momento significa ser conscientes de todas las cosas que pueden ayudarnos a experimentar bienestar en cada instante. El famoso dicho de Joseph Campbell «Persigue tu dicha» no es una frase irresponsable que pretenda insinuar que el dolor no existe, sino un recordatorio de que también hemos de recibir placer y satisfacción, aun cuando nos encontremos en los abismos del sufrimiento.

Cuando mostramos nuestra respetuosa gratitud por las joyas desperdigadas que encontramos a lo largo del día, el placer empieza a llegar y a fluir a través de nosotros. Nuestro espíritu se vuelve más generoso. No solo en el sentido de dar cosas a los demás, sino en el de la conducta. El placer, como una puerta abierta hacia lo divino, es una invitación a la alegría, que puede estar más presente en nuestra vida. Inhala la plenitud de tu yo expandido y recuerda que lo que se presenta como miedo puede acabar siendo gozo. A medida que se acerca tu futuro, no te preocupes tanto por cómo va a recibirte y repite una oración para que puedas estar receptivo.

Reconoce las manos invisibles que te guían, la respiración que te respira, las paredes y el techo que te protegen del frío, el agua que sale como por arte de magia de tus grifos, el largo linaje de tus antepasados y cada uno de sus pasos que hicieron posible tu encarnación. Tú perteneces a estos seres protectores. Tu afiliación es innegable. En tu reconocimiento de esta riqueza, tu vida no puede hacer más que convertirse en una ofrenda para compensar aquello que te sustenta.

---

[*] También conocido como *La casa de los huéspedes*.

Quince

La presencia invitadora

*P*asamos tanto tiempo preocupándonos por cómo vamos a afrontar el futuro que rara vez nos planteamos cuál es *nuestra* disposición a él. Nos equipamos con destrezas, fortaleza y cualificaciones, para que cuando llegue el momento nos encuentre preparados. Pero con nuestra actitud de querer arrimar el hombro en la vida, puede que nos perdamos el encuentro para el que nos habíamos estado preparando. Para estar a disposición de la vida, de otras personas y del misterio hemos de cultivar la hospitalidad interior. Como el anfitrión que prepara una ración de más, el fuego de la chimenea, un asiento en la mesa, incluso cuando no espera invitados, la pertenencia siempre empieza con una invitación.

Cuando alguien nos hace una invitación, inmediatamente, sentimos que nos da la bienvenida a su mundo. De hecho, una gran parte de la soledad que sienten las personas se debe a que *no* han sido invitadas. Parece que nuestra cultura ha perdido el arte de la hospitalidad. Mi abuela me contaba que cuando era joven y todavía vivía en Polonia, era costumbre dedicar un día a la semana a hacer una invitación general a la comunidad a que visitara tu casa. Los anfitriones preparaban bastante cantidad de té y refrescos, y abrían sus puertas a sus amigos y conocidos. Durante unas pocas horas a la semana, la comunidad compartía su vida y entretejía los vínculos de la pertenencia a través de la relación entre sus miembros.

En la actualidad, por el contrario, desconfiamos cada vez más de nuestros vecinos y protegemos mucho nuestra intimidad. Pero el precio que pagamos por esa independencia es exclusión por todas partes. Una de las razones por las que dejé de vivir en la ciudad fue porque era muy doloroso sonreír y saludar a los transeúntes, sin que nadie me hiciera caso, o peor aún, que me pusieran mala cara. En aquellos tiempos, me lo tomaba como algo personal, pero creo que se debe a que la gente vive en un estado de saturación y aislamiento, y que es su forma de autoprotegerse. Si queremos crear pertenencia en nuestra vida, hemos de reaprender a extender nuestra hospitalidad a los demás, física y energéticamente.

Tanto si intentamos acercarnos a los demás como a la naturaleza o al misterio de vivir, la presencia invitadora es el prerrequisito para cualquier tipo de acercamiento. Del mismo modo que abrimos físicamente las puertas de nuestra casa a los invitados, también podemos cultivar la cualidad de la hospitalidad con nuestra presencia, que les indicará que son bien recibidos a estar en nuestra compañía tal como son. Esta cualidad se manifiesta espontáneamente cuando dejamos de lado nuestras maniobras el tiempo suficiente como para interesarnos en conocer a una persona, qué necesita y qué le apasiona. En pocas palabras, se trata de crear un espacio en nuestro corazón para que el otro pueda refugiarse.

Cuando tu presencia es invitadora, permites que la otra persona sea auténtica en tu compañía, aunque solo sea por un momento sagrado. Una de las grandes contribuciones que podemos hacer a nuestras comunidades es conservar esta presencia acogedora con los demás, sin dar por hecho que vayan a correspondernos o a estar a la altura de nuestras expectativas, y sin caer en la tentación de cambiar o arreglar sus preguntas o responder a ellas. Esta actitud transmite tácitamente que crees en esa parte de la otra persona que sabe adónde tiene que ir. Y ella podrá notarlo. Al ver reflejado su conocimiento interior, empezará a moverse en la dirección correcta.

Si alguna vez has tenido la experiencia de hablar con alguien que te escuchaba no solo con los oídos, sino con su corazón, sabrás cuánto contribuye esta práctica a la pertenencia. Cuando alguien escucha tus piezas secretas a este nivel, esa persona también empieza a integrarlas como si fueran suyas. Y en algún momento del futuro, incluso puede que te las devuelva mejor ordenadas y te diga: «Recuerdo esto», y aumentará la ternura entre vosotros. Este intercambio es un voto silencioso de vuestra unión.

Esta atención, que transforma la distancia en intimidad, es lo que llamamos presencia. Es un lugar fuera de nuestro tiempo ordinario, lleno de ambigüedad y riesgo, donde se puede producir algo extraordinario. La presencia es estar atento, es una especie de lucidez. Ya no actuamos automáticamente, sino que nos implicamos en el desarrollo de la realidad. Prestar este tipo de atención a la vida es una de las mejores prácticas espirituales. A medida que aumenta nuestra capacidad, la presencia puede elevarnos a un estado de conciencia exaltada o extática.

Realizada correctamente, esta práctica te sensibiliza a tu entorno. Te lleva precisamente a la incomodidad, a lo desagradable, al dolor, a la extrañeza y a la contradicción: allí es donde mejor aprenderás a afrontar la vida tal como es, no como preferirías que fuese. Es decir, incluye toda la gama de acontecimientos en tu experiencia, en lugar de oponer resistencia a ellos.

Por extensión, la presencia también nos hace más permeables al misterio de la vida. Cuando pensemos en la presencia en estos términos, como una puerta hacia lo que es, al momento sentiremos que se expande el espacio alrededor del mundo. Esta capacidad para estar presentes es lo que despierta nuestra responsabilidad y compromiso auténtico hacia nuestras relaciones, comunidades y la naturaleza.

A veces, cuando estoy trabajando con alguien durante un tiempo, empiezo a sentir como si estuviera conversando directamente con sus sueños. Aunque el soñador tal vez no sea consciente de que está siendo reconocido, de que está recibiendo el regalo de la presencia, el sueño aportará imágenes cuando se sienta visto.

Un ingeniero jubilado, llamado Tom, vino a verme con una serie de sueños en los que se sentía perdido. Soñaba que lo dejaban solo, en un lugar desconocido, sin su cartera, e intentaba desesperadamente encontrar el camino de vuelta a casa. Cada noche, tenía que superar carreras de obstáculos, llenas de máquinas y estrechos pasadizos, y siempre se despertaba en un estado de pánico no resuelto. Toda su vida había luchado mucho en su vida profesional y para mantener a su familia, y ahora, al estar jubilado, sufría la pérdida del sentido de la vida.

Para muchas personas, la segunda mitad de la vida implica abandonar sus ambiciones mundanas y centrarse en su desarrollo interior. Cuando le comenté esto, lo rechazó como si fuera algo de lo que ya era consciente. Pero en nuestra siguiente sesión, vino con un sueño que contenía un interesante detalle que no habíamos visto antes. En su intento de encontrar el camino de vuelta a casa, vio un estanque lleno de peces de colores. Admiró su belleza un momento y hasta se lanzó al agua con ellos antes de proseguir con su búsqueda. Yo lo interpreté como una señal de que el trabajo que habíamos estado haciendo estaba insuflando algo de vida a su árido y complejo panorama psíquico.

Como el sol con su poder de calentar, un poco de admiración y ánimo a esa zona descuidada del alma conseguirá que en su tierra crezcan las flores más bellas. La cualidad de escuchar abre un espacio hacia la mitología secreta del otro, que se convierte en un camino de regreso a su pertenencia. Pero todavía hay más: la presencia invitadora es un ejemplo para el otro de cómo escucharse a sí mismo. Si empezamos a hacer esto con nuestros hijos cuando todavía son pequeños, descubrirán mucho antes su verdadera pertenencia.

Por desgracia, en la cultura occidental rara vez nos concedemos el más breve «tiempo de pausa», porque siempre estamos revisando nuestros dispositivos móviles, mientras hacemos cola entre desconocidos, cuando nos encontramos en el parque con los niños o incluso a la hora de cenar cuando estamos con nuestros seres queridos. Pero los momentos de pausa son como invitaciones al inconsciente. Invitan a que la pregunta se formule en el corazón, seducen a la originalidad para que se manifieste, crean un espacio acogedor para un encuentro inesperado.

Normalmente, lo primero que le preguntamos a un desconocido es: «¿A qué te dedicas?», como si eso resumiera su esencia. En lugar de medirnos los unos a los otros de esa manera, que es una forma encubierta de conocer la clase social, hemos de revivir el arte del cortejo. Cortejar es cuando te sientas al lado de alguien e intentas dulce, paciente y respetuosamente descubrir qué es lo que apasiona a esa persona. Como se hacía en la antigua tradición céltica, cuando conoces a alguien, le has de preguntar: «¿A quién perteneces?».[1]

Esta antigua tradición también podemos encontrarla en muchas otras culturas: cuando una persona se presenta a sí misma no solo dice su nombre, sino su título dentro de su linaje y el lugar de donde procede su pueblo. Por ejemplo, en la lengua ojibwe, primero te presentarías con tu nombre espiritual, que es el papel que desempeñas en la tribu; a continuación mencionarías el nombre de tu clan, que describe la identidad global de tu tribu, y por último, citarías tu lugar de origen, que engloba todo lo mencionado.[2]

En la cultura de los navajo, todas las personas tienen cuatro clanes, los cuales se han de presentar en un orden específico: el primer clan de la madre, luego el del padre, el del abuelo materno y el del abuelo paterno, y a continuación, has de mencionar tu lugar de origen.[3] De este modo, no solo reconoces tus raíces, sino que es un acto de respeto al receptor, una manera de mostrarte humildemente ante sus ojos, si te encuentras en una situación en que desconoces las costumbres y barreras culturales del lugar que estás visitando.

Al reconocernos como el fruto del árbol de nuestros antepasados, sentimos que estamos cuidando la pertenencia. Cada vez que los nombramos afianzamos más nuestras raíces. Incluso aunque ya no sepamos los nombres de nuestros antepasados o su lugar de origen –aunque se hayan perdido sus historias y sus canciones–, todavía podemos reintegrarlos en nuestra *indigeneidad* mediante el recuerdo, la invitación y el cortejo de nuestros sueños. Como explica Martín Prechtel, todo ser humano, «tribal o moderno, primario o domesticado, tiene de un modo u otro un alma original, natural y, por encima de todo, indígena. No obstante, el alma indígena de la persona moderna o se ha desvanecido y recluido en las lejanas tierras del mundo de los sueños o se encuentra bajo el ataque directo de la mente moderna. Cuanto más recuerdes conscientemente tu alma indígena, más la recordarás físicamente».

Cuando le preguntamos a alguien: «¿A quién o a qué perteneces?», estamos dando presencia al todo más grande que engloba su vida. La pregunta en sí misma es una forma de reconocer qué es importante para esa persona y qué está destinada a ser. Y cuando planteamos la pregunta a nuestros propios sueños, nos conduce a nuestro propósito. Del mismo modo que puedes tomar una bellota y plantarla en otro continente, si le das una presencia acogedora, crecerá y se convertirá en lo que está destinada a ser.

Aunque la presencia es esencial, también hemos de reconocer el impacto de nuestra ausencia en las vidas de los demás, algo que suele ser proporcional a la ausencia de nuestra propia vida. Esta ausencia es más que el mero hecho de no estar físicamente, es la «presencia ausente» que ofrecemos cuando estamos divididos, distraídos o somos escurridizos. Escuchar a alguien sin prestarle toda nuestra atención puede hacer más mal que bien. Inconscientemente, estamos transmitiendo que no nos interesa su historia secreta, así que no debería sorprendernos si se crea una distancia o un olvido entre ambos.

Creemos que ni la vida ni nosotros mismos merecemos la pena, y toda nuestra existencia practicamos no recibir, no hablar, no integrarnos, no darnos cuenta, no crear. Nos convertimos en un fantasma en nuestra propia vida, y cuando los demás no nos invitan o no nos reconocen, pensamos: «¿Por qué no puedes verme?». Al hacernos esta pregunta, estamos alejando aún más a los demás, y nos alejamos de nosotros mismos. El problema de la ausencia de presencia también influye en nuestra relación con el impulso divino, que desea expresarse a través de nosotros.

A menos que aprendamos a ser hospitalarios con lo sagrado, jamás entrará en nuestra vida. Existen muchas formas de invitar a lo sagrado a nuestra vida, pero nada es tan eficaz como la oración y los rituales. Una vez, le pregunté a un gran maestro de la música conocido mío, llamado Scott Sheerin, cómo conseguía que sus álbumes siempre tuvieran esa cualidad de vivacidad y espontaneidad. Me explicó que antes de entrar en su estudio siempre enciende un fuego sagrado al que ofrece su gratitud y recuerdo, antes de interpretar una sola nota. Sus grabaciones transmiten una especie de estado de gracia, como si la música floreciera en su presencia invitadora.

Invoca a lo sagrado, porque aunque tú no lo conozcas, lo sabe todo sobre ti. Permanece en ese momento de escucha en el que, al principio, tal vez, no oigas nada, pero donde siempre comienza algo. Cuando escuchas, sabe que también se escucha la calidad de tu atención. La presencia invitadora dilata el corazón y lo sagrado fluye a través de este ensanchamiento. Cuando recuerdas, también estás siendo recordado por aquello con lo que compartes pertenencia.

El alma no es una cosa, sino una perspectiva. Es el lento cortejo de un acontecimiento que la convierte en una experiencia significativa. Es la práctica de confiar en que si nos sentamos en silencio, durante el tiempo suficiente, en la *ausencia de magia*, se producirá el milagro. Nada es sagrado hasta que hacemos que lo sea con la elocuencia de nuestra atención, la poesía de nuestra paciencia, la calidez parental de nuestra hospitalidad.

Para muchos, este tipo de presencia sagrada –cuando sentimos la pertenencia total a un momento dado– es una experiencia pasajera. Puede ser inducida por la visión de algo extraordinariamente bello, por una droga psicoactiva, por una música que nos transporta o por un acto de generosidad inesperado, pero nunca dura lo suficiente y suele ir seguida por un choque o desencanto: «¿Cómo llegué hasta allí? ¿Cómo puedo regresar? ¿Ha sido real?».

Si bien es cierto que no es realista pensar que podemos mantener permanentemente esa presencia, sí lo es cultivar nuestra capacidad para hacerlo. Como ocurre con los sueños lúcidos, hay técnicas que pueden ayudarnos a estar despiertos más tiempo durante el sueño. Inevitablemente, volvemos a quedarnos «dormidos» y permitimos que nuestros pensamientos y miedos inconscientes nos consuman. Pero a medida que vamos aprendiendo a renunciar intencionadamente a nuestras preferencias sobre cómo se desarrolla la realidad, empezamos a darnos cuenta de lo bien que estamos siendo guiados. Nuestra confianza en la inteligencia ordenadora de la naturaleza se vuelve más fuerte que nuestra necesidad de controlar los resultados.

Hay un libro maravilloso que leí de joven que se titula *El peregrino ruso*; es una novela rusa del siglo XIX, que trata de un hombre que, después de haber leído un pasaje de la primera epístola de san Pablo, donde dice «orad sin interrupción», parte en busca de alguien que pueda enseñarle esta técnica.[4] Viaja de monasterios a iglesias, de pueblo en pueblo, descansando solo cuando es invitado en los hogares de personas caritativas que comparten su misión. No es un viaje fácil, ni exento de sufrimiento y de dudas. Pero con cada invitación de un desconocido, aprende a confiar más en la vida, porque cada encuentro le aporta una pieza esencial de su desarrollo espiritual.

Lo que más me impresionó de este libro fue la devoción del peregrino, no solo en su búsqueda de la comunión con ese «algo superior», que él llamaba Dios, sino por su confianza en que la propia vida lo apoyaría y dirigiría en su búsqueda. Hay algo muy poderoso en rendirnos deliberadamente confiando en que se producirá esa magia: y se produce.

Invitar a lo sagrado a que participe de tus esfuerzos no tiene por qué implicar hacer algo extravagante (aunque sea divertido). Puede ser algo tan sencillo como el fuego que enciende mi amigo músico, limpiar tu mesa de despacho para que la poesía pueda abrirse paso o dejar tu teléfono móvil en otra habitación cuando te vayas a dormir, para que tus sueños sean lo primero en lo que pienses al despertarte. Puede tratarse de una visita diaria al río para escucharlo o dejar una ofrenda a un árbol que sabe cómo te llamas. Sea cual sea tu ritual de invitación, es cualquier acto que te ayude a iniciar tu conversación viva para recibir una respuesta.

Otra palabra para la presencia invitadora es *asombro*. Cuando estamos bien sin tener respuestas, sentimos curiosidad. Esta curiosidad es lo que acerca a la vida a compartir nuestra pertenencia. Uno de los grandes lugares para cultivar nuestro sentido del asombro es la naturaleza, por supuesto. El mero hecho de escuchar lo que le gusta a la tierra, cómo nos lo transmite y cómo se mueve hace que acumulemos lentamente familiaridad con nuestro lugar.

Al cabo de unos pocos años de vivir en nuestra islita de la Columbia Británica, empecé a enamorarme de uno de los pájaros del verano, que canta al anochecer una fascinante melodía en espirales ascendentes. Aprendí a conocerlo no por su aspecto, sino por su canto, que es una alabanza al sol poniente y señala el final del largo día. En casa, lo llamamos el «pájaro de las buenas noches». Este pájaro se fue revelando por etapas, mediante el cortejo de nuestra atención. Puede que algún día lleguemos a saber cómo es físicamente, cuando nos hayamos hecho merecedores. Tal vez se posará cerca de nosotros alguna noche en que estemos en silencio y nuestra actitud sea lo suficientemente acogedora. Hasta que llegue ese momento, inventaremos historias sobre el sol, que no se puede poner sin la bendición de esta ave. Tal vez la luna jamás entraría en el cielo sin ella, y nosotros nos olvidaríamos de soñar nuestros sueños.

Nuestra familiaridad simultánea y el no conocer a este pájaro, cuyo canto es una parte tan importante de nuestro día, han despertado un gran afecto en nuestro corazón. A veces cuando iniciamos una ceremonia alrededor del fuego sagrado nos honra con su canto de umbral. El silencio nos envuelve mientras escuchamos su ventrílocua llamada, que parece viajar desde la lejanía hasta la proximidad en una sola frase. Y si tus oídos están atentos, puedes oír a otro hermano distante de la misma familia cantando la canción en espiral en su zona del bosque. Es como si cada uno fuera responsable de cantar su propia circunferencia para dormir con gratitud.

Mientras lo escuchamos, nos preguntamos su verdadero nombre. En nuestro afán de copertenencia con él, aguzamos nuestra atención. Observamos que en septiembre desaparece junto con las ocas y los turistas. Su ausencia indica el cambio de la luz, cuando todo está bañado en tonos dorados y la luna ocupa el lugar del sol en el oeste. Nuestros pies empiezan a reclamar calcetines y mocasines, y las primeras manzanas están listas para ser recolectadas.

Toda esta proximidad con el lugar donde vivimos vino del asombro, que es una invitación a que el misterio se revele a sí mismo a su debido tiempo. Por el contrario, si te dijera que este pájaro era un zorzalito de Swainson, que es muy común en la región del noroeste del Pacífico y que migra en otoño, ¿qué coreografía poética de la vida habría despertado en ti?

Venerando lo que no está a nuestro alcance preservamos nuestra capacidad de asombrarnos. Este asombro es lo que nos hace responsables de las cosas que están bajo nuestra supervisión. Este lento aprendizaje nos exige estar en el mismo sitio, que vivamos muchas estaciones relacionándonos con un lugar, para llegar a conocer sus fragancias y particularidades, preferencias y regalos. De esta forma, adquirimos el conocimiento gracias a la profundidad de nuestro compromiso. Podemos aproximarnos al otro poco a poco, respetando aquello que es esencialmente misterioso en el centro de todos nosotros.

Encarnar la ambigüedad

Los sueños nos enseñan a asombrarnos ofreciéndonos una ambigüedad interminable. Aunque tengamos la costumbre de buscar siempre una conclusión, a fin de tener una certeza sobre algo, los sueños operan en muchos niveles distintos a la vez, lo cual nos obliga a diversificar nuestros puntos de vista. La gente suele preguntarme cosas como: «¿Este sueño indica que tengo conflictos con mi pareja, o el personaje del sueño es un aspecto de mí mismo?». Pero la ambigüedad o el no tomar partido responden a la pregunta excluyente de «esto o aquello» con un extraño y no comprometido «Sí».

La ambigüedad o la voluntad de querer mantener muchas perspectivas al mismo tiempo es una aptitud esencial al trabajar con los sueños. Nos enseña que una historia tiene muchas caras, y a medida que nos vamos volviendo adeptos a ella, podemos mantener un número cada vez mayor de perspectivas a un mismo tiempo. En el ejemplo anterior, puede que el sueño lo desencadenara una interacción con nuestra pareja, pero también es posible que represente un aspecto de nosotros mismos con el que estamos en conflicto. Si tenemos en cuenta que solo nos vemos mutuamente a través de la lente de nuestra propia percepción, la distinción no es tan clara.

El adulto iniciado es el que aprende a sobrellevar la incertidumbre, a encarnar la ambigüedad y a cabalgar sobre la paradoja. En la interpretación de los sueños es esencial desarrollar la habilidad de soportar la tensión de los opuestos. Dejamos que las contradicciones revelen su argumento mítico mientras podamos mantener la paradoja, hasta que logremos la armonía. Hasta que surja la oportunidad de una tercera solución creativa.

Pero la modernidad está encaprichada del pensamiento binario: erigimos y defendemos nuestra oposición en la política, la religión, la raza, el sexo, y quizás más especialmente, en la propia educación. Desde el principio, empezamos a educar a nuestros jóvenes en la exclusión, les enseñamos que están separados los unos de los otros y hacemos hincapié en las clasificaciones. Es una forma tácita e insidiosa de otredad que se reproduce en nuestros procesos mentales. Les enseñamos que cualquiera que sea la categoría en la que nos encontremos, es diferente, y a menudo superior, a la de los que están fuera de nosotros. Nuestro sistema socioeconómico de poder confía en este tipo de pensamiento fáctico.

Imagina un sistema educativo que no tratase a sus individuos como seres separados, sino como seres que se pertenecen en reciprocidad. Contextualizar un tema dentro del todo crea un «punto de entrada» para todas las clases de aprendices. Por ejemplo, al leer un cuento infantil, también practicamos y aprendemos sobre la ilustración y la encuadernación del libro; nos enteramos de que se ha de talar un árbol para obtener el papel donde se ha escrito el cuento y estudiamos el impacto que ha tenido la tala de ese árbol sobre el resto del bosque, y entonces somos conscientes de lo que hace falta para que crezca un árbol, plantando uno nosotros mismos; y componemos una canción para que nuestro arbolito eche raíces.

Podríamos ocupar todo un año de lecciones y actividades en torno a este solo ciclo de aprendizaje. Nos exigiría que estuviéramos presentes en todas ellas, no fuera el caso de que nos perdiéramos algún eslabón de la historia. Durante este lento y minucioso aprendizaje, estaríamos sumamente comprometidos con el entorno que nos rodeara, con el cual estamos en deuda. Nos sentiríamos más obligados a conservar, reponer y expresar nuestra gratitud. Con esta gratitud entenderíamos mejor nuestra propia pertenencia. Veríamos mejor las formas concretas en que podríamos ser útiles en nuestro lugar y a nuestra gente, y compartiríamos nuestros propios dones siendo muy conscientes del lugar donde se fusionaron con la gran danza de la vida. Nuestro objetivo sería dar más de lo que tomamos de eso que nos da tan incondicionalmente.

El trabajo de eliminar las barreras que separan unas cosas de otras nos traslada de la alienación a la proximidad. Empezamos a ver partidismos en nuestras propias ideologías, en los mecanismos que utilizamos para mantener a los otros alejados. En lugar de ondear las banderas de nuestras creencias y de nuestra superioridad por encima de los demás, a través de lo que el poeta Leonard Cohen llama «patriotismo emocional», incrementamos nuestra capacidad para la ambigüedad.[5] Como es natural, esta diversidad interior se traduce en inclusividad exterior.

En esta práctica de pertenencia, no buscamos valentía o dominio sobre otros, sino la habilidad de vivir en conversación entre las cosas. Es un movimiento de profundización en la relación entre el yo y todo lo demás. A la vez que nos vamos convirtiendo en guardianes los unos de los otros y del mundo que nos rodea, también recibimos protección. Cuando invitamos a otros al ámbito de nuestra vida y les damos potestad para influir en nuestras piezas secretas, estamos más preparados para afrontar nuestro propio devenir.

El no-tiempo es ahora

En la naturaleza siempre suena una música, cuyo canal sintonizamos esporádicamente, cuando nuestro corazón está tranquilo. Es una música improvisada que, al igual que el peregrino, espera a que la guíen. El corazón invitador, cual plegaria incesante, se deja tocar como lo haría un instrumento.

Sin embargo, una gran parte de la vida moderna está estructurada por puntos de vista y planes, quizás porque secretamente creemos que si no estamos siempre dirigiendo nuestra vida, perderíamos el rumbo. Podríamos terminar viviendo bajo un puente, relegados de la coreografía humana a la que llamamos sociedad. Y es cierto que, en la cultura del consenso, hemos de encontrar el equilibrio entre trazarnos un camino y deambular, pero estoy segura de que estarás de acuerdo conmigo en que el tiempo que pasamos planificando eclipsa la espontaneidad.

Aunque pudiéramos campar a nuestras anchas, seguiríamos estando dirigidos. Incluso cuando hacemos una pausa, seguimos pensando en lo que tenemos que hacer a continuación. Especialmente ahora, en esta época de devastador colapso social y medioambiental, hay quienes sentimos la implacable urgencia de cuidar del mundo, antes de que sea demasiado tarde. Pero la gran paradoja es que es precisamente esa tendencia a adelantarnos a las cosas, para prevenir males peores, la que nos ha ocasionado los problemas.

Aunque en el antiguo Egipto ya se medía el tiempo mediante la observación de las estrellas y la interacción del sol con las sombras, los relojes mecánicos no se inventaron[6] hasta el siglo XIV y la naturaleza dejó de ser nuestro instrumento de medición. Antes de eso, calculábamos el tiempo con relojes de sol, así que de noche, cuando el sol ya no brillaba en el firmamento, dejábamos de medir. Nos adentrábamos en la atemporalidad, en la hora oscura de la luna, de las mareas y del ritmo de los sueños.

Fue la Iglesia católica la que reguló el tiempo dividiendo el día y la noche en partes iguales. Para la oración de la mañana sonaba la campana para indicar el inicio del día de trabajo. A finales del siglo XVI, se produjo otro gran cambio, cuando empezamos a contar los minutos de cada hora para medir la productividad de los trabajadores.[7] De ahí surgió el concepto de «malgastar el tiempo» en la conciencia cultural. La Revolución Industrial ejerció una presión tremenda para que el tiempo fuera productivo; el concepto de que «el tiempo es oro» se instauró en nuestra cultura. Pero hasta el siglo XIX, no existía un concepto estandarizado y uniforme del tiempo.[8]

En vez de entender el paso del tiempo en relación con la naturaleza, su medición artificial consiguió que nuestra fidelidad cultural se adaptara a las disciplinas y expectativas del capitalismo. El tiempo que marcaban los relojes también se mezcló con las doctrinas religiosas, por lo que solían tener adornos con recordatorios de la muerte, como *ultima forsan* ('tal vez, la última [hora]') o *vulnerant omnes, ultima necat* ('todas hieren, la última mata'). Incluso hoy en día, muchos relojes tienen la inscripción *tempus fugit*, 'el tiempo vuela'. Aunque estos axiomas, en un principio, estaban destinados a invitar a reflexionar sobre la naturaleza de la muerte, cuando fueron aplicados a las doctrinas económicas y religiosas de la época se convirtieron en inquietantes recordatorios.

Pero tal como lo entendieron muchas culturas aborígenes, el tiempo es más bien un patrón circular —a diferencia de la comprensión lineal que tenemos en Occidente de él, como pasado-presente-futuro—, algo flexible para el individuo que se encuentra en el centro de ese «círculo temporal».[9] En el Tiempo de los Sueños* de los aborígenes australianos, el pasado y el futuro están incluidos en el presente. Nuestro cuerpo encarnado es el elemento a través del cual fluye la continuidad, así el pasado puede estar tan influenciado como el futuro por nuestra forma de actuar en el aquí y ahora.

Si queremos regresar al ritmo de la naturaleza, hemos de ir más despacio. Si imaginamos el mundo como si fuera nuestro propio cuerpo, que nos habla en altas súplicas desesperadas, lo primero que hemos de hacer es escuchar. Hemos de reconocer las limitaciones que nos han llevado hasta el borde de este terrible precipicio. No sabemos lo que no sabemos, y en lugar de tratar de imponer nuestras heridas y confusión, hemos de entregar la premura y dar la cara con nuestro corazón roto para recibir el devenir. Como dicen los taoístas: «No muevas los dedos de tus pies», puesto que siempre están preparados para la acción. Sé hospitalario con lo que te ofrece la inmovilidad. Aprecia la oportunidad de sumergirte en lo eterno, que está abierto a hacer lo mismo en cualquier momento.

Hay momentos en que hemos de parar a la mente y al cuerpo. La insurrección se apacigua cuando le ponemos límites. Los límites a nuestra productividad, actividad y dirección son lo que permite dar rienda suelta a nuestra imaginación, a percibir metas superiores, a invitar en lugar de dirigir.

Todos soñamos alguna vez que llegamos tarde por algún motivo. Aunque rara vez sabemos adónde vamos, estamos nerviosos porque hemos de tomar el tren o el avión que nos llevará a algún lugar. Simbólicamente, estos sueños no suelen tener mucho que ver con el tiempo lineal, sino con nuestra forma de sentir que no estamos en sintonía. Recuerda esos momentos de tu vida en los que has estado en el «lugar oportuno y en el momento oportuno»; estoy segura de que

---

* Para los aborígenes australianos representa el tiempo en que los espíritus de sus antepasados evolucionaron en la Tierra y crearon la vida y los lugares geográficos más importantes. Su filosofía aborigen se basa en la interrelación de todas las personas y todas las cosas. (Nota de la T.)

no fue gracias a una cuidadosa planificación, sino a que fuiste arrastrado por un sino desconocido, quizás incluso a través de una serie de equivocaciones. Es este estado de apertura fluctuante, desvinculada de las exigencias del tiempo solar, lo que permite que nos llegue la magia inesperada.

Quienes tienen sus vidas implacablemente estructuradas es posible que sufran un profundo agotamiento físico, que apenas pueden reparar con toda una noche de sueño. Ese agotamiento no es realmente la necesidad de descansar, sino el profundo desaliento que sobreviene por nuestra esclavitud a los horarios y a que todo esté dirigido. En tales casos, lo mejor es perseguir el agotamiento, a pesar de todo lo que todavía quede por hacer, y entregarte plenamente a él. Solo cuando te bajas de la cinta de andar te das cuenta de que no te está llevando a ninguna parte.

Desvío inesperado: sueño de Sheila

Sueño que llego tarde para tomar un ferry, estoy conduciendo por una carretera comarcal que no conozco. De algún modo, mi atención no está del todo en la carretera, sino en los laterales, como si estuviera conduciendo a medias, y el coche se condujera automática y milagrosamente sin tener ningún accidente. No tengo tiempo que perder; por eso, me preocupo mucho cuando tomo un desvío equivocado. Subo hasta la cima de una colina para orientarme y me encuentro ante la vista más hermosa que había contemplado jamás. Una cordillera de montañas con los picos nevados hasta donde alcanzaba mi vista. Hay algunos corderos haciendo la siesta en la pradera.

Sheila, agotada por las exigencias de su carrera, se concedió este sueño justo un día antes de sufrir una crisis nerviosa. Esa tarde, su trabajador esposo y ella se fueron a la playa. Descubrieron un lugar precioso donde pudieron pasear descalzos por la orilla, vieron medusas y cangrejos ermitaños en las pozas de marea. Ella incluso se bañó desnuda en el frío mar y durmió un poco bajo el sol para secarse. Me describió aquella tarde con estas palabras: «Sentía un hormigueo de vitalidad. Fue como si tuviéramos tiempo solo para estar enamorados».

Esta atención lateral de apartar la vista de la calzada simbólica y parecer que vamos en dirección totalmente opuesta a nuestras metas es lo que nos permite meternos en *problemas buenos*. Nuestro retraso puede ser un aliado, que intenta que nos abramos a una calidad de vida diferente. Las mareas más profundas de la naturaleza están pulsando a través de las inclinaciones de nuestro cuerpo. Si podemos desviarnos de nuestros planes, aunque solo sea por una tarde, tendremos la oportunidad de abrirnos a una perspectiva más amplia. Confiar, como lo hacen los corderos, en que todo está bien en el lugar donde nos encontramos.

En cada vida hay una historia que quiere salir a la luz. Una historia que nos conecta con nuestro pasado a través de nuestros antepasados, de nuestra morada ctónica,* de nuestra médula, que es la médula de la propia Tierra. Si podemos, mediante nuestra presencia invitadora, dibujar la historia para revelarla a otros y a nosotros mismos, cabe la posibilidad de que empecemos a vivir en sintonía con nuestra naturaleza contributiva más profunda.

---

* En mitología griega, hace referencia a los dioses o espíritus del Inframundo. (Nota de la T.)

Dieciséis

Pozos de historia y trazos de la canción

literalmente, estamos hechos de historias. Cada noche, hay algo en nuestra biología que inventa compulsivamente historias-sueños para mantenernos sanos. Tan esenciales como la respiración, estos relatos tienen capas de utilidad, que son en parte autorreguladoras, en parte transmisoras de sabiduría y en parte el tejido conjuntivo de una inteligencia interconectada, que no está limitada por el tiempo y el espacio.

La necesidad biológica de fabular es un misterio, pero hay algunas cosas que sabemos a ciencia cierta. Todo el mundo sueña, independientemente de su religión, raza o identidad. Tanto si recordamos los sueños como si no, hay algo en nosotros que necesita crear un relato para nuestra propia supervivencia. Los sueños son un puente integrador entre nuestra psique y nuestra fisiología. Vemos esto claramente en los niños pequeños, que necesitan dormir muchas horas, para integrar la información que reciben en su rápido ritmo de aprendizaje. Cuando a las personas se les priva del sueño REM, van perdiendo su capacidad para realizar tareas sencillas. En algunos de los estudios que se han realizado, la falta de sueño provocó una serie de síntomas, incluidos el colapso mental con alucinaciones y pérdida de memoria, un aumento de las hormonas del estrés y de la presión sanguínea, y un mayor riesgo de contraer enfermedades físicas.[1]

Pero más allá de la necesidad fisiológica de soñar hay algo misterioso que genera símbolos y los relaciona en un orden narrativo. Aunque a la mente racional le parezca que no tienen sentido, cuando contemplamos simbólicamente estas historias oníricas suelen seguir un arco: desde la exposición al inicio ascendente de la acción, la llegada al punto álgido, seguida de un descenso de la acción que termina en el desenlace de esta. Es el mismo desarrollo literario en el que se basan la mayoría de las obras de teatro, películas e historias.

El relato también es un canal de información, sabiduría y valores, en torno al cual pueden unirse las personas. En este sentido, crea coherencia. Utiliza elementos disparatados y confusos y los integra en una trama con un sentido. Convierte un problema en una misión y nos transporta a través de una serie de acontecimientos que nos llevan a la redención. Garantiza una especie de integridad. Como dijo el escritor Barry López: «Somos creadores de patrones, y si estos son bellos y llenos de gracia, podrán conseguir que una persona a la que se le ha hundido el mundo vuelva a levantarse y regresar a la vida».[2]

Aunque casi toda religión conocida cuenta con su historia de la creación, nadie conoce el origen de estos mitos sagrados, porque proceden de una época anterior al lenguaje. Pero es fácil imaginar que nuestros antepasados lejanos recibieron esta información en un estado visionario o en sueños, y que la transmitieron a las siguientes generaciones mediante la tradición oral. Lo sorprendente es que todas las historias de la creación del mundo pueden clasificarse en cinco temas principales: la creación desde el caos, la vida procedente de la nada, el nacimiento a través del progenitor o los progenitores del mundo, la emergencia a partir de otra forma y el submarinista terrenal que encuentra las primeras semillas de la tierra en el fondo de las aguas primigenias.[3] Como hemos visto en el capítulo dos, «El origen del distanciamiento», si reducimos a su esencia hasta los relatos aparentemente menos relacionados, encontraremos los mismos patrones o motivos arquetípicos por todo el mundo y en todas las épocas.

Los mitos, los cuentos de hadas y las historias arquetípicas nos transmiten cohesión, porque reconocemos que sus patrones, incluso inconscientemente, nos resultan muy familiares. Los relatos nos sirven para recordarnos que cualquiera que sea la dificultad a la que nos enfrentemos, otros también se han enfrentado a ella con anterioridad en múltiples ocasiones. No estamos solos, estamos conectados con un almacén ancestral de experiencias, y en esas leyendas se encuentran las soluciones y las instrucciones para navegar por la dificultad con gracia y sabiduría.

Esta es la razón por la que una de las grandes cualidades de la pertenencia es cultivar la imaginación mítica. Mientras estemos desconectados o no seamos conscientes de nuestra herencia ancestral inherente en el mito y en los relatos, seguiremos creyendo que estamos solos. Pero cuando nos reunimos con la acumulación de sabiduría que vive en los sueños, la mitología y los relatos, estamos bebiendo del mismo pozo del que surgieron las historias de nuestros antepasados.

Es importante entender que el lenguaje es mucho más que un medio de comunicación. Es el vehículo de los valores, la herencia cultural, el conocimiento eco-biológico e incluso la percepción cognitiva de la realidad. Por ejemplo, en el idioma hawaiano y en muchos otros lenguajes polinesios, no hay un verbo para *tener* o *ser*, así que con la desaparición del idioma tradicional, esta visión no posesiva del mundo también podría desaparecer. En Tahití, los anzuelos para pescar atunes están hechos de diferentes variedades de conchas que se encuentran en zonas costeras específicas de la región. Un buen pescador conoce los nombres de todas las conchas de la playa, porque en estas pequeñas islas todavía dependen del mar para alimentarse.[4] Para los apaches del Oeste, los nombres de los lugares no solo describen su paisaje, sino que están repletos de historias que contienen los códigos de sabiduría y moral.[5]

Tal vez hayas sido testigo de la pérdida de un lenguaje ancestral en tu propio linaje familiar, debido a que algunas generaciones tuvieron que abandonar su lugar de origen. A medida que cada generación iba siendo absorbida por la cultura dominante de su región, es posible que incluso renegara de su propio idioma «extranjero», a fin de integrarse en su país de acogida.

Hay una tribu aborigen de la región del río Daly, en el norte de Australia, que se llama ngangikurungkurr, cuyo nombre se traduce como 'sonidos del agua profunda' o 'sonidos de las profundidades'. Para esta tribu, hay una fuente profunda de relatos en nuestro interior que nos llama a todos. A fin de vivir en armonía con el alma, hemos de estar atentos a la llamada de las historias para que podamos saber dónde estamos, en términos míticos, y hacia dónde hemos de dirigirnos después. Este sentido de ubicación del alma no es solo por nuestro propio bienestar, sino una responsabilidad para con nuestra tribu, que, por una serie de influencias encadenadas, depende de que seamos nosotros mismos.

Los ngangikurungkurr practican lo que llaman *dadirri*, un tipo de escucha profunda para este tipo de historias sagradas. Miriam-Rose Ungunmerr, una anciana aborigen, lo expresa así: «Hemos escuchado nuestras historias a través de los años. Se cuentan y se cantan, una y otra vez, en cada estación. Hoy en día, todavía nos reunimos alrededor de las hogueras a escuchar los relatos sagrados. Cuando nos vamos haciendo mayores, nos convertimos en narradores de historias. Transmitimos a los jóvenes todo lo que han de saber. Las historias y las canciones se hunden silenciosamente en nuestras mentes y las retenemos en lo más profundo de nuestro ser. En las ceremonias, celebramos que somos conscientes de que nuestras vidas son sagradas».[6]

Para los aborígenes australianos, los relatos y las canciones son una necesidad cultural. Heredados de una generación a otra, son los portadores de la historia y la sabiduría de los antepasados, y explican su propia creación y su relación con los elementos y el paisaje.

Como he explicado en el capítulo trece, «Una vida hecha a mano», las canciones de los aborígenes también se pintan, porque en realidad son los mapas de su tierra. Un anciano que nunca haya estado en un lugar puede encontrar el camino, si conoce la forma de la canción. Cada palabra y ritmo representa un árbol, una piedra o una curva en la tierra, creando un «trazo de la canción» que puede seguir hasta llegar a su destino. Este archivo viviente está compuesto de hasta doscientas setenta lenguas distintas y unos seiscientos dialectos, pero las diferencias idiomáticas entre las tribus no suponen una barrera, porque el «contorno melódico de la canción describe la peculiaridad de la tierra que atraviesa la canción».[7]

Estos trazos de la canción se originaron en «el tiempo antes del tiempo», que también se conoce como Tiempo de los Sueños. Podemos imaginar cómo, hace muchas lunas, nuestros antepasados tenían muy pocos impedimentos para soñar y recibieron transmisiones claras, en las que se les explicaba su origen y la forma en la que la creación les pedía que caminasen por el mundo, cada uno de ellos con un propósito totémico, como soñar con cocodrilos, con su montaña sagrada Uluru, etcétera.

Aunque los trazos de la canción podrían remontarse a al menos cuarenta mil años de antigüedad, se están perdiendo al alarmante ritmo en que se pierden las lenguas aborígenes en las que se cantan, que es de aproximadamente dos anuales. El profesor yanyuwa John Bradley ha escrito: «Han de entender que donde yo trabajo, la máxima forma de conocimiento es la habilidad de cantar los trazos de la canción. Ellos son los maestros. El conocimiento más elevado es ser capaz de danzar tu país».[8]

La desaparición de las lenguas indígenas es una epidemia mundial, pues la cultura dominante subordina a los hablantes de lenguas minoritarias. Aproximadamente, el cincuenta por ciento de los lenguajes conocidos han desaparecido solo en los últimos quinientos años.[9] Y junto con la extinción de las lenguas, muchas tradiciones orales, como las canciones y las historias, también se están perdiendo.

La pérdida de lenguas ancestrales no solo implica la extinción de una herencia cultural, sino que está directamente relacionada con la catástrofe ecológica global. Los inuit del Polo Norte tienen más de veinte palabras para los distintos tipos de hielo, pero a medida que este se derrite, estas palabras también desaparecen con él.[10] Las investigaciones muestran sorprendentes correlaciones entre las regiones ricas en biodiversidad y las áreas que tienen la diversidad lingüística más alta. Pero según vamos perdiendo esas lenguas, esa pérdida se refleja en la extinción de animales y plantas.

Con la creación de una cultura humana cada vez más homogénea, estamos perdiendo rápidamente la amplia diversidad de conocimientos necesarios para cuidar de la tierra de la que dependemos, así como la habilidad de proteger a otros seres que también la consideran su casa y relacionarnos con ellos.

Las lenguas, las canciones y las historias reflejan la vida tal como la experimentamos; esta a su vez emula las historias que integramos. Antiguamente, se esperaba que escucharas las historias de los ancianos sobre las odiseas épicas de los antepasados y nunca ibas deprisa a ninguna parte. Tu comida siempre se enfriaba por las largas plegarias que debías dedicar antes de ingerirla a la resistencia de tu pueblo, que hizo posible tu existencia. Y por último, te aprendías las historias de memoria, porque las llevabas en la sangre y cobraban vida en el entorno, en el fuego, en los lagos y en las montañas a las que tus antepasados pusieron nombre, porque se ganaron el derecho a hacerlo al cruzarlos.

Y cuando te llegue el momento de pasar las pruebas de fuego que te pone la vida, como nos sucede a todos, te darás cuenta de que no eres el primero en ser elegido por las llamas; el proceso de cocción te dolerá mientras dure, pero hay un camino para abrirte paso a través de ellas, si sigues los trazos de la canción, los arquetipos y la energía de los sueños.

Sin la sabiduría atemporal de los mitos y los sueños, estamos reflejando un relato cada vez más superficial de nuestra vida y de nuestros mundos. La televisión, la forma más popular de narrar historias en Occidente, se centra cada vez más en la violencia, la grosería y la sexualidad explícita. Aunque ver estas imágenes nos resulte entretenido, no aportan ninguna enseñanza arquetípica y causan un elevadísimo daño psicológico. El refuerzo de los relatos superficiales estrecha la amplitud de nuestra imaginación mítica y simplifica la complejidad de la experiencia humana. Al prestarles nuestra atención, fomentamos aún más esas historias psicológicas y culturales. Como una pregunta sin respuesta, recreamos el conflicto y objetivamos la violencia en nuestras comunidades creando un bucle infinito.

Puesto que la televisión llega hasta la intimidad de nuestros hogares, el elemento participativo del relato —la facultad de los oyentes de contribuir al relato cultural— queda truncado. El resultado es un aluvión de relatos excluyentes, principalmente con imágenes de héroes caucásicos heterosexuales, que borran del mapa a los *gays*, a las mujeres, a los que tienen habilidades distintas y a las personas de color del proceso de crear historias.

El novelista nigeriano Chimamanda Ngozi Adichie explica que esta forma de narrativa limitada conlleva un peligro. «La consecuencia del relato único es esta: le quita la dignidad a la gente. Dificulta el reconocimiento de nuestra igualdad como seres humanos. Hace hincapié en nuestras diferencias en lugar de hacerlo en nuestras similitudes».[12] De hecho, cuando no nos vemos representados en el lenguaje y las imágenes de una historia, sentimos que no pertenecemos a esa cultura. Y para los que tenemos el privilegio de estar representados en esas historias, puede que no seamos conscientes del efecto otredad que tiene en nuestra mente y en la cultura a la cual contribuimos.

Actualmente, damos mucho sensacionalismo a historias que no tienen ninguna cualidad redentora. Por ejemplo, hace poco vi una película, en la que un hombre, por ignorancia y negligencia, ocasiona un gran perjuicio a su familia. La película nos lleva a través de un largo desarrollo de su historia, en el que aporta al protagonista oportunidades para expresar su profundo dolor, incluso la de volver a amar. Pero al final termina alejándose del amor y la película concluye con la declaración de que la recuperación es imposible. ¡A los críticos les encantó! La gente alaba este tipo de antinarrativa, porque se parece «más a la vida real». Pero yo lo veo como un reflejo de una cultura que se ha empobrecido en imaginación mítica. Es un error pensar que las historias redentoras no son realistas, porque su función no es reflejar la «vida real», sino rescatar del azar los acontecimientos de nuestras vidas y devolverles el sentido.

Aunque, tal vez, no sea posible «dar marcha atrás» para vivir como lo hicieron nuestros antepasados, todos podemos practicar el *dadirri*, bebiendo de la misma fuente de historias ancestrales. Al escuchar nuestros sueños y las historias que llevamos impresas en nuestra médula, así como las múltiples voces de la tierra, podemos reparar el puente de nuestra pertenencia al desarrollo de la gran historia de la creación.

Reescribir tu vida

Consciente o inconscientemente, siempre estamos reformulando nuestra vida. Cuando hablamos con los demás o recordamos nuestras experiencias, tenemos una necesidad instintiva, incluso biológicamente imperiosa, de convertir nuestras experiencias en historias. Puede que empiecen de la manera más evidente como: «Nunca podrías imaginar qué me ha sucedido...» o «Esto me recuerda cuando...».

Pero en un plano sutil siempre nos estamos contando una historia en nuestro interior. Es un proceso inconsciente en su mayor parte, y muy influenciado por las figuras de autoridad de nuestra vida, cuya definición sobre nuestra forma de ser puede que hayamos asumido como propia. Este acto de ventriloquia, donde la voz de otro se comporta como si fuera la nuestra, puede expresarse como: «Estoy destinada al fracaso», «Soy una irresponsable» o «No soy muy inteligente». Como explica mi amiga y experta en cuentos de hadas Michele Tocher, muchas veces somos como los personajes de los cuentos de hadas, estamos bajo los oscuros sortilegios o encantamientos de otros que son más poderosos que nosotros.[13] Tanto si fue un profesor como nuestro padre o madre quien nos dijo una vez «cómo es la vida» o cómo somos nosotros, nos comimos la manzana envenenada y nos sumimos en un sueño profundo de creencias heredadas.

Para romper estos hechizos, primero hemos de ser conscientes de ellos. Con la ayuda de los sueños y de los mitos, podemos sacar a la luz los relatos que operan compulsivamente en nuestra vida y empezar a rehacer nuestra historia desde los puntos en los que estamos atrapados o bloqueados. Como dice Tocher, Rapunzel tal vez piense que jamás podrá salir de su torre sin escalera ni puerta, pero su captora, la bruja, entra y sale por la ventana, así que debe de haber una salida. Nosotros también tenemos ventanas de oportunidades para huir de nuestros mitos anticuados. Estas ventanas son los momentos en los que sentimos la discrepancia entre quienes somos realmente y quienes aparentamos ser.

Un ejemplo: a los nueve años, vi a mi padre por primera vez, desde el divorcio de mis padres cinco años atrás. Lo primero que hizo nada más bajé del avión en Inglaterra fue darme un test de CI (cociente intelectual). Era un intelectual que se dedicaba a escribir libros de texto sobre la inteligencia. Recuerdo que estaba aterrorizada por mis posibles fallos, y esperaba que corrigiera mis resultados enseguida. Al final, esperé veinte años. Durante la mayor parte de mi vida he pensado que era tonta, porque nunca me dio los resultados. Y es más, estaba bastante segura de que mi estupidez era la razón por la que estaba ausente en mi vida. Tenía muy arraigado este relato interior y me afectó en muchas de las decisiones que tomé, como echarme atrás para no afrontar ciertos retos y compararme negativamente con otras personas que habían alcanzado logros intelectuales. Al final, a los veintiocho años, tuve el valor de dirigirme a mi padre y preguntarle por qué nunca me había dado los resultados. Sin mediar palabra, sacó mi test de CI de sus archivos y ¡me enseñó que había sacado la nota máxima!

En ese momento, de repente, se abrió una ventana en mi conciencia. Fue la primera fisura de la maldición bajo la cual había vivido. ¡No era en absoluto quien pensaba que era! Con esa nueva conciencia cambié mi forma de moverme por el mundo.

Los despertares también pueden ser esos sencillos momentos en que estamos inmersos en una actividad o relación en la que verdaderamente podemos ser nosotros mismos. Por ejemplo, irte de vacaciones solo o recordar algún momento en que dedicases tu energía y tu espacio a la creatividad, pero luego te das cuenta de que has de regresar a tu ajetreado y exigente ritmo de vida. Estos despertares pueden ser dolorosos, porque nunca somos más conscientes de nuestra situación que cuando nos alejamos brevemente de ella.

Tanto si trabajamos con sueños nocturnos como si lo hacemos con nuestros propios relatos, hemos de buscar el hilo mítico que nos señala en qué parte del arco de la historia nos encontramos. Desde ese punto, podemos seguir patrones arquetípicos que, por su naturaleza, nunca permanecen estancados, sino que siempre nos hacen avanzar hacia la redención. En el acto de conectar con los arquetipos sentimos la chispa de la vitalidad, una pista de la vida, un diminuto logro. Empezamos a recordar quiénes éramos antes de caer bajo el influjo del maleficio. Nos remontamos a nuestro propósito original, cuando estábamos involucrados y nos sentíamos vivos, cuando éramos nuestra mejor versión.

Aunque normalmente nos fijamos en los elementos más amenazadores o victimizadores de los sueños, el arte está en descubrir en qué dirección quiere ir la energía. En cuanto encontramos esa pequeña llama de anhelo, empezamos a darnos cuenta de que los otros elementos del sueño son tentativas de dejarla al descubierto. Aunque nos parezca que los sueños recurrentes son todos iguales, si nos fijamos en los detalles descubriremos algún instante, algún pequeño cambio o algún elemento amigo que quiere que la historia siga avanzando. Incluso en el antagonismo de un sueño, está intentando devolvernos a la plenitud.

Una persona con trastorno por estrés postraumático, que tiene sueños recurrentes de su trauma, en realidad, está dando muestras de adaptación positiva al trauma original, a través de esas imágenes. En cierto sentido, el sueño la exhorta a desfragmentar su recuerdo para que este pueda ser integrado por completo. Por supuesto, lo mejor es trabajar con un profesional que esté capacitado para ayudar a la persona a soportar las imágenes difíciles, hasta que consiga visualizar todo el trauma. Entonces, podrá encontrar una manera de vivir con lo que le ha sucedido.

Con la ayuda de los mitos y de las historias, podemos empezar a reconstruir el pasado a través de lo que la autora Toni Morrison denomina *rememorizar*.[14] Se trata de un proceso de reescribir nuestras experiencias, responsabilizándonos de esas narrativas que hemos repetido siendo autoría de otros, adaptando o reformulando nuestra historia para que sea más fiel a nuestra realidad.

Una mujer llamada Lisa vino a verme hace algunos años, porque tenía sueños crónicos de que entraban intrusos en su casa durante la noche. Inevitablemente, estos sueños siempre se volvían violentos, y el intruso o la soñadora resultaban gravemente heridos. A medida que íbamos trabajando con lo que Lisa asociaba a sus sueños, íbamos descubriendo que le costaba mucho decir *no* a sus amigos y a su familia. Debido a esto, muchas veces sentía que las necesidades de los demás se anteponían a las suyas, razón por la cual se estaba volviendo cada vez más antisocial. Analizamos al intruso, como un aspecto de ella misma que «dejaba la puerta abierta» de sus propios límites. Para Lisa fue toda una revelación darse cuenta de que la intrusa era *ella*, que era quien invadía sus propias necesidades dando prioridad a las de los demás. Como ella misma explicó: «[los sueños] me han enseñado a escuchar atentamente a la parte más vulnerable de mí misma y a responder de la manera más cariñosa posible».

En los seis meses siguientes, practicó respetar sus límites, y los sueños fueron desapareciendo. Por el contrario, empezó a soñar que vivía en comunidad con otras personas. Pudo dejar las medicaciones que había estado tomando durante años para conseguir dormir y, con sus propias palabras: «Empecé a hacer nuevas amistades y a confiar en el mundo por primera vez en mi vida».

Reescribir es el trabajo de aceptar y ensalzar la vocecita que surge cuando neutralizamos las maldiciones que nos han hecho otras personas. Observamos esas nuevas imágenes que aparecen en nuestros sueños y las seguimos hasta que nos revelan dónde está la ventana secreta por la que podremos salir.

Durante muchos años, fui escritora y música en apuros; tenía que trabajar de camarera para llegar a final de mes. Cuando me quedaba poco para los treinta, me ofrecieron un puesto muy codiciado como cazatalentos, en una firma discográfica muy conocida. Pasé de vivir en un apartamento infestado de cucarachas, en una zona conflictiva de la ciudad, a viajar por el mundo captando artistas para grabar sus trabajos, a comer en restaurantes de moda y a alojarme en hoteles de lujo.

Para mi ego, fue una etapa emocionante en mi vida: por fin tenía una respuesta respetable para la pregunta: «¿A qué te dedicas?». Pero las cosas que tenían una repercusión más profunda en mi alma –mi música, mis relaciones y mi vida espiritual– entraron en un estado de desesperación. Jamás habría abandonado ese trabajo si la firma no se hubiera declarado en quiebra. De la noche a la mañana, pasé de ser una ejecutiva portadora de una tarjeta oro a estar sin trabajo ni rumbo. Para mi sorpresa, las mismas personas que me habían alabado por el puesto que ocupaba empezaron a bombardearme con sus críticas de que no «haces nada».

Pero la verdadera lucha tenía lugar en mi propia mente. Soñé durante meses que iba descalza por la ciudad, que me encontraba en aterradores callejones donde había todo tipo de agujas y se propagaban enfermedades, siempre buscando desesperadamente mis zapatos. Me despertaba sudando, perseguida por estos sueños recurrentes. Había perdido mi «posición» en la sociedad. Mi identidad había estado tan asociada a mi estatus y a la adicción al trabajo, que estaba aterrorizada por todo el tiempo no programado que tenía ante mí.

Noche tras noche, intentaba recobrar mi calzado. Unas veces, encontraba un zapato, pero no el otro. Otras, encontraba un par de zapatos bonitos pero imposibles, cosidos con col lombarda o cubiertos de piedras de *strass*. Iba de compras al centro comercial de mi sueño y encontraba unos zapatos adecuados, pero siempre eran pequeños. En mi estado de vigilia, estaba buscando qué hacer con mi vida.

Me sentía frustrada y le conté mi sueño recurrente a una amiga. Me miró y me dijo: «Tal vez tu problema no sea que vas descalza. Quizás se trate de que necesitas un sitio seguro para caminar».

La verdad que encerraba esa sencilla deducción reverberó en todo mi ser, y al instante entendí que tenía que cambiar mi historia de pérdida. Vivía una nueva realidad y esta era vulnerable, pero tenía que encontrar una nueva forma de vivir adaptándome a ella. Aunque ir sin zapatos era una derrota para mi ego, supuso un triunfo para mi alma. Después de ese día no he vuelto a soñar que iba descalza. Sin embargo, en los meses siguientes, sentí que descendía a los infiernos, que cruzaba puertas de intensa vulnerabilidad, que me desposeían de mi traje mundano externo, como si me estuvieran preparando para algún tipo de encuentro. Hallar el hilo mítico de mi historia personal hizo más llevadera esa etapa de inestabilidad, porque sabía que si quería emerger renovada, tendría que soportar la iniciación.

Defendí ese período con una tenacidad desconocida para mí hasta entonces. Reconocí que haber roto con aquel estilo de vida fue una bendición. Y aunque ese año, en un principio, me parecía que era para confrontar mis influencias patriarcales dentro de mi mente, también se estaba gestando algo sagrado. Durante los meses siguientes, tuve los sueños iniciáticos más potentes de mi vida. La magia y la sincronicidad estaban presentes todos los días y me dirigieron hacia mi pasión por el trabajo con los sueños. Al final, con un deseo abrumador de compartir lo que estaba aprendiendo, di a luz la Dream School ('Escuela de los sueños'). Aunque el nombre suene muy rimbombante, la Dream School empezó con una humilde serie de charlas en la biblioteca de mi localidad y en pequeños círculos de adorables inadaptados, pero ahora que ya han pasado casi dos décadas, me doy cuenta de que fue el capítulo central en el que yo, la heroína de mi historia, encontré mi vocación.

Los sueños que recibí durante ese tiempo me mostraron que había estado abandonando, descuidando e incluso vendiendo mi creatividad. Necesitaba vivir y trabajar de una manera que fuera respetuosa con mis dones y habilidades. Los había puesto al servicio de la empresa de otro, que tuvo muy poca visión de futuro más allá de la de expandirse. Entretanto, mi propia vida huérfana e incompleta ansiaba ser adoptada. Por fin, bajo el tejado de mi pertenencia, me dio mucho más de lo que jamás hubiera podido imaginar.

La dignidad no se da, es tu reconocimiento profundo de tu propia valía. Tener dignidad es estar a gusto en tu propia piel, a diferencia de la persona que vive tan alejada de sí misma que siempre necesita obtener el aprecio y la aprobación de los demás.

La dignidad se manifiesta de forma que al final eres portador de tu propia historia. A través de todos tus arduos esfuerzos por convertirte en el héroe o la heroína al timón de tu propia vida, tus pérdidas dejan de consumirte. No las olvidas ni se vuelven invisibles, sino más bien son enaltecidas en tu relato y transmitidas a través del linaje de madres a hijas y padres a hijos, como los «obstáculos míticos que eran, contra los que todos tenemos que luchar». El perdón empezará a llegar a un lugar de reconciliación interior, donde ya no desearás que las cosas hubieran sido de otro modo. Elegirás las cosas incondicionalmente tal como eran y son. Pero la dignidad también vive en tu voluntad de adentrarte de lleno en una nueva vida de amor, aun cuando sus primeras hebras todavía estén comenzando a entretejerse para crear el manto que te envolverá.

Hechizar tu camino

No basta con escuchar la llamada de nuestro destino, sino que también hemos de dar a conocer nuestra historia personal, no sea que acabemos siendo arrasados por la versión que el mundo tiene sobre nosotros. Estar atrapados en la pregunta: «¿Cuál es mi propósito?» es como buscar los zapatos, en lugar de seguir caminando. Mientras la mayoría de la gente piensa en la realidad como algo que nos sucede, la visión chamánica es «llegar a lo que hay detrás de la creación» de tu historia. La vida no solo nos sucede: nosotros también le estamos sucediendo a ella.

A este proceso lo llamo «hechizar el camino» (*spelling the way*), porque el uso original del término *spell** es el de crear un encantamiento al decir algo en voz alta. Las palabras tienen un poder inmenso. Podemos caer bajo los conjuros oscuros o hechizos de los que son más poderosos que nosotros. Pero del mismo modo que algunos nos hemos sentido poseídos por las palabras de otros, una afirmación hecha *por* nosotros mismos con la misma convicción puede cambiar la realidad de nuestra vida.

Hay un vocablo en arameo que estoy segura de que conoces, *abracadabra*, que más o menos se traduce como 'creo tal como hablo'. Más que un concepto mitológico, se trata de la idea de que las historias que nos contamos a nosotros mismos y a los demás tienen el poder de invocar la realidad. A veces nos sentimos tan abatidos por las cosas que nos suceden que nos olvidamos de invocar la presencia del sueño aún no manifestado, que tenemos para nuestra vida y para el mundo. La magia no necesita que el mundo sea el que actúe primero, demostrarse nada a sí misma o aparecer milagrosamente. La magia es el acto de comportarnos como si aquello en lo que nos estamos convirtiendo estuviera garantizado, es hablar y movernos como si lleváramos ese secreto en cada paso.

Solemos pensar en la magia como algo que, en los momentos de duda o en que nos sentimos perdidos, puede intervenir en nuestro nombre. Escuchamos la llamada de su clarín, la declaración de un oráculo, el sueño profético que nos saca del bloqueo en el que está sumida nuestra vida. Pero si contemplamos con mayor rigor esta forma de pensar, nos daremos cuenta de que depende de la creencia de que hay algo que sabe mejor que nosotros cuál es nuestra vocación, la dirección que hemos de tomar, dónde vive nuestra gente, etcétera. Es cierto que todos

---

* Voz inglesa que significa 'deletrear', así como 'encantamiento', 'conjuro', 'hechizo'. (Nota de la T.)

pasamos por etapas en nuestra vida en que sentimos que hay una fuerza superior que nos guía hacia nuestro destino, pero un tsunami no es exactamente lo que buscamos. Si queremos que haya magia en nuestra vida, hemos de cuidar todos los días nuestra relación con ella.

Podemos utilizar el relato para dar forma al futuro que estamos creando a través de un diario imaginativo, escribiendo con todo detalle sobre la vida en la que nos estamos adentrando. Pero también podemos alterar el pasado, o al menos la forma en que lo percibimos, recreando nuestras experiencias más importantes, viéndolas como necesarias para llegar a ser quienes somos en el presente. También podemos jugar con el lenguaje cotidiano que utilizamos para cambiar nuestra relación con áreas específicas de nuestra vida. Por ejemplo, en una época en la que quería cambiar mi historia limitada en torno al dinero, decidí sustituir frases como «no puedo permitírmelo» por «esto es algo que valoro mucho». Otras prácticas que se basan en relatos incluyen el arte y el movimiento como medios para reformular nuestra manera de afrontar las dificultades. Una de las más poderosas es, por supuesto, trabajar con los símbolos que aparecen en nuestros sueños.

Hemos contemplado el estado de vigilia y el de sueño como una conversación constante entre dos mundos, pero en el centro de ella se encuentra nuestro libre albedrío. Los sueños son una fuente de orientación, pero cuando hemos recibido un sueño, hemos de dar los pasos simbólicos necesarios hacia la vida que anhelamos. Esto puede suponer pasar a la acción siguiendo la dirección de la pista que nos ha indicado el sueño, o algo tan simple como ensalzar físicamente de alguna manera simbólica la vida que estás atrayendo hacia ti. Por ejemplo, puedes tener un altar de sueños, donde venerar los talismanes de tus visiones, comprar una bufanda de ese color azul mediterráneo vibrante que viste en tus sueños la pasada noche o plantar un árbol en el jardín donde soñaste que estaban enterrados los huesos de tus antepasados. Los gestos simbólicos son como encantamientos que refuerzan la energía naciente, que está intentando expresarse a través de tus sueños. Esta recopilación de pruebas a tu alrededor es lo que puede sacarte de tu mundo corriente y catapultarte al mundo de la magia.

A diferencia de la conocida *ley de la atracción*, hechizar tu camino no se basa en competir contra la realidad para materializar las preferencias del ego; es una manera de estar en armonía con la naturaleza, que se manifiesta a través de tus respuestas instintivas positivas y negativas.

Podemos pensar en nuestro estado de vigilia como una respuesta al sueño, y en este como una respuesta a la vida. Existe una reciprocidad dinámica entre lo receptivo y lo activo, uno es el reflejo del otro, y en el centro de ambos, se encuentra nuestra intervención. En la elección y en la lucidez para hacerlo es donde se descubre la verdadera magia. En primer lugar, hemos de estar atentos a la historia antigua o ancestral que se manifiesta a través de nosotros o de la tierra en la que vivimos, y luego podemos practicar hechizar nuestro camino de acuerdo con ella.

Reescribir tu relato tiene lugar a lo largo de la línea divisoria entre ser discípulos de la gran historia que está naciendo en nuestra vida y ser los hechiceros del camino. Como dijo Alan Watts: «Al ceder el control, lo has conseguido».[15] La maestría se adquiere escribiendo una buena historia con las piezas que te han dado, y siguiendo tu propio instinto.

Pero reescribir no termina en el plano del Sí-mismo. Cuando nos reunimos en círculos oníricos, por ejemplo, solemos descubrir que al combinar nuestros sueños aparecen nuevas líneas de relatos. Cuando compartimos nuestros sueños en una comunidad, estamos haciendo lo mismo que nuestros antepasados, volvernos a implicar individual y colectivamente en nuestra trama cultural. Hay un hermoso aforismo chino: «Acerquémonos al fuego, para ver mejor lo que estamos diciendo».[16] Cuando nos reunimos en una comunidad de personas afines, recobramos el elemento participativo de la propia narrativa, contribuyendo a la creación de historias más sofisticadas en nuestra cultura.

Diecisiete

Cuidar de una comunidad

uchas veces empleamos el término *comunidad* para describir la mezcolanza de personas que viven fortuitamente en un lugar geográfico y un entorno social. Pero existe otra versión de la palabra que invoca la imagen de vivir en comunión íntima con otros individuos con los que compartimos un propósito. En un lugar vibrante donde se han edificado casas para que las habitemos personas con ideas afines –que vivimos juntas, conservando nuestra privacidad– y que compartimos nuestras habilidades y ganancias. Nos reímos y hacemos bebés, nos ayudamos a reparar nuestros tejados y nos congregamos alrededor del fuego a tocar música y a escuchar las historias de nuestros ancianos. Anhelamos este tipo de vida comunal, donde cada uno tiene su función y todas nuestras necesidades están cubiertas.

Pero para muchos que no compartimos el sentimiento comunal, el mero hecho de mencionarlo basta para que nos alejemos. La comunidad puede ser como un oasis de esperanza que desaparece en el momento en que nos acercamos a ella. Hablamos de ella con entusiasmo, como si fuera un cuento de hadas del que deseamos profundamente participar. Y su ausencia tiene una gran repercusión en nuestra vida.

Cuando vivía en la ciudad, anhelaba vivir en una comunidad rural. Deseaba con todas mis fuerzas sentirme respaldada y valorada, que me conocieran de un modo que nunca había experimentado con mi propia familia. En mis torpes intentos de crear una comunidad desde cero, invitaba a mis amistades a reuniones en las que cada uno traía algo de comer, unas reuniones que preparaba con varios días de antelación, limpiando la casa y adornándola para que tuviera un aspecto más festivo, cocinando y enviando invitaciones poéticas. Y la gente venía ávida por lo que podía comer en la reunión, pero a menudo lo hacía con las manos vacías o con productos del supermercado, como *chips* y salsa mexicana, y rara vez se ofrecía alguien a fregar los platos, cuando ya no quedaba más que decir o hacer. Al final de la fiesta, estaba tan cansada que tardaba mucho tiempo en volver a organizar otra. Muy de vez en cuando, alguien devolvía la invitación, pero con frecuencia estaba demasiado ocupada o cansada por mi trabajo como para realizar el esfuerzo de presentarme con algo que valiera la pena, si es que llegaba a ir. Era como si para crear una comunidad se necesitara algún tipo de impulso que ninguno de nosotros era capaz de poner en marcha. No creo que fuera por falta de generosidad por parte de ninguno de nosotros, sino por nuestra falta de experiencia en crear comunidades; era algo que no habíamos aprendido. Sin una comunidad como forma de vida compartida, ninguno de nosotros por separado era capaz de materializarla.

Para mí mudarme a un pequeño pueblo de montaña, donde encontré personas que sabían mucho mejor que yo cómo cuidar de una comunidad, fue toda una revelación. Las reuniones en las que cada uno llevaba algo que había hecho en casa eran frecuentes en invierno, donde se montaban impresionantes mesas llenas de comida casera, platos que deslumbraban con orgullo por ser ofrendas dignas de nuestros encuentros. A la inversa, en los momentos difíciles, todos nos movilizábamos para ayudar a los menos afortunados. Si a alguien se le incendiaba la casa o tenía un accidente, los vecinos nos reuníamos para ayudarlo a reconstruirla o hacíamos un fondo común para colaborar en los gastos médicos. Conocí a personas que habían dedicado toda su vida y sus tierras al servicio de la comunidad.

Aparte de algunos amigos generosos, nunca había experimentado esta forma de vida. Y aunque enseguida supe que quería formar parte de este tipo de comunidad, necesité mucho más tiempo para darme cuenta de que tenía que *practicar* la vida comunal. Aunque en muchos aspectos todavía estoy saliendo del nido del individualismo, a continuación menciono algunas cosas que estoy aprendiendo y que considero esenciales para crear una comunidad y cuidar de ella.

La reciprocidad

Un tejado recíproco es una estructura que se sustenta a sí misma mediante su ensamblaje y que se puede formar a partir de tres vigas como mínimo, hasta cualquier cantidad; sus elementos se apoyan los unos en los otros a partes iguales y crean un armazón extraordinariamente fuerte. Puedes crear uno de estos modelos con tres cerillas, apoyando una sobre otra a modo de pirámide. Puesto que su centro de gravedad está repartido por todas partes, si sacas una de las vigas, el techo se hunde.

En nuestro mundo moderno estamos tan acostumbrados a la relación transaccional de dinero a cambio de servicio, típica de nuestro paradigma capitalista, que, fuera de nuestra familia directa o estrecho círculo de amistades, rara vez experimentamos la reciprocidad en el ámbito de la comunidad. Si necesitamos algo, lo primero que pensamos es en comprarlo, antes de que se nos pase por la cabeza que alguien nos ayude. Esta estrategia de que «cada cual que se ocupe de lo suyo» es la enemiga de las comunidades.

Antes de la invención del dinero, y en las sociedades en las que todavía no domina el consumismo, el intercambio, la negociación, compartir habilidades y la colaboración son fundamentales para vivir en comunidad. Igual que una estructura recíproca, cada individuo es reconocido por su contribución especial al conjunto; esto hace que todos sus miembros sean importantes para el bienestar común, a la vez que se convierten en un soporte sobre el cual todos se pueden apoyar.

Pero a medida que aumenta el tamaño de una aldea y se convierte en ciudad, sustituimos la reciprocidad por el capitalismo, perdemos el endeudamiento subyacente de la estructura familiar, que nos hace depender los unos de los otros. Nos despojamos del concepto del yo compartido. Y nos convertimos en extraños que no se deben nada mutuamente, y lo que es peor, con quienes competimos por los recursos.

En la lengua quechua hay una hermosa palabra, *minga* o *minka*, que significa 'trabajo colectivo para el bien común'.[1] Se usa especialmente en el ámbito agrícola: una *minga* es cuando los amigos y vecinos se reúnen para colaborar en algún trabajo compartido que beneficiará a todo el pueblo. Un día de trabajo de este tipo se suele celebrar con un banquete, y se convierte en una oportunidad para crear vínculos sociales. La *minga* se basa en la práctica fundamental del *ayni*, otra palabra andina, que más o menos se traduce como 'reciprocidad' o 'mutualidad', y es el puntal de su forma de vida.

Ayni es un concepto que no está limitado a los humanos, sino que abarca la naturaleza y el universo. Por ejemplo, un árbol da frutos, sombra y oxígeno a los humanos; los humanos y otros animales, a su vez, colaboran con al árbol diseminando sus semillas, convirtiendo el oxígeno en dióxido de carbono, quizás hasta regándolo en la temporada seca. Trasladado a la vida en una comunidad, podría ser como construir o restaurar graneros, que son una pieza fundamental en la vida del granjero, tareas para las cuales se reclutan ayudantes. Los ayudantes, a su vez, tienen derecho a recurrir al granjero cuando necesiten comida. *Ayni* también podrían ser los círculos de dar, donde se reúnen grupos de personas para ofrecer sus habilidades, su tiempo o su experiencia a cualquiera que lo necesite, o bien los de petición, donde la gente solicita ayuda para cosas tan dispares como cuidar de sus hijos, hacer un diseño gráfico o pedir herramientas prestadas. En una comunidad sana, todos sus miembros son esenciales y se valoran sus destrezas, pero es la *necesidad* lo que los une.

Aunque parezca evidente, hay dos cosas absolutamente necesarias para crear una comunidad duradera: alguien que esté dispuesto a dirigirla y a invitar a otros a que se integren y alguien que esté dispuesto a responder a esa invitación. Aceptar la responsabilidad es muy arriesgado, porque nos jugamos el rechazo. Tanto si se trata de una comida en la que todos llevan algo como de un club de lectura o de un círculo de hombres o de mujeres, quizás abras las puertas de tu casa o que realices un gran esfuerzo para organizar algo, sin garantía alguna de que acudirá alguien. Así que responder a esa invitación también implica cierta generosidad. Aparte de recibir lo que el otro te está ofreciendo, también es una forma de valorar sus esfuerzos. Es como decir: «A pesar de que estoy ocupado o cansado, para mí es importante crear una comunidad contigo». Idealmente, no son solo una o dos personas las que siempre se encargan de organizarlo todo, porque en distintos momentos todos necesitamos sentirnos arropados. Pero si se hacen suficientes llamadas, y hay suficientes respuestas a esas llamadas, al final, se acaba creando el tejido de la comunidad.

El liderazgo es de vital importancia para una comunidad, pero ha de seguir un modelo recíproco. Este papel puede rotar entre los miembros, según las necesidades del grupo. A diferencia de la manera clásica de pensar respecto al liderazgo, que se basa en que el líder dice a los demás lo que han de hacer, en el liderazgo recíproco se implica a todos, para hallar la forma de seguir adelante. Es de naturaleza esférica, no jerárquica. Bajo esta perspectiva, un gran líder es una expresión de su colectivo, no su estrella. Si el líder lo hace bien, debería supervisar, guiar y representar la visión de la comunidad. Pero la persona correcta para ejercer ese rol puede que cambie, a medida que cambian las necesidades del grupo. Habrá momentos en los que necesitemos un líder seguro de sí mismo y franco para que nos dé fuerzas para atravesar una etapa difícil, pero habrá otros en que necesitemos un líder que observe en silencio la interconexión de las cosas dentro del todo. Y habrá otras ocasiones en que necesitaremos un líder que se quede atrás para que otro pueda practicar dar el paso hacia delante, desafiándonos a que seamos mejores de lo que podíamos llegar a imaginar. El liderazgo recíproco, en última instancia, acaba reconociendo que el maestro es el propio círculo.

Hay una genialidad que solo se puede manifestar cuando nos reunimos, y es la combinación de nuestras habilidades lo que nos eleva y refuerza. La verdadera humildad no está en empequeñecernos, sino en reconocer que todos somos del mismo tamaño: que todos somos necesarios.

La reciprocidad también puede expresarse como un intercambio emocional, como en los círculos de conversación cuando nos pasamos el testigo.* Al compartir nuestras historias y sueños estamos aceptando ayuda para cargar con el dolor y la responsabilidad, de modo que la recompensa es de todos. En un círculo de compartir, estamos realizando la polinización cruzada de nuestra sabiduría y ampliando nuestro relato, trasladando el centro de nuestra atención, desde la competitividad a la colaboración. Al no regirnos por la carencia personal, empezamos a tomar decisiones como lo haría un ecosistema, desde el aprecio de nuestra indivisibilidad.

Los valores compartidos

Uno de los pilares de una comunidad es compartir valores. Aunque seamos diferentes de muchas formas, a través de los valores que compartimos podemos crear una conexión duradera y un cambio significativo. Antes de poder crear la comunidad que deseamos, primero hemos de enumerar lo que más valoramos, para visualizar el futuro que queremos crear. Tanto si buscamos ciertas cualidades personales en nuestras conexiones con los demás como si queremos conocer personas con intereses y perspectivas comunes o reunirnos para crear proyectos y actuar, los valores compartidos son la base de cualquier comunidad.

Una vez tengas una idea clara de qué es lo que te gustaría que tuviera más presencia en tu vida y en tu vecindario, tendrás que iniciar una conversación al respecto con otras personas. Si quieres acoger refugiados, proteger las aguas salvajes o abordar las discrepancias sobre la distribución de la riqueza en el pueblo, «hace falta una comunidad» para conseguir cosas mayores. Tendréis que congregaros. El activismo es una gran forma de conocer gente que comparta tus ideas,

---

* En la cultura de los nativos americanos, se reúnen en círculo para compartir ideas y resolver problemas, escuchándose y hablando por turnos siguiendo unas pautas concretas. Se pasan el turno de palabra con un palo, u objeto alargado y adornado con plumas y otros abalorios, y los asistentes se lo van pasando unos a otros en el sentido de las agujas del reloj. (Nota de la T.)

y lo más probable es que no tengas que partir de cero. Los activistas son famosos por ser buenos organizadores y están interesados en el bienestar general, así que puede ser tan sencillo como exponer tus ideas en alguna red social o inscribirte en algún evento ya organizado.

Pero si la política no es lo tuyo, puedes apuntarte a una clase de baile, a un club de senderismo, a un huerto comunitario o a una coral. Los festivales y ferias también pueden ser una manera excelente de conocer gente y conectar más profundamente con tu comunidad. Donde yo vivo, hay un mercado semanal de agricultores, que no solo es el mejor sitio para comprar verduras ecológicas, sino una vía para contactar con los vecinos y los amigos que valoran los alimentos sostenibles de proximidad.

Siempre que estés implicado en contribuir a la sociedad estarás reforzando los lazos con la comunidad. Ofrecer tus habilidades, conocimientos o tiempo es una forma estupenda de entablar una relación con los demás. No es necesario que sea un puesto de voluntario oficial; puede ser algo tan simple como interesarte por tus vecinos y averiguar si necesitan algo, o sencillamente escucharlos. También puedes ser el mentor de alguien en tu especialidad, o un gran hermano o hermana para un joven o una joven. Cuando se acumula suficiente amabilidad de esta manera, al final, se acaba creando una sólida red de conexiones.

A veces, lo que une a una comunidad es la supervivencia. Por ejemplo, los integrantes de mi comunidad de adopción tienen una intensa y prolongada relación con el agua. Esto puede que no sea muy relevante si estás acostumbrado al suministro constante de agua del grifo, pero cuando vives en un lugar donde puedes beber del agua de la montaña que corre por los ríos, en vez de llevarte botellas para tus caminatas; cuando ves a muchas otras criaturas salvajes que hacen lo mismo, o cuando hay sequía y ves que tu jardín sufre porque no llega la lluvia, te implicas mucho con la salud del agua. Así que os agrupáis en tropel para proteger lo que tanto valoráis.

En cuanto empiezas a avanzar en dirección a lo que valoras y a participar en actividades compartidas en torno a esos valores, te vas dando cuenta de que no estás solo. Cuando compartes un proyecto con otras personas, puedes mirar a tu alrededor y comprobar quiénes participan de tu copertenencia; juntos reforzáis esos valores en el mundo.

Los círculos y los rituales

Para reforzar los vínculos de la comunidad, hemos de encontrar excusas a menudo y reunirnos en círculo para celebrar, colaborar y realizar las ceremonias de nuestros ritos de paso. Un ritual, más que un acto simbólico, es una tecnología cultural muy poderosa que nos ayuda a conectar con lo invisible y con los elementos sagrados de la naturaleza, es una manera de crear ocasiones para expresar abiertamente cómo sentimos la vida y de afianzar nuestra unidad.

Aunque ya observamos ciertos rituales convencionales, como las bodas, los cumpleaños, los funerales y las vacaciones, muchas personas sienten un vacío en dichas ocasiones, porque están muy vinculadas al consumismo y a la religión. Puede que hasta sientas cierto recelo o miedo a los rituales por el mal uso que se ha hecho de ellos o por su supuesta idoneidad. Pero al mismo tiempo, también puede que reconozcas tu deseo de ser acogido en la comunidad durante las múltiples etapas de transición de tu vida que los demás no han sabido reconocer, como la mayoría de edad, la maternidad o paternidad, el lanzamiento de un proyecto creativo, un divorcio, un fallecimiento, un aborto intencionado o involuntario, etcétera.

El ritual es lo que marca el final de una forma de vida y el principio de otra. Cuando reconocemos la fuerza de esas transiciones como comunidad, tenemos más oportunidades para aprovechar el poder personal y colectivo que encierran esos eventos.

Hace unos cuantos años, invité a las mujeres de mi comunidad a una *tienda roja*. Se trata de una tradición ancestral femenina en la que las mujeres se reúnen en una tienda de color rojo de acuerdo con el calendario lunar, para hablar de sus menarquías o primeras experiencias con la menstruación. La respuesta fue tan abrumadora que apenas cabíamos en mi pequeña sala de estar. Pero lo más importante es que me sorprendió cuántas mujeres, como yo misma, sentían que su primer sangrado pasó sin pena ni gloria, y que era algo de lo que había que avergonzarse, dejándolas traumatizadas de por vida en cada uno de sus ciclos lunares.

Ser testigo de algo es uno de los poderes extraordinarios que tiene una comunidad. Hay ciertos pasajes e iniciaciones que exigen la presencia de otros para que nos ayuden a asimilar la grandeza de la nueva narrativa, mientras esta se estabiliza en nuestro cuerpo, mente y corazón. Cuando dejamos atrás una identidad para asumir una nueva forma de pertenencia, siempre hay momentos en que estamos tentados de regresar a nuestra antigua identidad. Tanto si es un duelo demasiado fuerte para afrontarlo solo como si se trata de recuperarte de una enfermedad que amenaza con volver, o de ascender a un nuevo nivel del Sí-mismo al que te cuesta aclimatarte, la comunidad actúa como soporte para que podamos resistir el peso de la transición. Los amigos nos recuerdan con su mera presencia que nos hemos convertido en algo nuevo y, con el poder corroborativo que tiene reunirnos para una ceremonia, nunca podremos deshacer esa nueva identidad.

Ser testigo también es un privilegio, pues despierta una simetría transicional en nuestro propio devenir. Después de una hermosa boda en el bosque, una amiga se giró hacia mí y me dijo: «Siento que hoy todas nos hemos casado un poco». De hecho, el ritual alimenta el anhelo en todos los asistentes de comprometerse con algo que aprecian, o en el caso de un ritual de duelo, es la invitación a conectar con las partes que no han tenido ese duelo.

Ser invitado a ser testigo en la vida de otros apela a nuestra responsabilidad. En el momento en que otra persona nos abre la puerta de su corazón secreto, nos convertimos uno en guardián del otro. Los hilos de nuestras historias están entretejidos en un tapiz de pertenencia conjunta, dentro del cual nos hacemos responsables.

El círculo de la pertenencia requiere una atención constante, se teje hacia fuera, a través de nuestra curiosidad permanente por nuestras expansiones y contracciones mutuas. Es importante invertir en esos momentos, que de otro modo pasarían desapercibidos, por ejemplo cuando un amigo consigue algo importante, o tal vez cuando sufre una pérdida por la cual no puede recibir ningún reconocimiento oficial. Si en esos momentos podemos hacer acto de presencia con algún detalle simbólico, habremos dado un gran paso para que el otro se sienta a gusto en nuestro corazón. En cuanto dejamos de hacer el ofrecimiento de nuestra presencia, eso marca el fin de nuestra pertenencia mutua.

Cuando una buena amiga mía se suicidó y no pude asistir a su funeral, porque vivía muy lejos, mi círculo de hermanas y yo creamos un mandala en forma de corazón de pétalos de flores de nuestro jardín. Era tan increíblemente hermoso que no solo hizo que sintiera que había reverenciado la influencia de mi amiga en mi vida, sino que el peso de mi dolor no recaía únicamente sobre mí. Cuando otra amiga tuvo un aborto involuntario, le llevamos una cesta llena de tesoros, entre los cuales había papel japonés para escribir despedidas, aceite de rosa y velas de cera de abeja para darse baños rituales, y semillas de flores silvestres para plantar el recuerdo de la vida que la visitó durante un breve período de tiempo.

Estos pequeños artículos simbólicos fueron una invitación a que hiciera las paces con su pérdida, a que conversara con ella y a que sintiera el apoyo de nuestra comunidad durante dicho proceso.

Más allá de nuestras transiciones personales, también tiene mucha fuerza reconocer las transiciones de la naturaleza, como las lunas importantes o los acontecimientos que marcan los cambios de estaciones, como los equinoccios de primavera y de otoño, y los solsticios de invierno y verano. Estos rituales se pueden realizar con la frecuencia de las lunas llenas o nuevas. El ritual de celebrar los cambios de estación nos saca de nuestro drama humano-céntrico y favorece nuestra relación con la naturaleza y el mundo elemental del que procedemos.

Si no tienes experiencia en rituales o las ceremonias a las que has asistido han tenido un efecto negativo en ti, ¿cómo puedes empezar a incluirlos en tu vida para que te parezcan auténticos? Mi consejo es que empieces por algo sencillo. Ponte en contacto con un grupo de amigos y amigas con los que sientas que te gustaría crear copertenencia, e invítalos a que se comprometan a reuniros unas pocas veces al año para crear un ritual juntos.

Una de las mejores formas de empezar es reuniéndoos alrededor de una hoguera. Desde que se descubrió el fuego, los seres humanos han compartido pertenencia reuniéndose a su alrededor. El fuego es el elemento que calienta nuestro centro e ilumina la oscuridad, hace que sintamos ganas de contar historias, revelar secretos, orar y cantar. Por su propia naturaleza, encierra las enseñanzas de la transformación. El fuego quema la madera seca y podrida, revigoriza la tierra con su ceniza nutritiva, preparándola para acoger nueva vida. Para romper el hielo en un círculo se necesita muy poco, aparte de unas pocas palabras audaces y tu anhelo vital de sentirte más conectado con los demás y con el Creador. Después, simplemente, puedes pasarle el testigo a otro. Invita a las personas a que traigan un objeto simbólico de su propio anhelo y pídeles que compartan su historia o que contribuyan cantando una canción que las motive. O bien pide a los asistentes que escriban en un papel qué es lo que están dispuestos a dejar atrás, que lo lean en voz alta y que lo echen al fuego.

Poneos en evidencia unos frente a otros. Todos tenemos tanto miedo a los grupos, a compartir, a querer conectar con el aspecto sagrado de la vida que inevitable y necesariamente, al principio, nos parece que estamos fingiendo. Esto es totalmente normal. Hemos estado alejados de este tipo de vida durante mucho tiempo. Pero si pensamos en ello, todo ritual fue inventado por alguien. Tu anhelo de crear y de sentirte respaldado en el ritual es el mismo que sintieron tus antepasados, bajo las mismas estrellas, la misma luna, emergiendo del mismo manantial de sueños. Empieza a tejer esa historia ahora, partiendo de cero. Solo necesitamos el compromiso de seguir dando la cara, de mantener viva la ilusión de querer reunirnos, y lenta e imperceptiblemente, empezaremos a sentirnos más cómodos con ese compromiso. Aunque no estemos afianzados del todo en la experiencia y, en parte, pensemos que los rituales son banales e intrascendentes, aun así nos sentiremos más plenos al día siguiente. Caminaremos sobre las cenizas de la hoguera, observaremos las flores que alguien puso en el altar o veremos una manta que se dejó un asistente y nos sentiremos llenos de sentido, más cerca del amor y de la pertenencia.

Es una buena idea al empezar un ritual en círculo que se cree un liderazgo recíproco y turnos rotativos. Si solo hay una persona responsable de mantener vivo el latido del encuentro, es probable que llegue a quemarse. Si lo que quieres es forjar una comunidad, has de responsabilizarte del latido. Busca maneras de congregar a las personas, y pídeles que también se relacionen entre ellas fuera de dichas reuniones.

Se ha acabado la era del lobo solitario. Nuestro futuro depende de que aprendamos a movernos como lo hacen los ecosistemas, en armonía y colaboración. Busca cualquier excusa para convocar círculos; haz que cada proyecto tenga algún aspecto que necesite la colaboración de otros.

La mayoría de las veces nos concentramos en las deficiencias, ausencias y necesidades de nuestro corazón. Pero hay momentos en que el mundo necesita que prestemos más atención a los demás, aunque no exista una reciprocidad explícita en la relación. Puede que se nos pida que demos más de lo que recibimos, pero en esa entrega contribuimos al arquetipo de la generosidad creciente del otro. Y aunque no podamos ver los beneficios personales que dicha entrega tendrá para nosotros, reforzará la red a la que todos pertenecemos.

La ancianidad

Una de las peores lacras que han de soportar las personas es la ausencia de ancianos en su vida. ¿Cuántas veces, cuando hemos tenido conflictos, miedo o hemos estado desesperados, hemos deseado poder contar con los consejos de alguien con más experiencia? En nuestras comunidades no faltan *viejos*, pero lo que diferencia a un *viejo* de un *anciano* no es solo la edad, sino su sabiduría y la posición que ocupa en su comunidad. Entre otras cualidades, un anciano es alguien que se compromete a quedarse en el sitio, que ha vivido las habilidades de la pertenencia y ha convertido su vida en una invitación a los jóvenes que crecen a su alrededor. Los ancianos, al estar menos interesados en las ambiciones que asociamos a la primera mitad de la vida, valoran el desarrollo interior. Sienten curiosidad por los demás, son generosos escuchando e invierten su tiempo en ayudar a los jóvenes a que no pierdan el rumbo y a que puedan desarrollar su potencial.

Pero la figura del anciano solo puede existir dentro de una comunidad que lo aprecie. Los ancianos necesitan *jóvenes* para cumplir su función. Si los privamos de nuestra admiración, si los recluimos en residencias para mayores, en parte, somos los responsables de su ausencia en nuestras vidas. Sin la presencia de los ancianos en nuestro devenir, podemos perder el hilo dentro del relato general. Como expone la activista por los derechos civiles Ruby Sales: «Los jóvenes sienten la necesidad de ser reclamados, de formar parte de una experiencia tanto intergeneracional como transgeneracional, porque si no conocen otra generación, se sienten incompletos, igual que yo me siento incompleta si no conozco gente joven».[2]

Un anciano sabe que si no te quedas en un lugar, nunca tendrás un hogar. No habrá delimitaciones para tu inquieto corazón, que, a pesar de su espíritu libre, en realidad no desea más que pertenecer a un propósito más grande. La magia de las relaciones entre ancianos y jóvenes está en su reciprocidad. Mientras el joven se siente cuidado y protegido por alguien más experimentado, que espera que se convierta en su mejor versión, el anciano es venerado como portador de sabiduría, en una etapa de su vida en la que más necesita sentirse útil. Tiene el importantísimo deber de guiar a los jóvenes por el camino que ha asfaltado con su propia vida, que aprendió de los ancianos que lo recorrieron antes que él. Hay un proverbio africano que dice que cuando muere un anciano, se cierra una biblioteca.[3] De hecho, hay mucho acumulado a lo largo de toda una vida, que se perderá si no se ha podido transmitir a nadie. La principal función de un anciano es transmitir las historias y enseñanzas que ha aprendido en su propia vida, así como las que conoce de generaciones anteriores, para que el impulso de su legado siga vivo.

La palabra *pertenencia* conlleva el hecho de que ha habido una perseverancia, que se ha recorrido una distancia, que hay una historia compartida. Un anciano sabe que aquí, donde la herida es profunda por las deserciones del amor y la atención, es donde han de permanecer la presencia y la perseverancia. Aquí, donde se han roto las promesas, hemos de ser fieles a nuestra palabra. Aquí, es donde hemos de poner nuestro aliento, en la débil y parpadeante llama, y dejar que el humo sea portador de nuestra rúbrica ante los antepasados que puede que nos reconozcan y nos envíen su fuerza. Aquí, en este exiguo rincón que se nos ha confiado, hemos de seguir con la construcción invisible de nuestro gran templo del recuerdo.

Si no hay ancianos en tu vida, o si los que tienes no son esos sabios que tú necesitas, plantéate entablar amistad con algunos de los que viven en tu comunidad. Busca esos ojos que todavía brillan, que tienen dignidad, que ponen sus vidas al servicio de algo más grande que sí mismos. Cortéjalos con respeto demostrándoles tu apoyo o hazles compañía sistemáticamente. Escucha sus historias, pídeles consejo, aprende lo que están dispuestos a compartir contigo.

Pero recuerda también que nunca es demasiado pronto para practicar hacerte mayor. Envejecer conscientemente es un trabajo interior, cuidar de la vida del alma, antes de que esta llegue a ti. Muchas personas, a los cincuenta años, padecen lo que se llama la «crisis de la mitad de la vida»: de pronto, se dan cuenta de que han estado viviendo en una falsa pertenencia toda su vida y les entra la desesperación por deshacerse de todo y empezar de nuevo. Sin embargo, si aprendemos a velar por nuestro anhelo cuando somos más jóvenes, a asumir los riesgos necesarios para vivir de acuerdo con el designio de nuestra alma, nos estaremos preparando para ser verdaderos ancianos en la segunda mitad de la vida.

La sabiduría de los ancianos no procede de la acumulación de conocimiento, sino de reflexionar sobre la vida. En lugar de vivir sintiéndonos indignos y lamentando cosas, podemos pasar ese duelo y perdonar el pasado, hallar redención en nuestra historia y reconocer cómo encaja en nuestro mito ancestral. Este trabajo se convierte en nuestro regalo para el futuro.

Ver y ser vistos

Para hacer todas estas cosas —conectar con los ancianos o jóvenes, participar en círculos, asistir a acontecimientos o actividades— es necesario que nos vean. En realidad, el espíritu de comunidad solo se desarrolla cuando sentimos que alguien recibe nuestros regalos. Puede ser algo tan simple como que alguien conozca tu nombre o ver que su rostro se ilumina cuando entras en algún sitio. Todos necesitamos saber que nuestra presencia le importa a alguien. Henri Nouwen dice: «La simple experiencia de ser valiosos e importantes para alguien posee un tremendo poder recreativo».[4]

Pero ser importante para alguien solo es posible cuando contribuimos con nuestra presencia, cuando manifestamos nuestros valores, cuando ofrecemos nuestros dones. Si deseas ser reconocido, déjate ver. ¿Puedes arriesgarte a ser amado tal como eres, sin la protección de la distancia? ¿Puedes entregar tu control para aceptar la influencia de los demás, mezclarte con ellos y dejarte impresionar?

Al atreverte a mostrar tu tristeza, miedo y ansiedad a los demás, permites que estos sentimientos se mezclen con nuevos puntos de vista, y de este modo, propicias el cambio, en lugar de quedarte bloqueado. Indirectamente, también estamos reconociendo lo que oculta el otro; así, tal vez también se atreva a sacarlo. En los múltiples círculos en los que he participado, nadie dice nada hasta que uno se atreve a compartir su historia personal.

Si te atreves a revelar los hermosos valores que fluyen hacia el mundo a través de ti, solo tendrás que fijarte en quién se fija. No rechaces la presencia invitadora en los demás. Mantenlos cerca observando sus dones a cambio. Practica abrir tu corazón y el de los demás, a través de la indagación apasionada y la expresión de la verdad.

Muchos estamos en el mar buscando un hogar. Probamos de una forma u otra, y luchamos contra el interminable desfile de adversarios, liderados por el cinismo y la apatía. Luchamos contra ellos con toda nuestra poesía. Somos amables. Nos rendimos y, al final, volvemos a navegar en nuestras embarcaciones. Pero de vez en cuando, el agotamiento se puede convertir en desesperación. La llamita que usa todos nuestros recursos para protegerse se apaga en una ráfaga de viento inesperada. Entonces, nos ayuda pensar en algo más que no sea nosotros mismos. Ayuda ver a los que trabajan la tierra, a los artistas, a las madres, a los amantes, a los cantantes, a los poetas y a los soñadores como los hilos que forman una red. Por nosotros solos somos frágiles hebras, canciones sin audiencia, pero juntos somos una red incesante. Siempre que estamos deprimidos, el gris hace que el color se vuelva más intenso.

Cuando noto que la niebla empieza a envolverme, enciendo hogueras de afecto en los corazones de otras personas. Les digo de formas claras que su vida hace que yo viva la mía de otro modo, les hago saber lo valiosos e importantes que son para el resto de nosotros. Ese fuego se convierte en la luz de un faro que atraviesa la niebla y me indica hacia dónde puedo dirigirme.

Conviértete en una tierra baja

Ser humano no es fácil, y una de las grandes pérdidas que todos sentimos es la que nuestros antepasados tenían muy clara: cuando uno de nosotros resulta herido, todos estamos implicados. Así que todos compartimos la carga de nuestras insoportables preguntas. Honramos con rituales las demoledoras exigencias e iniciaciones que hemos de afrontar para seguir vivos. Pero en el estado de empobrecimiento en que se encuentra nuestra cultura actual, se nos enseña a avergonzarnos de nuestra debilidad y a negar nuestro propio sufrimiento, y como cabía esperar, tampoco se nos enseña a compartir la carga. Hemos plantado un seto espinoso alrededor de los lugares en los que deberíamos depender unos de otros.

Y entonces pedir ayuda no es fácil. A todos nos cuesta dejarnos ver con nuestra desordenada pérdida, agotamiento y hartazgo, mientras vamos tropezando con las complejidades de la vida. Pero ¿de qué otra forma puede alguien llegar a ganarse tu confianza, a menos que le permitas compartir tus penurias? ¿Cómo podemos crear la comunidad que deseamos si no nos permitimos afrontar estas cosas juntos?

Si estás bien, considera la posibilidad de ser la medicina para el dolor de otra persona. Rumi dijo: «Donde estén las tierras bajas, hasta allí llegará el agua. Toda medicina necesita un dolor que curar».[5] Pero si no estás bien, pídele ayuda a un amigo en el que quieras confiar. Considera un privilegio que alguien te invite a cruzar tu propio seto, y de este modo, invocarás el agua del amor que todos llevamos dentro, que está deseando fluir hacia la tierra baja.

Tal vez la persona a la que has recurrido no tiene la capacidad para afrontar tu vulnerabilidad; esta circunstancia siempre produce una profunda congoja. Puede que te sientas tentado a dejar crecer más tu seto y a pasar de toda esta historia de intentar «recurrir a los demás». Pero probablemente te estés arrepintiendo de algo más. Quizás ya sabías que no estabas recurriendo a la persona adecuada. Y tal vez, en medio de tu desconsuelo, haya alguien que no te imaginas, que siempre ha estado presente y que te está invitando a que recibas su ayuda.

Aunque normalmente lo soportarías todo solo, resulta que, ahora, es necesario que te rindas. Tu petición de ayuda es la invitación que puede mantenernos unidos en un lugar y en la memoria. Los tuyos son los primeros hilos de una comunidad en ciernes.

Abrirse a los demás puede resultar tremendamente difícil para un corazón que ha sido herido en el intento. Sin embargo, ayuda recordar que abrirnos a otros es en realidad una ofrenda de generosidad, la invitación que permite a otras personas contribuir con sus dones a nuestra carencia. Es un acto de reconocimiento de que necesitamos a los demás; esto para un ecosistema, supone el propio proceso de unión.

Tenemos una amiga que tuvo que someterse a una operación grave; normalmente, es una persona a la que le cuesta mucho pedir ayuda. A pesar de lo que le incomodaba hacerlo, decidió llamarnos para pedirnos si le podíamos comprar algo de comer en la tienda. Nos sentimos tan honrados de que nos lo pidiera que también le hicimos una olla de sopa casera y nos presentamos en su casa con algunas flores silvestres. Estaba muy contenta de haberse atrevido a pedírnoslo, porque además también necesitaba a alguien que le partiera algo de leña. Nuestra generosidad la conmovió y se puso a llorar, y nosotros disfrutamos de una de las tardes más entrañables de aquel invierno. Más adelante, al cabo de un año o más, éramos nosotros los que estábamos sin leña para la chimenea y teníamos el invierno casi encima; entonces, fue ella la que nos ofreció un excelente contacto. Al final, no solo nos hizo un gran favor, sino que el encantador amigo que nos vendió la leña necesitaba el dinero con urgencia. Por consiguiente, cuando pedimos ayuda se produce una cascada de abundancia.

Lejos de la idea comúnmente aceptada en nuestra cultura de que ser dependiente es un signo de debilidad, esta es la actividad que afianza nuestra interdependencia. Sabemos que cuando nos apoyamos los unos a los otros, estamos sustentando nuestro propio círculo de pertenencia.

Si una persona ha cerrado su corazón o ha sido rechazada, puede que desarrolle una feroz autosuficiencia que le impedirá pedir ayuda. Pero aunque esta independencia pueda impresionar a simple vista, en el fondo puede significar una falta de confianza en los demás, que es el gran pegamento de nuestra pertenencia. Cuanto más recompensamos esta imagen en los demás, alabándolos a distancia, mayor será su dificultad para descubrir las joyas ocultas en su propio corazón. Aunque no podemos forzar a nadie a recibir, podemos serle útiles sin que tenga que pedírnoslo. Con frecuencia son los más resilientes y generosos del grupo los que más anhelan esa ayuda.

Terminar bien

La pertenencia es un proceso dinámico que exige alternar entre periodos de separación y de unión. A la par que desarrollamos nuestra habilidad para ocuparnos de una comunidad, también hemos de desarrollar la de abandonarla. A diferencia del *ghosting* ('fantasmear'), este fenómeno moderno, que está tan en auge, de poner fin a cualquier tipo de comunicación en una relación sin dar explicación alguna, terminar bien implica reconocer todo lo que te ha dado esa relación y responder a futuras llamadas.

Normalmente, para concluir algo es necesario que dos o más personas se reúnan a escuchar sus distintos puntos de vista y acordar cómo van a seguir adelante juntas o por separado.

Cuando alguien desaparece de una conversación, compromiso o conflicto, es importante que seamos conscientes de que se trata de un acto de indiferencia contrario al sentido de pertenencia. El *ghosting* es un acto que denota que creemos que estamos en deuda con un mundo sobre el que sentimos que no hemos tenido ninguna influencia. En cierto sentido, es como convertirte en un fantasma en tu propia vida, disociándote de la importancia de tu presencia en la vida de los demás. Supone callar tus discrepancias, tu anhelo de ser visto y convertirte a ti mismo y a los que te rodean en prescindibles. A menos que alguien decida hacerte responsable, y serlo también él mismo, nunca podremos tomar asiento en la mesa de la pertenencia.

Hemos de enseñarnos los unos a los otros que vale la pena luchar por el amor y arriesgarnos a adentrarnos en el fuego de la proximidad. No somos prescindibles. Y nos conoceremos mutuamente cada vez que demos la cara ante el conflicto, las heridas y la confusión.

Este estado de limbo puede suponer un tremendo despilfarro de energía, aunque no seamos conscientes de ello, pues seguimos recordando ese momento, preguntándonos si hicimos lo bastante bien las cosas, imaginándonos la reacción o falta de reacción de la otra persona, incapaces de seguir avanzando sin su reconocimiento. En estas situaciones, es importante realizar un acto de despedida, aunque sea simbólico. Esto empieza por perdonarte a ti mismo y al otro por vuestras limitaciones.

Si has invitado a esa persona o grupo a afrontar conscientemente el conflicto, y ellos se han negado a hacerlo, primero tendrás que entregarte a tu pena. En francés, en lugar de decir «te echo de menos», decimos «*tu me manques*», que significa 'me faltas'. En tu dolor valoras el impacto que te ha causado la separación, el vacío que ha dejado en tu vida una persona o grupo.

Cuando estés listo, busca o crea un objeto que simbolice ese final que estás buscando, y piensa en incluirlo en tus plegarias:

Bendigo tu ausencia, tu silencio, tu desaparición de mi vida con esta tristeza. Que el eco de tu ausencia llegue a ti algún día, a fin de que puedas conocer tu propia sustancia. Que conozca yo mi dolor, y me sirva para medir mi disposición a la devoción, y que pueda confiar en que me he ahorrado ser amado a medias. Que esta y todas las desapariciones me inspiren a ser más tenaz y luchador en el amor. Que pueda conocer con más claridad a otras personas afines. Y que cuando las encuentre, pueda redoblar mi compromiso con el arte de la pertenencia.

Cuando hayas dado gracias y realizado tu intención, lanza tu objeto simbólico desde un puente, quémalo en el fuego, entiérralo en una tumba, o haz lo que sea, pero deshazte de él y ponle punto final. Hay un millón de diminutas decepciones en cada amistad fracasada, cada esperanza decepcionada, cada mano extendida que ha sido rechazada, y debemos pasar un duelo por todas ellas. Pero llega un momento en que hemos de dejar de acarrearlas. Hemos de afirmar que lo que hicimos era lo único que podíamos haber hecho. Hemos de cortar con esos lazos sutiles que nos retienen esperando que surja una respuesta de las cenizas.

Cada separación de una persona o lugar que no puede estar a tu altura en estos momentos es un paso hacia la comunidad de tu verdadera pertenencia. En la misma medida que amplíes tu capacidad de inclusión, también tendrás que afrontar el reto de mantener tus límites de seguridad en torno a la comunidad que estás construyendo. No todo el mundo compartirá tus valores, pero en el acto de *alejarte* de los que no los comparten, también te estás *acercando* a los que sí lo hacen.

Ser el anhelo

En vez de preguntarte continuamente: «¿Cuál es mi lugar de pertenencia?», pregunta que se basa en la carencia, plantéate invertir tu definición de la palabra, convierte el sustantivo *pertenencia* en verbo, donde esta se convierte en una práctica de generosidad, como en: «Pertenezco a aquello que amo». Un gran maestro me dijo una vez que la práctica espiritual más elevada que conocía era descubrir qué es lo que más echas en falta en tu vida… y una vez lo hayas descubierto, entregarlo como ofrenda. Es decir, toma lo poco que tengas, eso que sabe demasiado poco sobre cualquier cosa grande, y conviértelo en una ofrenda.

Pertenece a aquellos que te necesitan. Encuentra a los humanos y no humanos que han terminado en la marginalidad, que son los menos valorados o los que menos esperas que tengan algo que ofrecer; busca a los que no tienen voz e invítalos a que se acerquen. Cuando vas a una fiesta, en vez de dejarte llevar por el miedo a no encajar, practica el asombro si en ella conoces a alguien que tal vez necesite pertenencia. Reconocer que las personas que están a tu alrededor tienen tanto miedo como tú a la no pertenencia es toda una revelación. Todos buscamos en otro esa presencia que pueda cobijarnos, que nos ayude a revelar nuestras propias historias, que mediante su implicación nos haga sentir que somos necesarios en esta vida. En algún momento, tendremos que bajar esa escalera de espera y empezar a actuar como si fuéramos necesarios. Tanto si ya se está reflejando en nuestro mundo como si no, hemos de asumir nuestra propia importancia y empezar a entregar los dones que poseemos y que necesitamos desesperadamente.

Si anhelas que te llame un amigo solo para saber si estás bien, haz tú lo mismo con otra persona. Si anhelas oraciones elocuentes para las cosas cotidianas, deja que tus torpes palabras bendigan tus comidas en voz alta. Si deseas asistir a algún ritual bajo la luna, sé tú quien organice el evento. Si deseas profundamente ser reconocido, déjate ver. Si deseas que te conozcan, siéntate junto a alguna persona y escucha lo que te cuenta sobre sus aficiones. Cuando quieras sentirte necesario, reparte esos regalos.

En vez de desear la pertenencia por decepción, esta es la práctica de ser el anhelo. Tal vez necesites toda una vida, tal vez solo los jóvenes que se acerquen a ti sentirán los beneficios, o tal vez se presente en tu vida a hurtadillas, de repente, cuando estás festejando algo con tus seres queridos: que perteneces a esta hermosa comunidad que has creado con tu vida.

Quiero estar viva contigo

Quiero que me guíen los mayores. Quiero que nazcan bebés donde mueren ancianos. Quiero estar en el centro de una unión desordenada. Quiero que alguien me avise antes de que cometa alguna estupidez. Quiero que me perdone si a pesar de todo la cometo. Quiero que la sabiduría resuene en mi tímpano, en vez de buscarla en Google. Quiero que las transiciones sean reconocidas con fuego. Quiero que a los niños se los anime a desarrollar sus dones. Y a los adolescentes y a los adultos. Quiero significar algo para mi comunidad. Quiero embriagarme de sentido día y noche. Quiero escuchar tus sueños. Quiero proclamar una revolución de gentileza. Quiero llamar patraña a la realidad consensuada. Quiero ser rica solo para llenar las vallas publicitarias de la autopista de autenticidad.

No quiero ser una farsante más. No quiero mostrarte mi lado bueno y esconder mi humanidad. No quiero convertirme en pedazos de estatus digestibles. Quiero desafiarte con rituales largos y pesados y descubrir que todavía estás interesado. Quiero alimentarte con los diecisiete platos que he preparado con especias que yo misma he machacado. Quiero recitarte poemas circulares, cada uno de los cuales empieza con una comprensión más profunda. Quiero hacerte sentir algo, aunque te resulte incómodo. Quiero cantarte canciones que son antiguas y nuevas. Quiero grabar historias en los árboles con las herramientas que crearon mis antepasados. Quiero seguir afilándolas. Quiero encontrar lugares en los que no hemos estado nunca. Y entonces, quiero regresar allí, pero hacia atrás.

Quiero barajar las palabras para que no nos quedemos dormidos. Quiero aprender cosas y ser salpicada con su eterno recuerdo. Quiero hacer que te sientas visto. Quiero sostener tu corazón palpitante con mi mano más amable. Quiero que tu pieza se sienta como la mía. No quiero perder ni un momento. Quiero cavar hasta el fondo y descubrir que es falso. Quiero sacar a la luz profundidades desconocidas. Quiero estar en pie en este huracán y cantar la canción más dulce y desnuda que puedas soportar. Quiero estar viva contigo.

Dieciocho

Reciprocidad con la naturaleza

*C*uando era una niña solía perderme en el bosque que había detrás de nuestra casa, componía canciones y me inventaba historias con los amigos imaginarios que allí tenía. Había un bosquecillo de arces, en particular, donde hacía recuento del botín que había recopilado a lo largo de un día bien empleado. Piedras y hojas del oscuro desfiladero llenas de arcilla; juncos del estanque, donde observaba cómo los renacuajos se convertían en ranas durante el verano, o flores silvestres de la pradera, donde escuchaba a las serpientes deslizarse a través de la hierba alta y seca. Para mí la naturaleza era la gran madre que, en los momentos de mayores turbulencias en mi familia, siempre me acogía en nuestra copertenencia.

Veinte años más tarde regresé a aquellos hermosos bosques y me encontré con una hacinada urbanización que se perdía en la lejanía. Ya no estaba la hilera de árboles que marcaba el final de los dominios humanos; también había desaparecido el camino que unía la pradera, el desfiladero y el bosque; tampoco estaban las serpientes invisibles, las ranas y las aves cantoras nocturnas. Recuerdo que me sentí desorientada durante bastante rato, convencida de que no estaba en el mismo lugar, incapaz de situarme sin esas importantes características naturales.

Si reflexionamos sobre nuestra relación actual con la naturaleza, podríamos decir que estamos crónica y colectivamente desorientados. Estoy segura de que una gran parte del sentimiento de pérdida que compartimos como cultura se debe a nuestro alejamiento de la naturaleza. No solo estamos desconectados de ella, sino insensibilizados a la inmensidad de esa pérdida. Muchas personas ni siquiera se dan cuenta de lo que nos falta, porque no han llegado a conocerlo, pero bajo nuestras preocupaciones por seguir adelante y ser aceptados, existe un pozo de dolor profundo: nuestra no pertenencia a la propia tierra.

Por supuesto, jamás podremos separarnos del mundo natural porque, como todo ser vivo, en un sentido bastante literal, somos expresiones de la Tierra. Pero en la grandeza de lo que como especie hemos creado y denominado civilización, nos hemos llegado a creer que somos los conquistadores de la vida salvaje. Nos hemos olvidado, en una especie de amnesia pandémica, de los verdaderos orígenes que la han hecho posible.

Nuestra conciencia está tan desconectada de la red de la vida que hemos llegado a creer que los recursos naturales que la Tierra nos da gracias a su generosidad nos pertenecen y que podemos privatizarlos y modificarlos para nuestro provecho. Nos hemos enamorado de tal modo de la construcción de nuestros interminables y estrechos túneles de productividad que nos hemos vuelto ajenos al propio organismo que nos sustenta. Nos hemos vuelto incapaces de reconocer que gracias al sacrificio de los demás todos los días podemos disfrutar de tener un techo y alimentos.

Ahora, nos enfrentamos a las consecuencias de esa ideología parcial. Con el cambio climático, la contaminación de los mares y del aire, la pérdida de recursos naturales, tal como dice Joanna Macy, nos estamos enfrentando a la sexta extinción masiva de nuestro planeta.[1] Incluso con la rápida desaparición de las especies y el aumento de los desastres ecológicos, que son el resultado directo de nuestra codicia e intervención humana, por increíble que parezca, todavía hay personas que niegan la responsabilidad de los seres humanos en este lento apocalipsis.

¿Cómo hemos pasado de ser una *parte* de este cuerpo terrestre global a sentirnos *separados* de él? ¿Y cómo podemos practicar volver a la pertenencia con el ecosistema?

Nuestro excesivo énfasis en el racionalismo ha atrofiado la vida sintiente; no obstante, es la capacidad de sentir lo que nos conecta con la empatía. Esta empatía es imprescindible para que nos relacionemos los unos con los otros y con todos los seres vivos. Es el sentido de *interser* con un grupo o lugar que nos hace sentirnos alegres de ser responsables de él. Hemos sido llamados para servirlo con nuestra vida. Al no estar conectados con otras formas de vida, nos parece que podemos prescindir de ellas. ¿Y no es ese sentimiento de ser prescindible también el origen de nuestro exilio personal?

Hemos hablado de nuestra obsesión por el materialismo y sobre cómo ha supuesto la pérdida de la vida mítica. Pero sin la sabiduría de la Tierra, transmitida a través de las historias de nuestros ancianos, hemos terminado en un callejón sin salida evolutivo. En lugar de estar en comunión todos los días con las historias pedagógicas que proceden de las plantas y de los sueños, de los espíritus de los animales y de los antepasados, nuestras siguientes generaciones están creciendo con imágenes cada vez más vacías.

Cuando no actuamos guiados por una perspectiva mítica, nuestras vidas individuales y colectivas dejan de tener sentido. Nuestras metas ya no tienen como fin el bien común, sino que están dirigidas por el sistema competitivo del imperio, al que solo le importa el dominio de un individuo sobre los otros, las especies y la naturaleza. No es difícil entender por qué nos acosamos unos a otros por la pertenencia, porque esta actitud mental nos exige que nos aislemos y que solo pensemos en nosotros mismos, lo cual nos conduce al narcisismo.

Creo que una gran parte de nuestro sentimiento de vacío colectivo se debe a vivir en esta fase de nuestra evolución como especie, en la que estamos centrados en nosotros mismos, donde todo empieza por *yo*. *Yo* quiero este objeto. *Yo* quiero tener éxito. *Yo* quiero superarme a mí mismo. Incluso *yo* quiero pertenecer. Pero la verdadera felicidad depende de nuestra reciprocidad con el entorno en el que vivimos y con el que estamos en deuda. Del mismo modo que la mitocondria trabaja para romper los nutrientes y convertirlos en energía para nuestro cuerpo, nosotros somos también un único componente de una biosfera mayor que no ve jerarquías entre helechos y secuoyas, gusanos y águilas.

Si nos imaginamos una red invisible, parecida a los micelios de un hongo, bajo la superficie visible de las cosas, de la cual nosotros solo somos cuerpos de fructificación,* descubriremos de qué manera nuestras vidas están al servicio de alimentar a todo el bosque. Nuestra negligencia con esa reciprocidad es, más que ningún otro factor, lo que propicia la no pertenencia. Es la causa de la soledad, porque sin la inteligencia superior de la misión que corre por nuestras venas y hace que nuestro propósito tenga sentido, no somos más que cuerpos aislados ejecutando movimientos vacíos. Esta es la razón por la que las personas que tienen mucho éxito siguen sintiéndose solas y desdichadas.

La palabra *animismo* o la creencia básica de que el espíritu y la materia son uno se refiere a algo tan común y habitual en las culturas tribales que la mayoría ni siquiera tienen una palabra para nombrarla. Según el animismo, todas las cosas tienen un alma; no solo los seres humanos y los animales, sino las montañas, los truenos, las sombras e incluso el viento. Si aprendemos a escuchar y entablamos un diálogo con esa diversidad de voces, empezaremos a ver que se produce un

---

* En los hongos, son una estructura celular sobre la que se forman otras estructuras de esporas. Forman parte del ciclo reproductivo en la vida del hongo. (Nota de la T.)

dinamismo constante entre nuestro estado de vigilia y de sueño, lo visible y lo invisible, lo mundano y lo sagrado. Como un árbol cuyas raíces se ocultan en la rica oscuridad de la tierra, los seres humanos tenemos que recibir las señales de nuestra vida interior, no a la inversa.

De acuerdo con esta idea de que existe una simetría entre los mundos interior y exterior, puede que empecemos a ver nuestra crisis global como una iniciación colectiva, a la que cada uno de nosotros, muy a su pesar, tendrá que enfrentarse solo. Tal como hemos visto, la iniciación tiene varias fases distintas. En primer lugar nos separamos de la falsa pertenencia, que es un tipo de despertar, que experimentamos cuando nos quitan la venda de los ojos. Luego, hemos de pasar el duelo sinceramente por las pérdidas que hemos sufrido en el exilio. Si nuestro duelo es correcto, iniciaremos una conversación con nuestros verdaderos valores, y estaremos atentos para escuchar la llamada a la acción. Si superamos el reto y nos elevamos, llevaremos con nosotros la medicina que conseguimos en nuestro descenso, y nos convertiremos en agentes que contribuyen a la transformación global. Lo que nos diferencia del resto de las especies es que tenemos libre albedrío para elegir cómo queremos atravesar este aterrador umbral. Como explica el biólogo de la evolución Andrew Cohen: «Hemos de liberar el poder de la elección del inconsciente».[2]

En vez de ser arrastrados por la urgencia de ayudar al mundo «antes de que sea demasiado tarde», permite que tu caminar sea lento. Escuchemos las súplicas de los sedientos que nos rodean. Reconozcamos el olvido que nos ha llevado inevitablemente hasta este aterrador precipicio. Que el dolor por todo esto pueda encontrarse con nosotros a través de nuestro recuerdo. Y que la belleza cobre vida entonces, bajo nuestros pies.

Cuando aprendemos a escuchar a nuestro cuerpo y a honrar la inteligencia de nuestros sentimientos y sueños, estamos contribuyendo al despertar de lo que algunos llaman la conciencia de Gaia. Nuestra práctica personal de la encarnación reverbera al nivel del todo. Las indicaciones que recibimos de nuestra naturaleza interior provienen de nuestro cuerpo onírico, que nos llama para que tomemos decisiones que favorezcan la armonía y la sostenibilidad colectiva.

Estamos recordando cómo ser un ecosistema. La escritora sobre la vida sostenible Vicki Robin aconseja: «Trata a todas las personas que se encuentren dentro de tu radio de ochenta kilómetros como si las amaras».[3] Yo añadiría a nuestra imagen de «todas las personas» al pueblo que está en pie,* al pueblo alado, al pueblo rocoso, al pueblo acuático, etcétera. Hemos de reconstituir el mundo a través de muchas pequeñas contribuciones, colaboraciones y congregaciones. Al trabajar para proteger los últimos reductos de vida salvaje a nuestro alrededor y en nuestro interior, creando belleza de la pérdida y el sufrimiento, estamos creando un punto de encuentro para los que, a pesar de carecer de un poder extraordinario, tenemos la voluntad de hacer lo que sabemos que hemos de hacer y cuidamos los unos de los otros. Nos incluimos en reciprocidad siempre que podemos, haciendo cosas en pares, círculos o grupos, como fiestas de trabajo o círculos de generosidad, intercambio de ropa y protestas; así practicamos juntos el poder de nuestra pertenencia conjunta. Porque a medida que la vida se vaya poniendo difícil, necesitaremos una red fuerte y recíproca de habilidades y atributos a los que recurrir.

Cuando me fui a vivir al campo, me vi empujada a una repentina relación con el sol y la luna, las estrellas y el paisaje, donde lo más impresionante en el horizonte eran los árboles. En una ciudad, lo más grande que ves en el horizonte son rascacielos de cristal y acero, testimonios hechos por el hombre de su dominio y virilidad. Solo las montañas son más altas que los árboles. Y solo más extenso que estas es el cielo, y las praderas se extienden más allá de lo que alcanza la vista. Estar en un lugar donde prevalece la naturaleza cambia nuestra mente por completo y nos ayuda a relativizar cuál es nuestra importancia dentro de la gran familia donde se encuentran todas las cosas.

Nadie sabe si los humanos sobreviviremos a esta transición, si dejaremos algo habitable para futuras generaciones, pero creo que nuestra catástrofe global es una llamada de aviso para que recuperemos nuestras principales habilidades. Tengamos éxito o no, hemos de entregar todo lo que tenemos para hacer lo que creemos que es correcto. Somos cometas en vías de extinción que han de invocar la gracia para aceptar nuestro destino, a la vez que trabajamos para dejar un rastro elegante y contributivo a medida que avanzamos.

Recuperemos el *temenos*

Del mismo modo que practicamos pertenecer a una comunidad mediante nuestra presencia y atención, también hemos de dedicarnos a nuestra zona. Como personas desarraigadas, muchos de nosotros vivimos en un lugar desde

---

* *Standing People,* en inglés, es un término de la etnia cheroqui para referirse a los árboles. (Nota de la T.)

hace solo una o dos generaciones. Aunque solemos pensar que nuestra no pertenencia es un dilema personal, el abandono del lugar de origen por parte de nuestra gente ha contribuido en gran manera al arquetipo ancestral del exilio que todos acarreamos.

Hemos descubierto que estamos hechos, casi literalmente, del mismo material que la Tierra. Así como el setenta por ciento de la Tierra está cubierto de agua, nuestros cuerpos son agua en un setenta por ciento. Los compuestos elementales terrestres, incluidos el oxígeno, el carbono, el hidrógeno, el nitrógeno, el calcio y el fósforo, también suponen un noventa y nueve por ciento de nuestro cuerpo físico. Nuestros huesos, dientes, respiración y sangre están hechos de los mismos minerales que el aire, el agua y la tierra. No es difícil deducir, entonces, cómo las peculiaridades geográficas, la calidad del suelo y del agua, el clima y la altitud pueden cambiar radicalmente la constitución evolutiva de un pueblo. Por ejemplo, el viento de las montañas puede agrandar nuestro rostro, estar en países más soleados puede oscurecer nuestra piel y el frío constante puede alargar y estrechar nuestra nariz para conservar el calor. Del mismo modo que el entorno se amolda a las condiciones que lo rodean, nosotros también nos amoldamos al entorno.

Pertenecer a un lugar significa estar incluido en él. Sus penurias son tus contiendas, sus cosechas tu riqueza, sus necesidades tu propósito. La historia de tu lugar es la de tu propio devenir. Si los dioses de las nubes hacen una visita, tu humor se vuelve gris. Si durante el año sufre sequía, sientes la desesperación de la sed en tu propia piel. No estamos separados del lugar donde vivimos, salvo lo que creamos con nuestro olvido.

Se dice que cuando llegamos a un lugar nuevo, en tan solo unos días, habremos sustituido toda el agua de nuestro cuerpo por la de la región. Aunque estas adaptaciones son a nivel biológico, somos muy inconscientes de las implicaciones que tiene un lugar en nuestra mente. Del mismo modo que los seres humanos tenemos nuestra firma energética, también la tienen los lugares geográficos. No obstante, como el pez en el agua, rara vez somos conscientes de la energía que tiene un lugar hasta que lo abandonamos, o volvemos a él al cabo de un tiempo.

Recuerdo que hace unos cuantos años, me fui a pasar una temporada a una zona rural en la que vivían unos amigos; por aquel entonces, vivía en una ciudad desde hacía quince años. Esa visita me abrió mucho el corazón, y creo que aumentó mi sensibilidad, porque cuando regresé a la ciudad recuerdo claramente que me subí a un tranvía y sentí que a mi cuerpo le invadía una sensación muy familiar, aunque sutil, de resignación. Eso fue una revelación para mí, porque siempre había dado por hecho que esa sensación era mía, y en ese momento intercalado de conciencia, me di cuenta de que no era así, sino que pertenecía a ese lugar. Desde que por fin me marché de esa ciudad, algunos años más tarde, nunca más he vuelto a experimentar ese sentimiento.

Puede que me preguntes: «¿Cómo sabes que la cualidad de resignación no era una energía cultural, en vez de geográfica?». Y bien podía haber sido así. Pero si miramos a través de la lente de la reciprocidad entre la cultura y el lugar, el cuerpo y la Tierra, la diferencia desaparece. Si estamos hechos de la misma materia que el lugar donde vivimos, somos expresiones suyas, pero lo mismo sucede a la inversa. Lo que aportamos o dejamos de aportar al cuidado de un lugar también forma parte de cómo se ha creado ese lugar. Si alguna vez has cuidado un jardín sabrás a qué me refiero. Cuando te sientas en un terreno, durante un rato, a escuchar sus necesidades y a aprender de sus hábitos, al final puedes cultivar algo verdaderamente hermoso. Por el contrario, si lo descuidas con tus pensamientos, tu trocito de jardín se volverá árido e improductivo.

Por una parte, nos hemos ido de nuestro lugar de origen. Si queremos vivir un proceso de duelo correcto, hemos de regresar a él física o psíquicamente, para entender de qué forma ha influido en cómo somos ahora. Por otra parte, hemos de «re-emplazarnos» cuidando del lugar al que hemos llegado. Llegar a un sitio no basta para considerarlo nuestro hogar. Como tampoco basta con intentar descubrir nuestra vocación y crear una comunidad. También hemos de saber atender a la tierra en la que vivimos y, mediante la reciprocidad de escuchar y responder, crear un bosque sagrado donde podamos habitar.

Tengo un buen amigo que se llama Terence que, después de treinta años de haber estado viviendo en un *ashram*, decidió marcharse y reincorporarse al mundo para compartir sus dones. Con solo un lingote de oro que heredó de su maestro, se trasladó a Toronto, alquiló un pequeño apartamento y empezó a buscar trabajo. No tardó mucho en encontrar un puesto de auxiliar en una compañía inversora, y como había hecho cuando vivía en el *ashram*, puso mucho empeño en aprender, esta vez, el arte de la gestión financiera, lo cual consiguió gracias a su gran disciplina. En los diez años siguientes, se convirtió en un experto en finanzas, hasta el extremo de llegar a ser director ejecutivo de esa prestigiosa institución financiera; ganaba un sueldo de seis cifras, mientras seguía viviendo en su pequeño apartamento y yendo a trabajar en bicicleta.

El verdadero significado de la *Pertenencia*

Llegó un momento en que perdió su interés por su trabajo y sintió ganas de viajar, así que anunció a la junta directiva que se marchaba de la firma. Asombrados de que lo dejara todo en la cima de su carrera, y suponiendo que era cuestión de dinero, la junta le ofreció millones de dólares para que se quedara en su puesto. Rechazó la oferta y se fue a recorrer los Himalayas.

Al final, regresó al lugar donde había vivido la mayor parte de su vida, donde estaba el *ashram*, y decidió comprar un terreno en esa misma región montañosa. Durante los cinco años siguientes, cada día fue a visitar ese solar vacío para sentarse a escuchar la invitación de construir algo en él. Quería sentir que la tierra deseara que se hiciera algo en ella, en lugar de imponerle su control. Un día oyó el claro mensaje de construir una casa para que fuera el centro de salud y de reunión de la comunidad. Al día siguiente, empezó la obra. Utilizó muchos materiales autóctonos para erigir un maravilloso hogar siguiendo las inclinaciones y curvas de aquel lugar de la montaña. Procuró cortar el menor número de árboles posible, también creó los cimientos alrededor de una gigantesca roca, que a día de hoy emerge de las paredes de su sótano.

Por respeto a las demandas de la tierra, también montó un tipi, una cabaña para sudar y un jardín; todas estas instalaciones ahora son lugares de *temenos* para las personas de su comunidad. A lo largo de los años, la tierra de Terence ha albergado innumerables cabañas para sudar, ceremonias *despacho*,[*] fiestas donde cada cual lleva algo que ha cocinado en casa y rituales sagrados en los que siempre se ha atendido, cultivado y dado gracias a la tierra. Y cuando caminas por allí, notas que la tierra te guía por sus senderos intencionales, escuchas los pájaros que se han instalado en sus casas de los árboles para las generaciones venideras, contemplas la belleza combinada de naturaleza y humanidad dondequiera que mires. Como dice una de mis mejores amigas, la Tierra nos retribuye generosamente cuando cuidamos de ella.

Esta relación de reciprocidad con la tierra en la que vivimos es sumamente importante para nuestra práctica de la pertenencia. Las personas que viven en núcleos urbanos es importante que adopten un trocito de tierra, aunque sea en el balcón, en la azotea o en un jardín comunitario, y empiecen a aprender sobre ella. El aprendizaje puede comenzar con algo tan silencioso como una planta que

---

[*] *Despacho* es un término quechua que sirve para denominar la tradición ancestral andina de dar gracias a la Madre Tierra y a las montañas, que representan los aspectos femenino y masculino respectivamente. (Nota de la T.)

tienes en casa, la cual, si se siente escuchada, terminará hablándote. Te dirá cuándo tiene sed, se marchitará cuando necesite atención, o si le gusta lo que le das, te pedirá macetas cada vez más grandes. A cambio te dará su belleza y su paciencia, y te ayudará a afinar tu oído. Al final, es bueno que expandas tu relación recíproca a la tierra que te rodea. Si es un lugar donde ya no hay naturaleza, indaga sobre qué hubo allí. Descubre de dónde procede tu agua y si alguna vez hubo un bosque donde ahora se encuentra tu edificio. ¿Qué especies de árboles y animales han sobrevivido al asfalto? ¿Cuáles no? ¿Se les ha llorado apropiadamente? ¿Hay alguna forma en que puedas honrar su memoria? Si necesitas ir más lejos, busca un parque o un bosque, algunos no están lejos de las ciudades y allí puedes aprender sobre los misterios de la naturaleza.

Si tienes la suerte de vivir en un lugar rodeado de naturaleza, tendrás la bendición de estar aprendiendo toda tu vida. Hay algunas cosas que si no se transmiten de padres a hijos solo se pueden aprender con el tiempo. Te puedes convertir en la mujer que hace veinte años que vive en su tierra y que te puede decir qué mes del año es solo con ver el tono de la luz que se refleja en el lago. O qué flores lideran el desfile a cámara lenta de la primavera. O cuánto tiempo puedes retrasar ir a recolectar ortigas antes de que empiecen a hacer semillas. O qué árbol ha sido hogar de cuervos durante generaciones, y cuándo podemos esperar la visita anual de sus ruidosos habitantes. La mayor dicha para un aprendiz es encontrar la pregunta que lo implicará durante el resto de su vida. Si los límites de su conocimiento están siempre fuera de su alcance, podrá descansar en la dulce humildad del desconocimiento, a la vez que se enriquecerá constantemente con los dones del descubrimiento.

La reciprocidad que sacraliza la tierra, que convierte en *temenos* o en templos de adoración los lugares ordinarios en que vivimos, exige algo más que el hecho de que recibamos sus regalos. Nosotros también hemos de contribuir a su generosidad. Podemos sacar malas hierbas alrededor de un magnolio para que florezca mejor, podar el manzano joven para fortalecer su posición y que pueda soportar el peso de sus frutos, colgar nidos para pájaros, lo bastante altos como para que los carrizos de invierno que están anidando estén fuera del alcance de algún gato codicioso; hemos de contribuir a la conversación con el aspecto sagrado de la naturaleza. También puedes contribuir a ella protegiendo una zona por la que sientas especial aprecio, más allá de sus fronteras. Prométele que cuando llegue el momento, alzarás tu voz en nombre de los que no la tienen. Reúnete con otros que piensen como tú, que entiendan que la vida vale la pena vivirla a coro con la naturaleza.

Desarrollar esta habilidad de respuesta es lo que nos sintoniza con la magia. Es lo que nos sitúa fuera del tiempo, donde se encuentra la eternidad. Como sabe todo aquel que ha tocado un instrumento al amanecer o al atardecer, las aves y los insectos, y a veces incluso las ranas, están dispuestos a cantar contigo. Es bastante habitual, aunque siempre nos sorprenda, la armonía y el ritmo con que los animales corean tu canción. Del mismo modo que todas esas especies se unirán en un coro salvaje para celebrar el amanecer y el atardecer, nosotros también estamos invitados a la canción de las cosas. Durante varias horas al día, nos movemos al unísono. Nos calibramos como comunidad expresando nuestra voz única, pero igualmente necesaria, en el oleaje de la vida. Cantamos para recordar que estamos juntos en esto.

Diecinueve

Conclusión

*T*odavía me estremezco cuando me doy cuenta de hasta dónde me ha llevado mi trabajo sobre la pertenencia. Aunque me siento agradecida por la sabiduría que he adquirido en este largo y, a menudo, traicionero viaje, ha habido muchos momentos en los que cuando creía que había llegado a la cima de una montaña, me he encontrado con que tenía que escalar otra más encima de la anterior. Sin embargo, ya no era posible dar marcha atrás. El viaje no solo me poseía, sino que pretendía cambiarme por completo.

Desde mi primera gran decepción que me hizo descender rápida e inevitablemente hasta el centro de mi herida, jamás hubiera llegado a imaginar todo lo que todavía me quedaba por descender en mi aprendizaje. Durante las largas y aislantes etapas en las que ahondé en mi dolor físico, aprendí a vivir con mi soledad. En vez de evitar inconscientemente la aterradora tundra, de pronto, tuve que entablar una estrecha relación con ella.

La enfermedad me arrebató mi identidad como mujer capaz e independiente. Y cuando no quedaba nada, surgieron preguntas difíciles: «Si no tengo nada que ofrecer a este mundo, ¿para qué sirvo? ¿Qué puedo hacer para ser amada? ¿Cómo puedo pertenecer?

Aunque en aquellos tiempos no me lo pareciera, descubrir estas preguntas subyacentes en las profundidades de mis abismos interiores fue una bendición oculta, porque siempre habían estado allí, dando forma a mi conducta con la que intentaba evitar preguntar o ser preguntada por ellas. Pero en mi desolación surgieron las preguntas maduras y listas para ser preguntadas una y otra vez.

Cuando apenas me valía por mí misma y Craig me preparaba deliciosas y nutritivas comidas, aparecían las preguntas: «¿Cómo puedes ser amada si no ofreces nada a cambio?». Mis amigos venían a verme y se preocupaban por mi salud, como si fuera la suya, y me planteaba otras: «¿Tienes algún valor si no puedes cuidar a los demás?». Y cuando muchas de mis amistades desaparecieron, porque no se veían capaces de afrontar la gravedad de mi enfermedad, volvían a acecharme: «¿Los has asustado con tu sufrimiento y necesidad de atención?».

Cada acto de generosidad me hacía saltar las lágrimas. Recibía una lección de humildad tras otra con todo lo que me ofrecía la vida, incluso en mis momentos más bajos. Tal vez toda esa generosidad siempre estuvo allí, pero creía erróneamente que me la había ganado. Como si para merecer la bondad hubiera que hacer penitencia. Desde esta perspectiva, nunca había recibido plenamente lo que me estaban dando, porque estaba convencida de que esas ofrendas dependían de mi bienestar, de mi capacidad, de mi independencia, de mis contribuciones. Es como cuando alguien te hace un cumplido y enseguida lo rechazas, porque tienes el corazón cerrado y secretamente piensas que ha sido un acto transaccional, que ha habido una motivación oculta. Pero lo cierto es que no puedes recibirlo, porque tampoco puedes dedicártelo a ti mismo. La rendija de tu corazón está firmemente cerrada, así no tienes que enfrentarte al dolor de no merecer el amor y la pertenencia.

Sin embargo, no tenía elección: día y noche, recibía esas elaboradas comidas, veía cómo mi esposo fregaba los platos, limpiaba la casa, iba a comprar la comida. No podía evitar recibir los regalos de algunos amigos que, en lugar de abandonarme, como yo temía, me amaron todavía con más dulzura. Al quedarse conmigo, soportando la pesadez de mi enfermedad, llevando parte de mi carga cuando yo no podía más, encontré mi respuesta. Sí merezco ser amada incluso cuando no puedo ofrecer nada a cambio. Sí, a pesar de que la habitación esté impregnada con todos mis sentimientos, puedo ser valorada. Sí, puedo necesitar atención y aún así pertenecer. Mi esposo, mis amigos y la propia naturaleza se convirtieron en el espejo donde vi reflejado cómo debía quererme a mí misma.

El punto de inflexión en la curación de mi sentido de pertenencia fue el momento en que por fin abandoné mi resistencia al dolor, contra el cual me había alzado rotundamente en pie de guerra, y empecé a verlo como si fuera un mendigo que había llamado a mi puerta y al que había tratado como a un huésped no deseado. Pero como las condiciones de mi vida en esos momentos eran tan dulces, este amigo, por fin, se había sentido lo bastante seguro —quizás después de varias generaciones de haber estado marginado— como para alzar su voz y pedirme que ambos nos acogiéramos en la copertenencia.

Uno tras otro, los nuevos huéspedes relacionados con mi nuevo amigo fueron llamando a mi puerta. La ira, el resentimiento, la ansiedad y la depresión, cada uno pidiéndome a su vez que lo dejara entrar en mi casa de aceptación. Esta confrontación con mi inconsciente era el arrepentimiento de la falsa identidad, que había estado impidiendo que conociera mi bondad interior. Según Jung: «Dios es el nombre mediante el cual designo todas las cosas que se cruzan violenta y despiadadamente en mi camino de la voluntad, todas las cosas que alteran mis visiones subjetivas, mis planes e intenciones, y que cambian el curso de mi vida para mejor o para peor».[1]

Había momentos, por supuesto, en que solo quería que se marcharan mis invitados, que me devolvieran mi vida. Pero cuanto más se quedaban mis amigos, más compasión sentía por mí y más presente estaba en la vida. Querido mendigo, acércate más, rezaba. Dime qué puedo hacer por ti, le preguntaba. Descansa aquí y deja que te lave los pies, deja que te unte con bálsamos curativos. Déjame escuchar la historia de tu largo deambular sin hogar.

Mientras escuchaba, descubrí que afloraba mi propia historia, aquella que tanto empeño había puesto en dejar atrás. La de mi orfandad, la de no tener credibilidad y de ser rechazada por mi familia biológica. Ahora, me he dado cuenta de que el dolor que me ocasiona jamás desaparecerá. Pero al reconocerla profundamente, por fin, he aceptado que esas pérdidas también vivan bajo mi techo.

Al reclamar mi historia, he recuperado la de mis antepasados, que fueron enviados a un exilio tan absoluto que acabó con sus vidas y condujo al genocidio de nuestro pueblo. Me permití conectar con el sufrimiento rapaz que conlleva ser una marginada de la raza humana. Y en mi historia ancestral, descubrí una historia universal: el gran terror a la *otredad*, que es tan maligno para nuestro mundo que nos conduce al tribalismo, a la xenofobia, al nacionalismo y a la guerra.

A medida que iba alcanzando estos niveles más amplios de comprensión, me iba dando cuenta de que mi historia era una expresión microcósmica de los millones de personas desplazadas en el mundo. Inconscientes de nuestro dolor no metabolizado, de nuestro pesar ancestral, vivimos separados de la vulnerabilidad que amenaza con despertarla. Un corazón anestesiado es capaz de cometer grandes crueldades y guerras y de cosificar a los demás, incluida, y muy especialmente, la naturaleza.

Gracias a la ruptura y apertura de mi corazón estoy aprendiendo a afrontar la vida realmente. Cuanto más me enamoro de ella, más se agudiza el dolor de ser testigo. Arthur Miller escribió: «Soñé que tenía un hijo, e incluso en el sueño podía ver que se trataba de mi vida, y era idiota, y hui. Pero siempre volvía a trepar por mi falda agarrándose a mi ropa. Hasta que pensé, si le doy un beso, a lo que quiera que haya de mí en él, quizás podré dormir. Y me incliné hasta su cara partida, y era horrible... pero lo besé. Creo que, al final, uno ha de abrazar su propia vida».[2]

Al besar nuestra propia vida idiota, creo que estamos contribuyendo a esa presencia más grande que necesitamos para cruzar el umbral de nuestra iniciación colectiva. Somos llamados a dejar de darle la espalda a la fealdad, a ser testigos del colapso, y a que podamos participar conscientemente de la reconstrucción de un nuevo mundo. Solo reintegrando con el recuerdo a nuestros yoes heridos y marginados podemos volver a pertenecer a nuestro mundo como uno solo.

Gracias a mi práctica de la interpretación de los sueños he podido ver a través de la lente del mito y de entender la importancia de mi descenso y emergencia del exilio. Y para completar el ciclo clásico heroico, he tenido que volver con un elixir del Inframundo, así que decidí escribir este libro como una ofrenda de la belleza del dolor y la soledad que compartimos.

Aquí sentada en una casita de campo hecha a mano, en las laderas del monte Chirripó, en Costa Rica, donde he terminado de escribir este libro, he tenido la clara revelación de que la psique y la naturaleza son reflejos la una de la otra. Al contemplar este exuberante y majestuoso valle lleno de vida, me doy cuenta de cuánto se ha abierto mi corazón a recibir más belleza, más amor y más pertenencia a la vida, a través del sufrimiento. Este lugar para mí encarna ese algo más grande que se encuentra al otro lado del puente vivo que hemos estado tejiendo. Espero que al reclamar el lenguaje y las habilidades de la pertenencia, experimentes un cambio tan radical como el mío. Lo que antes era un sustantivo, un objeto escurridizo que nunca podía alcanzar, ahora se ha convertido en un verbo para mí: la práctica viva que ya no se focaliza en el logro o en la posesión, sino en cuidar y tejer concienzudamente el amor. Que también se convierta en un verbo en tu vida.

Como un valle idílico rodeado de montañas por todas partes, que lo protegen de las influencias e invasiones, hay un lugar en todos nosotros que siempre está ejecutando la danza de la pertenencia global. Todas las especies de árboles y aves, insectos, ranas, hongos y tierra son los ingredientes necesarios en esta exquisita mezcla de caótica integridad.

Asimismo, hay un lugar en nuestro interior donde hemos de dejar que todo florezca a su propio tiempo y manera. La naturaleza lo acepta todo tal como es.

Ya sea con frutos o capullos, abono o tormentas, todo tiene algo que aportar a la totalidad. Todos los afluentes que están más arriba acaban fusionándose con el río que, con sus aguas salvajes y limpias, fluye por nuestro centro en el incesante bautismo de *esto también pertenece*.

Después de tanto tiempo buscando un misterioso punto de encuentro con los demás y con el mundo, tal vez descubras que dentro de ti te espera el hogar que siempre-nunca has conocido. Inconsciente de él como lo has sido hasta ahora, ha estado piando, chirriando y floreciendo en reciprocidad para que dejaras de buscar y te autorizaras pertenecer.

A medida que aprendes a caminar en esta permisividad constante, los demás irán captando *flashes* de su integridad en tu espejo. Esta es la gran ironía de la pertenencia: que en toda tu búsqueda de un hogar de amor, has sido tú quien lo ha ido regalando todo el tiempo. Y la verdadera recompensa de tu búsqueda es abrir las puertas de par en par y permitir que tu vida se convierta en un refugio de pertenencia para los demás.

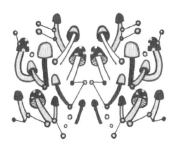

Notas

1. Algo más grande
1. *Human Planet*, «Rivers: friend and foe», 2011, BBC One.

2. El origen del distanciamiento
1. Agnes Ngubeni (Kabwe, Zambia), entrevistada por IRIN, http://www.irinnews.org/report/87056/zambia-orphansgrow-without-cultural-identity.
2. Abraham Adzenyah y otros, «LetYourVoice Be Heard! Songs from Ghana and Zimbabwe», World Music Press, 1997, p. 43.
3. Melanie A. Kimball, «From Folktalkes to Fiction: Orphan Characters in Children's Literature», *Library Trends* 47 (3), 1999, p. 599.
4. Ann Belford Ulanov parafrasea a Carl Jung en *The Feminine: In Jungian Psychology and in Christian Theology* [Lo femenino: en la psicología junguiana y en la teología cristiana], Northwestern University Press, 1971, p. 48.

3. La Madre Muerte
1. Marie-Louise von Franz, *El puer aeternus*, Barcelona, Kairós, 2006.
2. Daniela F. Sieff, «Confronting the Death Mother. The Psychology of Violence», *A Journal of Archetype and Culture*, edición de primavera, 2009, p. 177.
3. Daniela F. Sieff, «Trauma-worlds and the wisdom of Marion Woodman», *Psychological Perspectives*, número 60 (2). En imprenta, 2017.
4. Marion Woodman entrevistada por Daniela F. Sieff, *Understanding and Healing EmotionalTrauma*, Londres y NuevaYork, Routledge, Taylor & Francis Group, 2015, p. 66.
5. Daniela F. Sieff, «Trauma-Worlds».
6. Ibíd.
7. Daniela F. Sieff, *The Death Mother as Nature's Shadow: Infanticide and the Deep History of Humankind* [La madre muerte como sombra de la naturaleza: infanticidio y la historia profunda de la humanidad], manuscrito entregado para su publicación, 2017.
8. Ibíd.
9. Alice Walker, *El templo de mis amigos*, Barcelona, Plaza & Janés, 1992.

4. La falsa pertenencia
1. John O'Donohue, *Anam Cara*, Málaga, Sirio, 2010.
2. Marianne Williamson, *Volver al amor*, Barcelona, Urano, 1998.

5. El matrimonio interior
1. Silvia Federici, *Calibán y la bruja: mujeres, cuerpo y acumulación originaria*, Madrid, Traficantes de sueños, 2010.
2. Ibíd.
3. Ann Belford Ulanov y Alvin Dueck parafrasean a Carl Jung en *The Living God and Our Living Psyche: What Christians Can Learn from Carl Jung [El Dios vivo y nuestra psique viva: lo que la Navidad puede aprender de Carl Jung]*, Grand Rapids, Michigan, William B. Eerdmans Pub., 2008, p. 98.

6. El exilio como iniciación
1. Carl Jung, *Obras completas*: *los arquetipos y lo inconsciente colectivo,* volumen 9/1, Madrid, Trotta, 2016.
2. Joan Halifax, *Las voces del chamán*, Diana, 1995.
3. Carl Jung, *Obras completas*: *civilización en transición*, volumen 10, Madrid, Trotta, 2016.
4. Daniel Ladinsky, «Eyes So Soft», de *The Gift, Poems by Hafiz* [el regalo, poemas de Hafiz], Penguin publications, 1999.

7. La vida simbólica
1. Coleman Barks y John Moyne, *Quatrains of Rumi* [cuartetos de Rumi], Threshold Books, 1986.
2. Joseph Sobol, *The Storytellers' Journey: An American Revival* [el viaje del cuentacuentos: el renacer americano], University of Illinois Press, 1999.

8. Caminar por la jungla de la creatividad
1. Clarissa Pinkola Estés, *In the House of the Riddle Mother: The Most Common Archetypal Motifs in Women's Dreams* [en casa de la madre enigma: los motivos arquetípicos más comunes en los sueños de las mujeres], Sounds True, 2005.
2. James Hillman, «The Animal», 320. Citado por Andy Fisher, *Radical Ecopsychology* [ecopsicología radical], Suny Press, 2013.
3. Khalil Gibran, «Dar», en *El profeta*, Mallorca, José J. Olañeta, Editor, 2000.
4. Gertrude Stein, *Autobiografía de todo el mundo*, Barcelona, Tusquets, 1980.
5. Federico García Lorca, *Juego y teoría del duende*, Sevilla, Athenaica Ediciones Universitarias, 2018.
6. Richard R. Powell, *Wabi Sabi Simple* [wabi sabi sencillo], Adams Media, 2004.
7. Nick Cave, «The Secret Life Of The Love Song» [la vida secreta de la canción de amor], Festival de Poesía de Viena, 1998.
8. Jean Cocteau, *Le Rappel á l'ordre* [la llamada al orden], 1926.

9. Los huéspedes oscuros
1. Robert Bly, *A Little Book on the Human Shadow* [un pequeño libro sobre la sombra humana], HarperOne, 1988.
2. Alice Walker, *El templo de mis amigos*, Barcelona, Plaza & Janés, 1990.
3. Maya Angelou, «Iconoclasts» [iconoclastas], Sundance Channel, 2006.
4. Ami Ronnberg y Kathleen Martin, *The Book of Symbols* [el libro de los símbolos], Taschen, 2010, p. 6.
5. Marie-Louise von Franz, *Way of the Dream: Marie-Louise von Franz in Conversation with Fraser Boa* [el camino de los sueños: Marie-Louise von Franz conversa con Fraser Boa], Windrose Films, 1988.
6. Carlos Castañeda, *El don del águila: sexta obra de la saga de don Juan Matus*, Madrid, Gaia Ediciones, 2018.

7. Jelaluddin Rumi, *Mathnawi, Obra completa*, Madrid, Editorial Sufi. *El Masnavi*, Barcelona, Edicomunicación, 1990.
8. Brian Browne Walker, *I Ching: el libro de las mutaciones*, Madrid, Arkano Books, 2005.
9. Martín Prechtel, *The Smell of Rain on Dust*, North Atlantic Books, 2015.
10. Joanna Macy, «New Morning» [mañana nueva], Hallmark TV, 2006.
11. Martín Prechtel, *The Smell of Rain on Dust*.
12. Malidoma Somé, *Ritual: Power, Healing and Community* [ritual: poder, sanación y comunidad], Penguin, 1997.

10. El dolor como aliado sagrado

1. Elaine Scarry, *The Body in Pain* [El cuerpo dolorido], Oxford University Press, 1985.
2. Ariel Glucklich, *Sacred Pain* [dolor sagrado], Oxford University Press, 2003.
3. Ibíd.
4. Johanna Hedva, «Sick Woman Theory» [teoría de la mujer enferma], *Mask Magazine,* 2015.
5. Marion Woodman, discurso de apertura en Civilization in Transition Conference, Chicago, 1987.
6. Edward Edinger, *Archetype of the Apocalypse* [arquetipo del apocalipsis], Open Court Pub Co, 1999, 58, p. 5.
7. Carl Jung, *Obra completa*, vol. 17, Madrid, Trotta.
8. Ibíd.
9. Paul Levy, «Unlived Lives» www.awakeninthedream.com/unlived-lives/.
10. Coleman Barks, *La esencia de Rumí: una antología de sus mejores textos*, Barcelona, Obelisco, 2002.

11. El anhelo sagrado

1. Jelaluddin Rumi, «El cañaveral».
2. Jelaluddin Rumi, «El canto de la flauta de caña».
3. James Hillman, *Un terrible amor por la guerra*, Madrid, Sexto Piso, 2010.
4. Jelaluddin Rumi, *Un jardín más allá del paraíso*, Madrid, Mandala, 2007.
5. Christine Dollard-Leplomb, *Sauveteurs d'étoiles en Ardennes* [salvadores de estrellas en Ardennes], 2006.

13. Una vida hecha a mano

1. Alice Walker, «El templo de mis amigos», en *Gospel According to Shug*, Barcelona, Plaza & Janés, 1990.
2. Clarissa Pinkola Estés, «A Life Made by Hand» (A Sounds True interview), http://www.biospiritual-energyhealing.com/a-life-made-by-hand-interview.html.
3. Shunryu Suzuki, *Mente zen, mente de principiante: charlas informales sobre meditación y la práctica del zen*, Móstoles, 2014.
4. Martín Prechtel, *The Unlikely Peace at Cuchumaquic* [la improbable paz en Cuchumaquic], North Atlantic Books, 2012, p. 398.
5. William Shakespeare, *Medida por medida*, acto 1, escena 4, 1603.
6. Abraham H. Maslow, *The Psychology of Science* [la psicolocgía de la ciencia], 1966.

14. Soportar el placer

1. Nikki Giovanni, «Mothers», en *My House* [mi casa], William Morrow 1972.
2. Khalil Gibran, *El profeta*, Mallorca, José J. Olañeta, Editor, 2000.
3. William Wordsworth, *Baladas líricas (1770-1850)*, Barcelona, Ediciones Altaya, 1996.
4. Jelaluddin Rumi, «La posada», en *La esencia de Rumi*, Barcelona, Obelisco, 2002.

15. La presencia invitadora

1. John O'Donohue, *Eternal Echoes: Celtic Reflections on OurYearning to Belong* [Ecos eternos: reflexiones célticas sobre nuestro anhelo de pertenencia], A Cliff Street Book, Harper Collins, 1999.
2. Leonard Sonny McDougall, «IntroducingYourself in Ojibwe», de www.anishinaabemodaa.com.
3. «IntroducingYourself in Navajo» www.NavajoWOTD.com.
4. Archimandrite Mikhail Kozlov (1826-1884) y ArseniiTroepolski (1804-1870).
5. Leonard Cohen, «How to Speak Poetry», del album *Death of a Ladies' Man*, Warner Bros, 1979.
6. «History of timekeeping devices», Wikipedia (https://en.wikipedia.org/wiki/History_of_timekeeping_devices).
7. Michael A. Lombardi, «Why is a minute divided into 60 seconds, an hour into 60 minutes, yet there are only 24 hours in a day?», *Scientific American*, 5 de marzo de 2007.
8. «Standard time», Wikipedia (https://en.wikipedia.org/wiki/Standard_time).
9. Aleksandar Janca y Clothilde Bullen, «TheAboriginal Concept ofTime and its Mental Health Implications», *Australasian Psychiatry*, vol. 11, 2003.

16. Pozos de historias y trazos de la canción

1. «Sleep Deprivation», Wikipedia, https://en.wikipedia.org/wiki/Sleep_deprivation.
2. Pam Houston, *Contents May Have Shifted* [el contenido puede haber cambiado], WW Norton, 2012.
3. «List of creation myths», Wikipedia, http://en.wikipedia.org/wiki/List_of_creation_myths.
4. Daniel Nettle y Suzanne Romaine, *VanishingVoices:The Extinction of theWorld's Languages* [voces que se apagan: la muerte de las lenguas del mundo], Oxford University Press, 2002.
5. Keith Basso, *Wisdom Sits in Places: Landscape and Language Among theWestern Apache* [La sabiduría se sienta en lugares: paisajes y lenguas entre los apache del Oeste], University of New Mexico Press, 1996.
6. He recibido permiso para usarlo de los ngankikurunggurr, de Elder Miriam-Rose Ungunmerr, de la Miriam Rose Foundation.
7. Bruce Chatwin, *Los trazos de la canción*, Barcelona, Península, 2000.
8. John Bradley, «Ancient knowledge given life in a virtual world», http://www.monash.edu/monashmag/articles/issue2/ancient-knowledge-given-life-in-a-virtual-world.html.
9. Konstantin Prodanovic, «The Silent Genocide: Aboriginal Language Loss FAQ», 2013. http://www.terry.ubc.ca/2013/10/16/the-silent-genocide-aboriginal-languageloss-faq/
10. Stephen Leonard, «Death by monoculture», 2011, http://www.cam.ac.uk/research/discussion/death-by-monoculture.
11. Ibíd.
12. Chimamanda Ngozi Adichie, «The Danger of a Single Story» TedTalk, 2009. https://www.ted.com/talks/chimamanda_adichie_the_danger_of_a_single_story.
13. MichelleTocher, «Breaking Spells in Life and Fairytales», *Immanence Journal*, edición de primavera, 2017, p. 56.
14. Toni Morrison, *Beloved*, Barcelona, DeBolsillo, 2001.
15. AlanWatts, «Gaining Control by Letting Go», 2016, https://youtu.be/RQfzwinDrrQ.
16. Leonard Shlain, *El alfabeto contra la Diosa*, Barcelona, Debate, 2000.

17. Cuidar de una comunidad

1. Definición de «Minga», en http://etimologias.dechile.net.
2. Ruby Sales, «Where Does it Hurt», *On Being*, con KristaTippett, episodio del 15 de septiembre de 2016.
3. Amadou Hampâté Bâ, en la UNESCO, 1960.

4. Donald P. McNeill, Douglas A. Morrison y Henri Nouwen, *Compassion: A Reflection on the Christian Life* [Compasión: reflexión sobre la vida cristiana], 1983, p. 80.
5. Jelaluddin Rumi, «Llora en tu debilidad», *La esencia de Rumi: una antología de sus mejores textos*, Barcelona, Obelisco, 2002.

18. Reciprocidad con la naturaleza

1. Joanna Macy y Chris Johnstone, *Esperanza activa*, Barcelona, La llave, 2018.
2. Martin Keogh, *Hope Beneath Our Feet* [esperanza bajo nuestros pies], North Atlantic Books, 2010.
3. Vicki Robin, «Letter from the Future», en Martin Keogh, *Hope Beneath our Feet*, p. 44.

Conclusión

1. Edward Edinger, *Transformation of the God-Image* [Transformación de la imagen de dios], Inner City Books, 1992.
2. Arthur Miller, *Después de la caída*, Barcelona, Ayma, 1965 (primera edición, 1964).

Nota de la autora

Mi nombre, Toko-pa, me lo pusieron mis padres. Lo sacaron de un libro de poemas llamado *Technicians of the Sacred* [Técnicos de lo sagrado], de Jerome Rothenberg. Toko-pa es la deidad que en el mito de la creación maorí se denomina «Progenitora de la bruma». Con el paso del tiempo, me he planteado que esa bruma es el velo que existe entre los mundos visible e invisible. De hecho, mi vida está dedicada a reparar el puente entre el mundo de los sueños y el de la vigilia.

Nací en una granja en Devon, en el sur de Inglaterra, y tenía cuatro años cuando nos fuimos a Canadá, donde mis abuelos maternos se habían refugiado después de la Segunda Guerra Mundial. Me eduqué en una comunidad sufí en Montreal.

Mi gran pasión siempre ha sido la música. Toco la guitarra y canto, y a los veintipocos años, hasta fui de gira con una banda y grabé un disco de música con temas compuestos por mí. Me desvié un poco hacia el otro lado de la industria musical cuando me dediqué a la representación ejecutiva de artistas para una empresa discográfica.

Gracias a una oscura noche del alma, abandoné ese tipo de vida y volví a las enseñanzas místicas del sufismo y al estudio de los sueños. Me interesé mucho en la psicología analítica y estuve tres años como becaria en la Fundación Jung de Ontario. A cambio de preparar el té y encargarme de las matrículas, pude estar al lado de maestros y maestras como Marion Woodman, James Hollis, J. Gary Sparks y otros grandes junguianos.

En 2001, con mi combinación de la tradición mística del sufismo y la perspectiva junguiana de la interpretación de los sueños, inesperadamente dejé de ser una seguidora y me convertí en la fundadora de la Dream School [Escuela de los sueño]. Con el sincero anhelo de compartir lo que estaba aprendiendo, empecé a enseñar y a ayudar a otras personas con sus sueños, en mi práctica privada. Ahora, casi diecisiete años después, nos hemos convertido en una red de más de cien mil soñadores de todo el mundo. Además de trabajar con los sueños, también me centro en la restauración de lo femenino, en reconciliar la paradoja, sublimar el dolor y facilitar el ritual.

Pertenencia es mi primer libro.

La conversación sigue

Muchas gracias por dedicar tu tiempo a leer *Pertenencia*. Espero sinceramente que haya algo en estas páginas que te sea de utilidad, te tranquilice e inspire. Como bien sabrás, el boca a boca lo es todo para una autora independiente, así que la repercusión y el alcance que pueda tener este libro ¡está en tus manos! Si quieres ayudar a la divulgación de *Pertenencia* en el mundo apreciaré mucho que hagas un breve comentario en Amazon o en GoodReads. Aunque solo sea una línea o dos, puedes hacer mucho.

¡También me encantaría estar en contacto contigo! A continuación tienes cómo contactar conmigo.

Regístrate para recibir un boletín de noticias y obtener
una dosis mensual de escritos frescos:
**https://toko-pa.us4.list-manage.com/
subscribe?u=39f924e2dd26ee471cb9e4596&id=3f067d1953**

Sigue mi página de autora en Amazon para estar informado de nuevas obras:
**https://www.amazon.com/Belonging-Remembering-
Ourselves-Toko-pa-Turner/dp/1775111202**

Visita mi jugosa *website* e intégrate en mi comunidad:
www.toko-pa.com

Búscame en Facebook, Twitter, Instagram y LinkedIn:
**https://www.facebook.com/DreamworkWithTokopa/
https://twitter.com/tokopamusic
https://www.instagram.com/tokopa/
https://www.instagram.com/tokopa**